本报告系"浙江省区域国别与国际传播研究智库联盟"成员单位——浙江师范大学非洲经济与中非经贸研究中心的成果

REPORT ON CHINA-AFRICA INDUSTRIAL CAPACITY COOPERATION (2023-2024)

High-quality Development of China-Africa Energy Cooperation and Zhejiang's Practice

中非产能合作发展报告
(2023—2024)

中非能源合作高质量发展与浙江实践

黄玉沛　孙志娜　李一鸣　主编

浙江师范大学经济与管理学院
中非国际商学院

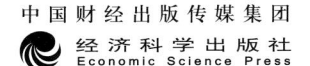

中国财经出版传媒集团
经济科学出版社
Economic Science Press

图书在版编目（CIP）数据

中非产能合作发展报告.2023—2024：中非能源合作高质量发展与浙江实践/黄玉沛，孙志娜，李一鸣主编.--北京：经济科学出版社，2024.10.--ISBN 978-7-5218-6334-5

Ⅰ.F125.4；F140.54

中国国家版本馆 CIP 数据核字第 2024ZX3121 号

责任编辑：周国强
责任校对：杨　海
责任印制：张佳裕

中非产能合作发展报告（2023—2024）
——中非能源合作高质量发展与浙江实践
ZHONGFEI CHANNENG HEZUO FAZHAN BAOGAO（2023—2024）
——ZHONGFEI NENGYUAN HEZUO GAOZHILIANG FAZHAN YU ZHEJIANG SHIJIAN

黄玉沛　孙志娜　李一鸣　主编
经济科学出版社出版、发行　新华书店经销
社址：北京市海淀区阜成路甲 28 号　邮编：100142
总编部电话：010-88191217　发行部电话：010-88191522
网址：www.esp.com.cn
电子邮箱：esp@esp.com.cn
天猫网店：经济科学出版社旗舰店
网址：http://jjkxcbs.tmall.com
北京季蜂印刷有限公司印装
710×1000　16 开　19.5 印张　300000 字
2024 年 10 月第 1 版　2024 年 10 月第 1 次印刷
ISBN 978-7-5218-6334-5　定价：116.00 元
（图书出现印装问题，本社负责调换。电话：010-88191545）
（版权所有　侵权必究　打击盗版　举报热线：010-88191661）
QQ：2242791300　营销中心电话：010-88191537
电子邮箱：dbts@esp.com.cn

本报告系国家社会科学基金 2023 年度重大招标项目"泛非主义与非洲一体化历史文献整理与研究"（项目编号：23&ZD325）、浙师大－金华市校地合作协同创新重大课题"打造中非合作金华样板研究"子课题（项目编号：SJHZD20240405）的阶段性研究成果。

本书编委会

主 任
陈宇峰
副主任
郑小碧　何曙荣
委 员（按姓氏拼音为序）
黄玉沛　金水英　李文博　李一鸣　林　云　刘爱兰　刘　远
孙志娜　王长峰　王　霞　张巧文　郑小勇　朱华友　邹益民

主 编
黄玉沛　孙志娜　李一鸣

支 持 机 构

浙江师范大学中非经贸研究中心
联合国工发组织国际小水电中心
中国贸促会金华市委员会
浙江省金华市工商联
浙江省金华海关
金华市对非经贸商会
脉链集团
浙非服务中心
南部非洲中国企业家协会
中坦工业园有限公司
正泰集团股份有限公司
中国电建集团华东勘测设计研究院有限公司
浙江振石新材料股份有限公司

序

  非洲大陆是全球能源转型的重要一环。非洲大陆拥有丰富的能源资源，包括太阳能、风能、水能和地热能等可再生能源，以及石油、天然气等传统化石能源。这些资源为非洲的能源开发和利用提供了广阔的前景。

  许多非洲国家目前仍依赖传统的生物质能和化石燃料发电，这不仅造成了环境污染，也限制了经济发展。因此，推动能源转型、加快清洁能源的开发和利用，对非洲大陆的可持续发展具有重要意义。目前，撒哈拉以南非洲仍有约5.7亿人无法获得电力，约9.6亿人缺乏清洁烹饪技术。非洲人均能源消耗量是世界平均值的1/3，距离联合国可持续发展目标（SDGs）提出《2030年议程》的达成不足6年，非洲可再生能源装机需要加快部署。2023年，非洲气候峰会于肯尼亚举行，非洲各国首脑共同发表了《内罗毕宣言》，为非洲可再生能源的部署提出了更详细、更有野心的目标——至2030年，可再生能源电力装机量由2022年的56吉瓦增至300吉瓦。这既展示了非洲国家参与全球气候行动及能源转型的共识，又强调了气候友好型增长、绿色工业化和本地价值创造的重要性。

  通过发展可再生能源，非洲可以减少对进口化石燃料的依赖，提升能源自主性和安全性，同时减少温室气体排放，贡献于全球气候变化的应对。尽管可再生能源潜力巨大，但项目的高风险性使得可再生能源的发展面临融资困难的问题。2000~2020年全球仅2%的可再生能源投资流入非洲，且严重依赖公共投资。实现可再生能源目标任重而道远。非洲大陆拥有丰富的能源资源，不仅提供了可再生能源项目发展的资源，还可作为国家收入的一部分缓解融资问题。非洲的资源禀赋对于减缓气候变化、保护生态环境和促进可持续发展等全球目标至关重要。

中国与非洲的能源合作，不仅是对双方经济发展的重大推动力，更是对全球能源治理和可持续发展的重要贡献。在全球能源转型的关键时刻，中国以其先进的技术、丰富的经验和务实的行动，为非洲国家提供了宝贵的支持和合作。通过中非能源合作，中国不仅为非洲提供了清洁能源技术和解决方案，还帮助非洲国家提升了自主发展的能力。在这一过程中，中国的企业、技术人员和研究机构与非洲国家紧密合作，共同探索、共同进步。浙江省作为中国改革开放和创新发展的前沿地区，其在中非能源合作中的实践经验尤其值得关注。这些经验和成果，展示了中国在推动全球能源可持续发展中的智慧与担当。

《中非产能合作发展报告（2023—2024）》不仅是一部翔实的研究报告，更是中非能源合作历程中的一座重要里程碑。通过深入分析和总结中国与非洲国家在能源领域的合作经验与成果，我们希望能够为未来的中非能源合作提供更加科学和可持续的路径。

本报告认为，中国作为全球最大的能源消费国之一，拥有丰富的能源管理经验和先进的技术手段。在过去的几十年里，中国在能源转型、清洁能源发展以及碳中和目标的实现上取得了显著成效。这些经验和技术不仅对中国自身发展起到了重要作用，也为非洲国家提供了宝贵的借鉴。推动中非能源合作高质量发展，是落实"一带一路"倡议的重要内容之一。在"一带一路"框架下，中非双方在能源领域的合作不断深化，不仅涉及传统能源，还包括新能源和可再生能源。中国通过输出先进的技术、管理经验和资本，帮助非洲国家提升能源供应能力和能源效率，实现能源的可持续发展。

本报告指出，浙江作为中国经济发达地区之一，在中非能源合作中发挥了重要的示范作用。浙江企业凭借自身的技术优势和创新能力，在非洲多个国家开展了卓有成效的合作项目。例如，浙非风能合作项目、浙江振石埃及生产基地项目、华东勘测设计研究院的水电再制造解决方案，以及正泰新能源的光伏项目等。这些项目不仅推动了非洲当地经济的发展，也展示了浙江在能源领域的创新和实践能力。

中非能源合作将迎来更多机遇与挑战，本报告认为需要在以下几个方面继续努力。第一，技术创新。不断推动能源技术的创新和应用，提高能源利用效率，降低能源生产和消费的环境影响。第二，政策支持。加强政策协调与合作，完善中非能源合作的法律和政策框架，为双方企业营造更加友好的合作环境。第三，人才培养。注重人才培养和技术培训，提升非洲国家在能源领域的自主发展能力，实现合作共赢。第四，绿色发展。坚定不移地推进绿色发展，加强在清洁能源和可再生能源领域的合作，共同应对全球气候变化挑战。第五，金融支持。探索多元化的融资渠道，为中非能源合作项目提供强有力的金融支持，推动合作项目的顺利实施。

总之，《中非产能合作发展报告（2023—2024）》展示了中国如何通过特色的认知和解决方案，针对非洲能源发展的具体需求，提供切实可行的支持。我们倡导中国智慧，强调中国在能源技术和管理方面的先进经验；我们倡导中国行动，展示中国在能源合作中的实际成果；我们倡导中国方案，提出符合非洲实际需求的可持续发展路径。

我们相信，通过本书的发布，能够为学术界、产业界以及政策制定者提供有益的参考，推动中非能源合作在未来取得更加辉煌的成就。随着中国"碳中和"目标的推进，更多的绿色能源技术和管理经验将被引入非洲，助力非洲国家实现经济增长与环境保护的双赢目标。在"一带一路"倡议的框架下，中非能源合作将继续深化，更多创新的合作模式将不断涌现。让我们携手并肩，共同应对能源可持续发展的挑战，为中非能源合作的美好未来贡献智慧与力量。

陈宇峰

浙江师范大学经济与管理学院（中非国际商学院）

院长、杰出教授、博士生导师

前　言

《中非产能合作发展报告（2023—2024）》一书以"中非能源合作高质量发展与浙江实践"为主题，系统地梳理和总结了近年来中非在能源领域合作的经验与成果。本书的编写涵盖了非洲篇、合作篇、案例篇与启示篇四个部分，辅以近年来的中非能源合作的大事记，旨在为推动中非能源合作提供深入的分析与实用的参考。本书不仅总结了中非能源合作的实践经验，还展示了中国在该领域的智慧与行动，提出了符合非洲实际需求的中国方案。

中非能源合作是中非产能合作的重要组成部分，既有助于非洲国家提升能源供应能力，推动经济社会发展，也有利于中国企业开拓国际市场，实现互利共赢。在"一带一路"倡议的引领下，中非能源合作在各个领域取得了显著的成果。本书通过详细的研究和分析，展示了中非能源合作的现状、挑战与未来发展趋势，并结合浙江省在该领域的实践案例，提供了宝贵的借鉴与启示。

"非洲篇"主要探讨了非洲能源转型与清洁能源发展，非洲清洁能源融资的现状、问题与展望，南非能源与矿业投资准入法律制度与风险防范等问题。这部分内容为读者提供了了解非洲能源市场基本情况和法律环境的基础知识。

"合作篇"重点介绍了"一带一路"倡议下的中非能源合作，中非能源合作的现状、特点与趋势，中非能源贸易指数报告、中非新能源汽车产业合作报告等。这些内容不仅展示了中非能源合作的多样性和深度，还揭示了在新时代背景下中非能源合作的新机遇与新挑战。

"案例篇"通过具体案例展示了中非能源合作的成功实践，例如，国际小水电中心助力非洲绿色发展，浙非风能合作的浙江振石埃及生产基地，华东勘测设计研究院有限公司为非洲提供水电再制造解决方案，以及正泰新能源在埃及本班的光伏项目等。这些案例为读者提供了具体的、可操作的经验和启示。

"启示篇"分析了中国将在2060年前实现"碳中和"目标的背景下，非洲国家可以从中国学到的经验，并从"源、网、储、荷"视角探讨了中非能源合作的潜力与启示。同时，还介绍了浙非清洁能源合作的"五位一体"联动发展模式，为中非能源合作提供了创新的路径和策略。

附录部分收录了2010~2023年中非能源合作的大事记，详细记录了中非能源合作的发展历程，为读者提供了翔实的参考资料。

本书在全面展示中非能源合作现状与浙江实践的基础上，强调了中国智慧、中国行动与中国方案在推动非洲能源可持续发展中的重要作用。通过对中非能源合作的深度解析和成功案例的详细阐述，我们能够清晰地看到，中国在非洲能源领域的合作不仅仅是经济利益的交换，更是文化交流与经验分享的深层互动。

中国智慧体现在我们对非洲能源市场的深刻理解和独到见解。中国积极倡导绿色、低碳、可持续发展的理念，与非洲国家共同制定符合实际情况的能源发展战略。这种智慧不仅源于中国自身在能源转型中的成功经验，也基于对非洲各国实际需求的深入研究和尊重。中国在新能源技术、项目管理、法律法规等方面的积累，为非洲国家提供了宝贵的参考和指导。

中国行动是中国企业和机构在非洲实践中的具体体现。通过大量的能源合作项目，中国展示了在清洁能源技术、基础设施建设和人才培训等方面的卓越能力。从小水电站到大型光伏发电项目，从风能开发到新能源汽车合作，中国企业不懈努力，将先进的技术和管理经验带到非洲，推动当地经济发展和民生改善。每一个成功的项目都是中国行动的生动写照，是中非合作共赢的有力证明。

中国方案是中非能源合作中体现出来的系统性、前瞻性和创新性。中国提出的"五位一体"联动发展模式，通过"源、网、储、荷"一体化的综合解决方案，既提升了能源利用效率，又促进了能源结构优化。中国还在能源政策、法律法规制定方面提供了重要的智力支持，帮助非洲国家建立健全相关制度，规避投资风险，实现长期稳定的发展。

希望本书能够为学术界、产业界以及政策制定者提供有益的参考，推动中非能源合作在未来取得更加辉煌的成就。在全球能源转型的背景下，中非能源合作不仅是经济发展的重要组成部分，更是实现可持续发展的关键路径。通过这本书，我们倡导中国智慧、中国行动与中国方案，期待与非洲国家一道，共同应对能源可持续发展的挑战，开创更加美好的未来。

《中非产能合作发展报告（2023—2024）》编写组

目　录

非洲篇

非洲能源转型与清洁能源发展　　　　　　　　　　　　1
非洲清洁能源融资现状、问题与展望　　　　　　　　　24
南非能源矿业投资准入法律制度与风险防范　　　　　　53

合作篇

"一带一路"倡议下的中非能源合作　　　　　　　　　74
中非能源合作的现状、特点与趋势　　　　　　　　　　98
中非能源贸易指数报告　　　　　　　　　　　　　　119
中非新能源汽车合作发展报告　　　　　　　　　　　137

案例篇

国际小水电中心：小水电促进非洲可持续发展　　　　153
浙非风能合作：浙江振石埃及生产基地　　　　　　　172
华东勘测设计研究院有限公司：为非洲企业提供水电再制造解决方案　　187
浙非新能源合作样板：正泰新能源埃及本班光伏项目　　204

启示篇

中国将实现"双碳"目标：初步探究非洲国家能向中国学什么？　221
"源、网、储、荷"视角下的中非能源合作潜力与启示　243
浙非清洁能源合作：构建"风–光–水–工–贸"五位一体联动
　　发展格局　260

附录

中非能源合作大事记（2010—2023 年）　281

· 非洲篇 ·

非洲能源转型与清洁能源发展

金榆程　黄玉沛[*]

摘　要： 能源转型是指从传统的化石燃料为主的能源结构向以清洁能源为主的能源结构的转变。能源转型在应对气候变化、提升能源安全和推动可持续发展方面发挥着至关重要的作用，在传统能源向清洁能源转型的全球发展背景下，非洲国家也在积极推进能源转型。非洲的能源转型具有其自身的独特优势和现实机遇，例如，清洁能源储量丰富、市场发展前景广阔、能源转型相关的优惠政策多。然而，非洲能源转型也面临着一系列的挑战，例如，清洁能源项目资金紧缺、相关优惠政策的实施受阻、缺乏相关技术人才。面对能源转型中的诸多障碍，非洲各国政府制定了阶段性清洁能源发展目标，积极完善市场金融机制，并加强国际合作吸引外资，推动相关技术创新以及普及化，努力将清洁能源用于人民的日常生活，

---

[*] 作者简介：金榆程，浙江师范大学《中非产能合作发展报告（2023—2024）》编写组科研助理；黄玉沛，浙江师范大学经济与管理学院（中非国际商学院）副教授，中非经贸研究中心主任，南非斯坦陵布什大学访问学者。

提高人民的生活质量。

关键词：非洲；清洁能源；能源转型

一、引言

能源转型是一个复杂且长期的过程，涉及技术、经济、政策和社会等多方面的因素。其中，清洁能源在这一过程中扮演着至关重要的角色。随着全球气候变化和环境污染问题的日益严重，能源转型已经成为全球能源政策的重要方向和目标。

（一）能源转型的概念

全球能源转型在应对气候变化、提升能源安全和推动可持续发展方面发挥着重要的作用。国际能源署（International Energy Agency）将能源转型定义为"全球能源系统向更可持续、更安全、更平价的未来能源系统过渡的过程"。[1] 联合国（United Nations）将能源转型定义为"通过向可再生能源和更清洁的能源转变，以减少温室气体排放、提高能源效率，并实现可持续发展目标"。[2] 国际可再生能源机构（International Renewable Energy Agency）将能源转型定义为"向一个低碳、高效率的能源系统过渡的过程"。[3]

基于以上观点，本文认为能源转型是从传统化石（石油、天然气）能源系统向更加可持续、清洁和高效的能源（太阳能、水能）系统过渡的过程，

---

[1] IEA. World Energy Outlook [EB/OL]. IEA, https://www.iea.org/reports/world-energy-outlook-2021，2021－10.

[2] United Nations Climate Change. The World Needs a Swift Transition to Sustainable Energy [EB/OL]. United Nations Climate Change，https://unfccc.int/news/the-world-needs-a-swift-transition-to-sustainable-energy，2021－01－19.

[3] IRENA，World Energy Transitions Outlook：1.5℃ Pathway [EB/OL]. IRENA，https://www.irena.org/-/media/Files/IRENA/Agency/Publication/2021/March/IRENA_World_Energy_Transitions_Outlook_2021.pdf#:~.=URL%3A%20https%3A%2F%2Fwww.irena.org%2F，2021－06.

旨在解决诸如气候变化、空气污染和能源安全的问题，同时为经济发展提供可持续的动力源。全球能源系统面临着诸多的挑战，包括对化石能源的过度依赖导致的气候变化和空气污染。为了应对这些挑战，清洁能源凭借其环保节能和廉价的优势，成为了国际社会能源转型的重要方向。

（二）清洁能源的定义

联合国环境规划署（UN Environment Programme）将清洁能源定义为"来源于可再生资源，致力于确保所有人能够获得可靠、可持续且现代化的能源服务"。[①] 美国能源部（U. S. Department of Energy）将清洁能源定义为"使用各种技术和方法来生产电力，同时能最大限度地减少其生产电力时对环境的负面影响，特别是减少温室气体排放的能源系统"。[②] 西班牙最大风力发电开发商伊维尔德罗拉公司（Iberdrola）将清洁能源定义为"在生产出电力的过程中不产生任何类型的污染物，尤其是不释放温室气体（如二氧化碳）的能源系统"。[③] 清洁能源强调在发电过程中减少或避免产生污染物和温室气体，这有助于保护环境和对抗气候变化，缓解因温室效应而引发的全球气候变暖。

基于以上观点，本文认为清洁能源是指"在能源生产、转换和利用过程中几乎不产生或者极少产生污染物、温室气体的能源"。清洁能源的使用将有助于减小能源使用对环境的不良影响，减小对气候变化的负面影响，并促进经济的可持续增长。

（三）非洲能源转型的重要性

长期以来，非洲依赖传统能源发电，产生了许多有害气体。随着温室效

---

① UNEP. Affordable and Clean Energy［EB/OL］. UNEP, https：//www.unep.org/explore-topics/sustainable-development-goals/why-do-sustainable-development-goals-matter/goal-7, 2017 – 10 – 02.

② Department of Energy. Clean Energy［EB/OL］. Department of Energy, https：//www.energy.gov/clean-energy, 2024 – 05 – 22.

③ Iberdrola. What is Clean Energy［EB/OL］. Iberdrola, https：//www.iberdrola.com/sustainability/clean-energy, 2020.

应和空气污染加剧，森林植被遭到破坏，生态环境恶化，当地居民的健康受到了极大的威胁。在这种情况下，能源转型成为提升能源安全和改善非洲人民健康的最佳途径。非洲能源转型具有多方面的意义，主要体现在环境保护、可持续发展和社会效益三个方面。

（1）在环境保护方面，能源转型对非洲环境保护至关重要。传统能源发电不仅设备投入成本高昂，还会造成严重的空气污染，加剧全球的温室效应。但是，当传统能源向清洁能源转型时，能够显著减小资源利用对环境的负面影响，并改善空气质量，为应对全球的温室效应作出贡献。例如，位于肯尼亚北部的图尔卡纳湖（Lake Turkana）风电项目是非洲最大的风能发电项目之一，拥有达310兆瓦的装机容量，可替代传统能源为约150万户家庭提供清洁电力，并且对当地空气质量的改善作出了不可忽视的贡献。[①] 摩洛哥的努奥（Noor）太阳能发电项目位于瓦尔扎扎特（Ouarzazate），是全球最大的太阳能集热发电项目之一。Noor Ⅰ、Noor Ⅱ和Noor Ⅲ这三期工程共计发电容量达到580兆瓦，预计每年可减少75万吨二氧化碳排放，改善了当地的空气质量。[②] 总之，非洲的能源转型改善了许多地区的空气质量，在缓解温室效应、减少碳排放、保护环境方面具有重要作用。

（2）在可持续发展方面，清洁能源具有可再生性，能源转型能够促进非洲经济的可持续发展。清洁能源来源于大自然，储量丰富，具有较强的可再生性。通过使用清洁能源发电，非洲可以实现能源供应的可持续性，降低对化石能源的依赖，并间接促进经济增长和增加就业机会。其中，南非在能源转型过程中，积极推动清洁能源的发展，并取得了显著成效。南非的雷诺新能源项目（renewable energy independent power producer procurement programme, REIPPPP）引入了大量的太阳能和风能资源，为南非提供了稳定且可持续的

---

① Transformers Magazine. Kenya Launches Biggest Wind Farm in Africa Worth $680 [EB/OL]. Transformers Magazine，https：//transformers-magazine.com/zh/tm-news/6748-kenya-launches-biggest-wind-farm-in-africa-worth-680-m/，2019-07-22.

② Kuchler M. Life in the Vicinity of Morocco's Noor Solar Energy Project [EB/OL]. MERIP，https：//merip.org/2021/04/life-in-the-vicinity-of-moroccos-noor-solar-energy-project-2/，2021-07-07.

电力。项目启动以来，已经吸引了超过 2090 亿南非兰特的投资，并建设了 112 个可再生能源子项目。这些项目的总装机容量达到 6422 兆瓦，其中，太阳能项目提供了大约 2292 兆瓦，风能项目提供了约 3357 兆瓦。[①] 清洁能源项目的实施促进了非洲许多国家的可持续发展。

（3）社会效益方面，非洲能源转型在能源获取、就业机会、公共健康水平三个方面具有重要意义。首先，在能源获取方面，能源转型改善了能源普及性和可靠性。在非洲许多偏远地区，尤其是撒哈拉以南的非洲国家，尽管传统电网无法覆盖，但是可以通过太阳能和小型水电站等分布式能源解决方案获得电力。例如，在肯尼亚的基西（Kisii）和尼扬扎（Nyamira）地区，多个村庄通过安装太阳能微网，实现了全天候的电力供应，极大地改善了当地居民的生活质量和经济活动。[②] 其次，在就业机会方面，清洁能源项目的设计、安装、运营和维护需要大量技术人员和劳动力，这间接地促进了就业机会的增长。例如，南非的清洁能源独立发电项目（REIPPP）创造了数以千计的就业机会，并且培训了当地人员以支持这些新兴行业的长期发展。[③] 最后，在公共健康水平方面，传统能源燃烧产生的污染物对人类健康极为不利，能源转型减少了对煤炭和石油的依赖。哈佛大学的研究表明，"在非洲一些地区，在太阳能灯和烹饪设备引入家庭后，家庭成员的呼吸道疾病发生率显著下降。"[④] 基于以上案例，研究发现非洲能源转型在提高能源的可接近性、促进就业、改善公共健康方面具有积极的促进作用。

[①③] Department of Energy South Africa. Outlining the REIPPPP [EB/OL]. Department of Energy South Africa, https://www.energy.gov.za/files/PPMO/2018/Outlining-the-REIPPPP.pdf, 2018.

[②] Waruru M. Solar Microgrid Firm Vies for Kenya's Last-Mile Power Customers [EB/OL]. https://www.reuters.com/article/kenya-solar-microgrid-idUSL8N0ZV2I220150710, 2015 - 07 - 10.

[④] Shupler M. Household Concentrations and Female and Child Exposures to Air Pollution in Peri-Urban sub-Saharan Africa: Measurements from the CLEAN-Air (Africa) Study [EB/OL]. The Lancet Planetary Health, https://www.thelancet.com/journals/lanplh/article/PIIS2542-5196 (23) 00272-3/fulltext, 2024 - 02.

二、非洲清洁能源的分布及利用

随着全球对清洁能源需求的不断增长,非洲大陆以其丰富的自然资源和独特的地理优势,正在成为全球清洁能源开发的重要区域。

(一) 非洲水能分布及利用现状

非洲的水能蕴藏量位居世界第三,技术可开发水能资源(technically feasible hydropower resources)和经济可开发水能资源(economically feasible hydropower resources)丰富。非洲的水能资源分布广泛,具有巨大的开发潜力,水能资源的具体分布及利用状况如表1所示。诸如尼罗河、刚果河和尼日尔河等河流水资源丰富,水电开发潜力巨大。

表1　　　　　　　　非洲水能资源分布情况以及代表河流

水能资源集中分布区域	代表河流
中部和东部的非洲	刚果河、尼罗河和东非大裂谷地区的河流
南部非洲	赞比亚河
西部非洲	尼日尔河和塞内加尔河

资料来源:笔者自制。

分布在代表河流附近的许多国家都建立了大型水电站,开发利用水能发电。例如,尼罗河附近,埃及的阿斯旺高坝(Aswan High Dam),是世界上最大的填筑坝之一,位于埃及的尼罗河上。表2是非洲水能资源开发潜力排名前十位的国家,也是非洲主要的水力发电国家,大部分位于代表河流附近。

表 2　　　　　　　非洲水能资源开发潜力排名前十位的国家

排名	国家	水能资源理论蕴藏量/ (亿千瓦时/年)	技术可开发量/ (亿千瓦时/年)	经济可开发量/ (亿千瓦时/年)
1	刚果（金）	13970	1000	4000
2	埃塞俄比亚	6500	2600	1620
3	喀麦隆	2940	1150	1050
4	莫桑比克	1034	376	317
5	加蓬	800	420	325
6	南非	730	140	47
7	肯尼亚	700	400	300
8	刚果（布）	500	100	—
9	科特迪瓦	460	124	—
10	尼日利亚	427	324	298

资料来源：笔者根据 IEA. Climate Impacts on African Hydropower ［EB/OL］. IEA, https://www.iea.org/reports/climate-impacts-on-african-hydropower, 2020 – 06 整理而得。

目前，非洲的水资源主要用于农业灌溉、城市供水、工业用水和发电方面。非洲许多国家已经建设了一些大型的水电站，例如，埃塞俄比亚的复兴大坝（Grand Ethiopian Renaissance Dam, GERD）和赞比亚与津巴布韦的卡里巴大坝（Kariba）。同时，小型水电项目凭借着容易建设和维护的特点，在许多国家尤其是偏远地区得到了推广。然而，非洲仍然有大量尚未开发利用的水力能源，年平均水能开发潜力达 0.60 万亿度。[1]

（二）非洲风能分布及利用现状

根据国际能源署（IEA）统计，非洲拥有丰富的风能资源，特别是在沿

---

[1] IRENA. World Energy Transitions Outlook 2022 ［EB/OL］. IRENA, https://www.irena.org/Digital-Report/World-Energy-Transitions-Outlook-2022, 2022 – 03 – 29.

海地区和高原地带，其中，沿海区域的平均风速超过6米/秒；高原地区，如东非高原，平均风速普遍在7米/秒以上。① 北部非洲地区，尤其是埃及、摩洛哥和突尼斯，它们拥有较长的海岸线，且靠近地中海和大西洋，地区风力强且稳定。东部非洲地区，肯尼亚的图尔卡纳地区是东非主要的风电开发地区，拥有非洲最大的单一风力发电项目——图尔卡纳湖风电场（Lake Turkana Wind Power）。图尔卡纳风电场的装机容量为310兆瓦，约占肯尼亚总电力供应的15%。② 南部非洲地区，南非是撒哈拉以南非洲地区风电发展最为先进的国家之一，因其独特的地理位置，在东开普省的海岸线及内陆高地都拥有丰富的风能资源。例如，杰弗里湾风电场（Jeffreys Bay Wind Farm）总装机容量为138兆瓦，年均发电量为460吉瓦时，每年能减少约43万吨二氧化碳排放。③

非洲国家对风能的利用程度主要体现在风能发电装机容量方面。据国际能源署统计，2012~2023年虽然非洲的风力发电装机容量相对较低，但是呈逐年增长的趋势。在众多拥有风能发电装机的国家中，南非是非洲风能发电装机容量最大的国家之一。由图1可知，非洲风力发电装机容量在2019~2023年持续增长，从2090兆瓦增长到2960兆瓦。此外，非洲国家还有大量的风能发电项目，其中，摩洛哥的风能发电项目是非洲最著名的项目之一。该国通过建设多个风力发电场，例如，塔尔法亚（Tarfaya）、丹吉尔（Tanger）、博哈多尔角（Boujdour）风力发电场，大幅增强了摩洛哥的风能发电能力。

---

① IEA. Africa Energy Outlook 2022 ［EB/OL］. IEA, https：//www.iea.org/reports/africa-energy-outlook-2022, 2022-06.

② Power Technology. Lake Turkana Wind Farm, Kenya ［EB/OL］. Power Technology, https：//www.power-technology.com/news/lake-turkana-wind-farm-kenya/, 2019-07-22.

③ Jeffreys Bay Wind Farm. Project Overview ［EB/OL］. https：//www.jeffreysbaywindfarm.co.za, 2023.

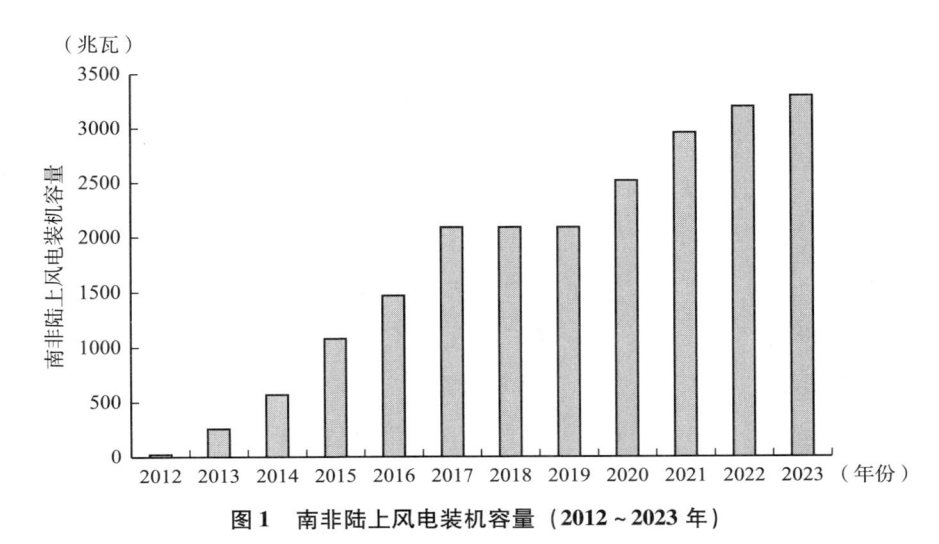

图1　南非陆上风电装机容量（2012～2023年）

资料来源：IRENA. IRENASTAT Online Data Query Tool：Power Capacity and Generation［DB/OL］. IRENA，https：//pxweb. irena. org/pxweb/en/IRENASTAT/IRENASTAT__Power%20Capacity%20and%20Generation/Country_ELECSTAT_2024_H2. px/。

（三）非洲太阳能分布及利用现状

非洲大陆由于其地理位置和气候特性，拥有极为丰富的太阳能资源。非洲大陆大部分地区位于热带赤道地区，长期受太阳直射，特别是撒哈拉沙漠地区的太阳辐射强度极高，为非洲提供了巨大的太阳能开发潜力。非洲太阳能资源的具体分布地区及代表国家如表3所示。

表3　非洲太阳能资源分布情况

太阳能资源集中分布地区	适合太阳能发电的代表国家
北部非洲	埃及、摩洛哥、阿尔及利亚和突尼斯
南部非洲	南非、纳米比亚和博茨瓦纳
东部非洲	肯尼亚、坦桑尼亚和乌干达
西部非洲	尼日利亚、加纳和塞内加尔

资料来源：笔者自制。

非洲对太阳能的利用主要是通过太阳能发电装机来实现。非洲的太阳能发电装机容量在过去几年中得到了显著增长，据国际可再生能源机构（IRENA）统计，南非、摩洛哥、埃及等国家在太阳能发电装机容量方面处于领先地位。非洲正进行着许多太阳能发电项目，其中，南非推出了可再生能源独立电力生产计划（REIPPP），由图2可知，南非的太阳能光伏发电装机容量在2017~2023年持续增长，从3450兆瓦增长到6220兆瓦。南非还建立了一些大型太阳能发电站，例如，卡图太阳能园（Kathu Solar）和贾斯珀太阳能项目（Jasper Solar Power Project）。此外，摩洛哥也在积极推动太阳能发电项目，通过建设世界上最大的太阳能电站之一的诺瓦科斯太阳能复合电站（Noor Ouarzazate Solar Complex）来利用该国的太阳能资源，取得了显著的成果。

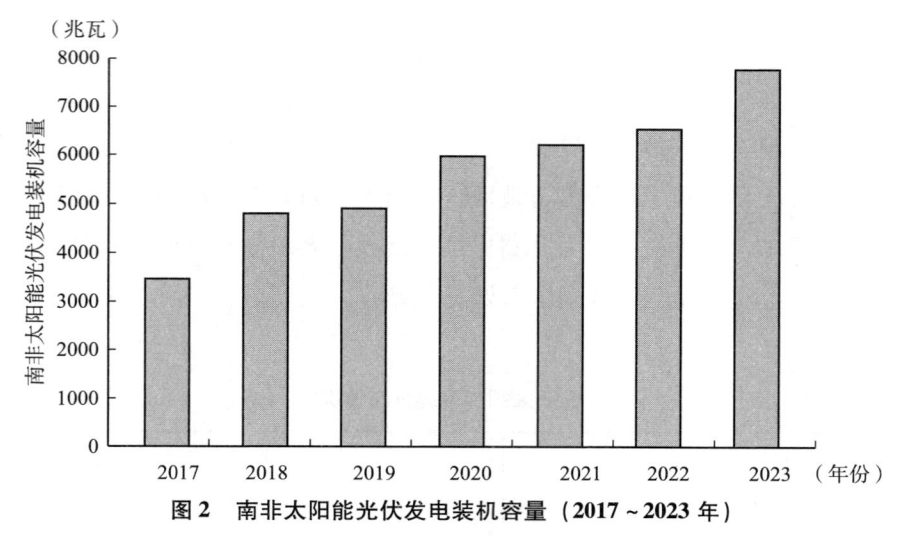

图2　南非太阳能光伏发电装机容量（2017~2023年）

资料来源：IRENA. IRENASTAT Online Data Query Tool：Power Capacity and Generation［DB/OL］. IRENA，https：//pxweb.irena.org/pxweb/en/IRENASTAT/IRENASTAT__Power%20Capacity%20and%20Generation/Country_ELECSTAT_2024_H2.px/。

三、非洲清洁能源发展：机遇与挑战

在全球气候变化和传统能源需求不断增加的背景下，非洲正处于一个关键的转折点。清洁能源的广泛应用不仅为非洲大陆提供了摆脱化石燃料依赖的契机，也为经济发展和环境保护提供了全新的路径。非洲清洁能源的发展在全球能源转型中至关重要，其面临着独特的机遇和挑战。

（一）非洲清洁能源发展的机遇

非洲大陆以其独特优势和丰富的自然资源，为清洁能源的发展提供了广阔的前景。非洲清洁能源发展的潜力主要体现在四大方面：资源储量、市场需求、政府政策和国际合作。

（1）非洲清洁能源储量丰富。非洲清洁能源主要包括太阳能、风能、水力发电和地热能。其中，非洲的太阳能、风能和水能储量分别占全球的40%、32%和12%。[1] 随着能源转型逐渐成为推动非洲可持续发展的关键，许多国家意识到清洁资源的重要性，开始投资建设风能、水能、太阳能等的发电设施，以满足不断增长的清洁能源需求。在风力发电方面，非洲大陆凭借广阔的海岸线和非洲多山地多开阔平原的特点，极有利于风力发电项目的发展。水力发电方面，刚果河、赞比西河、尼罗河等河流凭借着地势落差大、丰富的降水量以及湿润的气候条件极其适合建造大型水电站，有利于水力发电项目的实施。由此可知，非洲的潜在清洁能源容量巨大。此外，东非大裂谷中熔融的岩浆流在地下形成过热蒸汽，也有利于地热能发电项目的发展。基于以上优势，非洲的清洁资源项目发展具有巨大的潜力与现实机遇。

（2）非洲清洁能源发展的潜力也体现为市场需求的增长。与不可再生

---

[1] IRENA. Renewable Energy Market Analysis：Africa and Its Regions ［EB/OL］. IRENA, https：//www.irena.org/publications/2022/Jan/Renewable-Energy-Market-Analysis-Africa, 2022-01.

资源的易耗性、区域性、代际性相比，新能源技术的推进为非洲带来了更加高效、可持续、经济实惠的能源解决方案，将创造出更大的市场利益。市场需求的增长是由多方面因素推动的。首先，在经济与人口增长方面，非洲是全球人口增长最快的地区之一，对电力的需求量很高。联合国预测，到2050年非洲的人口将翻一番。人口的增长将直接增加市场对能源的基本需求，尤其是电力需求。此外，非洲经济的增长，尤其是工业化和服务业的扩展，进一步加大了对可靠和可持续能源的需求。其次，在城市化方面，非洲的城市化速度也在加快，城市人口比例将从2015年的41%增加到2050年的59%。① 城市化带来了包括住宅、商业、工业和交通部门在内的能源需求增加。而且，城市地区对于电力的需求密度高、稳定性要求强，这促使非洲加大对清洁能源的投资并扩大清洁能源市场，以支持持续的城市扩张和现代化。最后，在成本方面，清洁能源技术的快速进步和发电成本的显著降低使这些技术成为非洲许多地区经济上可行的选择。总而言之，非洲清洁能源市场在全球具有巨大的商机，能吸引本地以及国际能源公司的投资。

（3）非洲清洁能源的发展与相关国家政府的政策支持密不可分。非洲政府在能源转型方面制定了清洁能源目标、法规并提供税收优惠、贷款担保。除此之外，政府还提供技术支持、培训和知识共享，帮助提升本土人才的技术水平。首先，在清洁能源目标的制定方面，许多非洲国家设定了明确的清洁能源目标。例如，南非通过其集成资源计划（IRP），承诺到2030年将可再生能源的份额提高到近25%。② 摩洛哥更是设定了到2025年将可再生能源在其总电力结构中的比例提升到52%的雄心目标。③ 其次，在法规方面，各

---

① Hoover Institution. Africa 2050：Demographic Truth and Consequences［EB/OL］. Hoover Institution，https：//www.hoover.org/research/africa-2050-demographic-truth-and-consequences，2024.

② International Comparative Legal Guides. Renewable Energy Laws and Regulations：South Africa［EB/OL］. International Comparative Legal Guides，https：//iclg.com/practice-areas/renewable-energy-laws-and-regulations/south-africa，2024－09－20.

③ Climate Action Tracker. Morocco：Policies and Action［EB/OL］. Climate Action Tracker，https：//climateactiontracker.org/countries/morocco/policies-action/，2023－04－17.

国政府通过制定支持性的立法和法规来促进清洁能源项目的发展。与清洁能源相关的法规政策如表4所示。在税收优惠和贷款担保方面，政府还通过提供低息贷款、信贷担保等金融支持措施来鼓励企业和个人投资清洁能源项目。

表4　　　　　　　　　　非洲与清洁能源相关的法规政策

法规与政策	作用	实施
南非的可再生能源独立电力生产者采购计划（REIPPPP）	促进私营部门在南非可再生能源领域的投资，鼓励风能、太阳能、生物质能和小型水电项目的发展	通过招标过程选择项目，并与独立电力生产商签订购电协议
肯尼亚的可再生能源法（Energy Act，2019）	为可再生能源的开发、利用和管理提供法律框架，促进清洁能源项目的发展	设立可再生能源局，监管和推动可再生能源项目的实施
尼日利亚的可再生能源和能源效率政策（NREEEP）	促进可再生能源和能源效率项目的开发，减少对化石燃料的依赖	制定可再生能源发电目标，鼓励太阳能、风能和生物质能项目的发展
埃塞俄比亚的可再生能源发展规划（Growth and Transformation Plan，GTP Ⅱ）	设定具体的可再生能源发展目标，推动水电、风能、地热和太阳能项目的建设	通过政府投资和国际合作，发展大规模可再生能源项目

资料来源：笔者自制。

（4）国际局势的复杂变化客观上助力非洲加快清洁能源的发展。全球能源市场不稳定，化石燃料价格波动，导致能源转型成为全球能源政策的重要方向和目标。国际能源市场上，传统燃料价格的变化，特别是石油和天然气价格的波动，经常影响能源进口依赖度较高的非洲国家的经济。因此，发展本地清洁能源代替传统能源发电有助于减小非洲对全球市场价格波动的敏感性。国际合作方面，欧盟采取帮助非洲能源转型为主，维持天然气供应为辅的对非政策，投资建设新能源基础设施，寻找可再生资源的潜在供应渠道。[①]

---

① Youngs R. Energy Security：Europe's New Foreign Policy Challenge [M]. Routledge，2009：125 - 129.

南非还与英国、法国、美国、德国四国及欧盟建立"公正能源转型伙伴关系"（just energy transition partnership，JETP），通过多边和双边拨款、优惠贷款等方式提供资金助力南非实现低碳转型目标。此外，中国与非洲国家在能源领域建立了战略合作伙伴关系，并通过中非合作论坛（Forum on China-Africa Cooperation，FOCAC）等多边平台深化合作。中国与非洲许多国家讨论并完成了一系列清洁能源合作项目，例如，中国电力建设集团公司与赞比亚共同建设了总装机容量为750兆瓦的下凯富峡（Lower Kafue Gorge Hydropower Station）水电站，此水电站每年可为赞比亚提供约34亿千瓦时的清洁电能，缓解该国电力短缺问题，为经济发展提供可靠的能源保障。[1]

（二）非洲在能源转型中面临的挑战

尽管非洲许多国家在清洁能源发展方面已取得诸多进展，但是相关国家在能源转型过程中仍面临着诸多障碍。国际可再生能源总署分析表明，非洲国家在能源转型方面存在一些共同的结构性障碍，包括关键机构决策能力不足、政策实行受多种因素阻碍、电网损耗率高、分布式发电技术（如微型电网）成本高。[2] 总结而言，非洲在能源转型中面临的挑战主要体现在资金紧缺、专业人才匮乏、传统能源的过度依赖、政策落实的困难。

（1）资金紧缺是能源转型方面的主要障碍。2018～2022年非洲对清洁能源项目的投资如图3所示。虽然清洁能源项目投资总额在增长，但是变化幅度较小，此现象主要是由以下三个方面造成的。首先，在清洁能源发展中，基础设施的启动、原料的采购、工程的建设等都需要大量资金的投入，初始投资需求高。然而，非洲贫穷落后的国家不在少数，财政状况不佳，难以动用大量资金进行能源转型方面的投资。其次，国际资金的获取也很困难。尽

---

[1] Zhang L. China Power Investment Corporation：Building a Green Future［EB/OL］. https：//www.examplejournal.com/energy-review/zhang2020，2020-06-15.

[2] IRENA. Renewable Energy Transition Africa：Country Studies 2021［EB/OL］. IRENA，https://www.irena.org/publications/2021/March/The-Renewable-Energy-Transition-in-Africa，2021-03.

管国际机构和发达国家提供了一定的资金支持，但这些资金往往伴随着复杂的申请流程和严格的条件，使得资金的实际到位率和效率不高。最后，清洁能源项目的回报周期长，投资风险系数高，导致企业对项目的投资意愿也较低。多方面的因素共同促使非洲能源转型方面资金紧缺，阻碍了能源转型的进展。

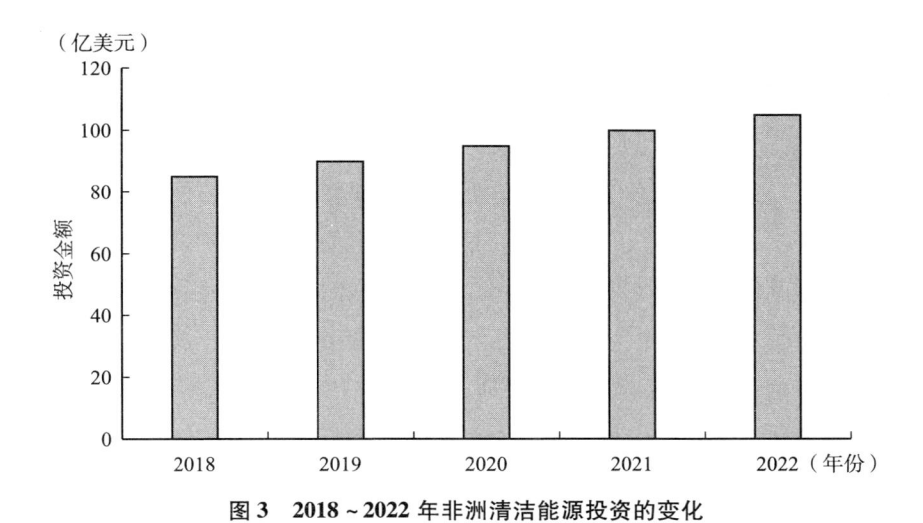

图3　2018～2022年非洲清洁能源投资的变化

资料来源：IRENA. Renewable Energy Investment Statistics［EB/OL］. IRENA，https：//www.irena.org/Statistics/View-Data-by-Topic/Finance-and-Investment/Investment-Trends，2023。

（2）非洲国家缺乏清洁能源相关知识的普及教育和技术培训，导致专业人才匮乏。首先，许多清洁能源项目的实施需要相关的技术支持，例如，太阳能光伏电池板和风力涡轮机设计、安装和维护方面。然而，非洲清洁能源技术的技术专长严重短缺，许多清洁能源项目仍处于开发的早期阶段，需要具备这些技术技能的工程师和技术人员来设计和建设项目。其次，政策与监管知识短缺，许多非洲国家仍在制定支持清洁能源产业发展的政策和法规，需要具备能源政策和监管知识的专业人士来帮助制定形成支持清洁能源项目部署的政策框架。

（3）对传统能源的长久依赖也是制约非洲清洁能源发展的因素。长期以来，非洲经济发展一直依靠传统能源，主要使用石油、天然气和煤炭进行发电。许多非洲国家已对传统能源基础设施进行了大量投资，例如，燃煤电站和天然气电厂。这些现有投资在经济上形成了沉没成本，使得能源转型的成本增加。例如，尼日利亚是非洲最大的石油生产国，其经济对石油收入的依赖极为严重。根据尼日利亚国家石油公司（NNPC）的数据，石油和天然气占该国出口收入的90%以上，并且贡献了大约60%的政府收入。[①] 向清洁能源转型的过程将需要更多的资金投入，来弥补沉没成本的损失。

（4）能源转型的政策实施受诸多现实因素的制约。首先，非洲许多国家政策长期变动，会增加政策的不确定性，间接影响投资者的信心和项目的长期规划。其次，监管和执行也受到了阻碍。即便制定了支持性的政策，但是由于监管体系的不健全和执行力度的不足，实际操作中往往难以有效执行。而且，部分国家的能源市场由几家大公司或国有企业主导，清洁能源的市场参与者，特别是中小型清洁能源企业，竞争能力小，很难进入到市场发展，减缓了能源转型普及化的进程。此外，一些地区的居民因传统观念或土地资源归属权的争议而不愿接受能源转型的项目方案。总体而言，政策的不确定性、监管与执行的障碍、与固有市场的竞争以及居民观念上的问题共同制约着能源转型政策的实施。

四、非洲能源转型中的政策与实践

对于非洲国家而言，能源转型不仅是应对气候变化的必要举措，更是推动经济发展、提高生活质量和实现可持续发展的关键所在。在传统能源向清洁能源转型过程中，政府的政策指导至关重要。

[①] Nigerian National Petroleum Corporation. NNPC Annual Report [EB/OL]. Nigerian National Petroleum Corporation，https：//www.nnpcgroup.com/NNPCBusiness/BusinessInformation/Pages/Annual-Statistics.aspx，2019.

(一) 非洲国家能源转型的政策框架

非洲能源转型的政策框架主要涵盖战略目标、监管法律、技术创新、金融机制和国际合作五个方面。

(1) 规划能源转型战略目标，制定长期能源发展战略和路线图，以实现能源的可持续发展。非洲各国在能源转型方面已经设定了明确的目标，主要包括碳中和目标、能源获取目标、能源效率目标。例如，在电力产能的战略目标指引下，莫桑比克修建了卡布拉巴萨（Cabora Bassa）水电站，其装机容量为4150兆瓦，是非洲发电能力最强的水电站之一。[①]

(2) 制定有关能源转型的法律法规，包括可再生能源法、能源效率法、碳市场法规等。这些法律旨在建立有利于可再生能源和清洁技术投资的监管环境。例如，摩洛哥政府颁布了《可再生能源法》（Renewable Energy Law），该法案规定，如果可再生能源发电设施的功率等于或大于2兆瓦，可预先获得批准。[②] 此举促进摩洛哥实施了努奥瓦尔扎扎特（Noor Ouarzazate）太阳能复合体等项目。

(3) 不断技术创新，加强新能源开发。各国政府成立了专门的可再生能源机构和研究中心，支持清洁能源技术研发和创新，促进新技术的商业化。与此同时，政府鼓励发展能源存储技术和智能电网，以提高可再生能源的利用率。例如，乌干达的金贾（Jinja）水电项目的技术升级提高了电力的能效和产出；洛来斯芳坦（Loeriesfontein）风电场和科巴布（Khobab）风电场采用了最新的风能技术提升了产电效率。

(4) 建立适合清洁能源发展的金融机制。非洲政府通过吸引私人投资和利用国际援助资金的方式促进清洁能源项目的融资。在国家或财政部支持下，

[①] Afrik 21. Mozambique: US $125 Million to Upgrade Cahora Bassa Hydroelectric Plant [EB/OL]. Afrik 21, https://www.afrik21.africa/en/mozambique-us125-million-to-upgrade-cahora-bassa-hydroelectric-plant/, 2024-06-06.

[②] CSP Focus. Developing the Solar Energy Industry Is an Important Part of Morocco's Energy Strategy [EB/OL]. CSP Focus, http://www.cspfocus.cn/market/detail_4219.htm, 2021-04-29.

建立专门的国家公正可持续的融资机制（just and sustainable transition，JST），以便更有效地利用现有资金。相关政府还建立了绿色金融体系（如绿色债券和绿色投资基金），来吸引国内外投资。例如，图尔卡纳湖风力发电项目（Lake Turkana Wind Power）是国际金融机构、多边发展银行和私人资本共同融资实施的。

（5）专注发展清洁能源的同时加强国际合作。非洲各国政府通过加强与国际组织、其他国家和私营部门的合作，获取技术、资金和经验。此外，非洲各国还积极参与全球气候变化谈判和国际能源合作，推动共同目标的实现。非洲国家与国际合作创建的一些清洁能源项目如表5所示，这些项目的实施为相关国家提高了能源的利用率。

表5　　　　　　　　非洲与国际合作共建清洁能源项目

清洁能源项目	合作企业
努奥瓦尔扎扎特（Noor Ouarzazate）太阳能复合体项目（摩洛哥）	沙特国际电力及水务公司（ACWA Power）、西班牙阿驰奥纳集团（ACCIONA）、中国森尔公司
梅嫩加伊（Menengal）地热发电项目（肯尼亚）	肯尼亚地热开发公司（GDC）、美国奥马特科技（Ormart Technologies）
图尔卡纳湖风力发电项目（Lake Turkana Wind Power）（肯尼亚）	丹麦维斯塔斯（Vestas）、英国奥德乌奇国际（Aldwych International）、挪威北欧发展基金（NDF）

资料来源：笔者自制。

（二）非洲国家能源转型政策的实施

随着清洁能源在全球的地位越来越高，非洲大陆也在逐步向清洁能源发电转型。在这一转型过程中，相关政策的实施至关重要。非洲各国政策实施主要包含六个方面，如图4所示。

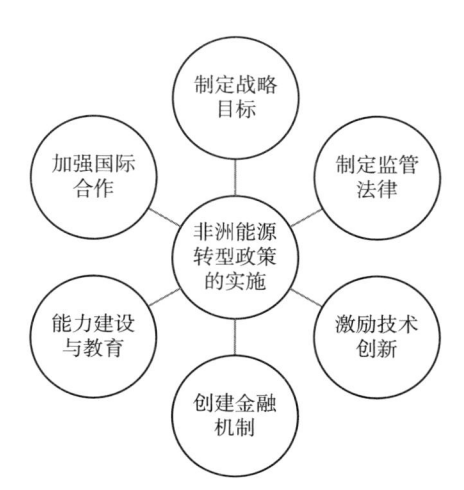

图4 非洲能源转型政策实施的六个方面

资料来源：笔者自制。

（1）在制定战略目标方面，非洲许多国家设定了明确的清洁能源和碳中和目标，以推动能源转型和可持续发展。清洁能源目标上，许多国家设定了清洁能源在能源结构中所占比例的具体目标，例如，南非计划到2030年实现清洁能源电力占比达到49%；① 埃塞俄比亚政府通过《国家电气化计划》(*National Electrification Program*) 计划到2025年实现全国100%的电气化。② 碳中和目标上，一些国家承诺通过减少温室气体排放和采取措施来抵消剩余排放，以实现温室气体的净零排放。例如，南非计划到2050年实现碳中和，而尼日利亚则承诺到2060年实现碳中和。也有相关国家制定能源获取目标来提高国家的能源获取率。例如，埃塞俄比亚的目标是到2025年实现100%的能源覆盖率，而尼日利亚的目标是到2030年实现75%的电力

---

① IRENA. Renewable Energy Prospects：South Africa ［EB/OL］. IRENA, https：//www.irena.org/publications/2020/Jun/Renewable-Energy-Prospects-South-Africa，2020－06.

② Ezega. Ethiopia to Provide Universal Access to Electricity by 2025 ［EB/OL］. Ezega, https：//www.ezega.com/News/NewsDetails/7026/Ethiopia-to-Provide-Universal-Access-to-Electricity-by-2025，2019－03－27.

覆盖率。①

（2）在制定监管法律方面，非洲国家制定了一系列法律法规来促进清洁能源的发展和提高能源效率。一些非洲国家通过制定可再生能源法来促进清洁能源的发展。例如，肯尼亚的《可再生能源法》为太阳能、风能、生物质能等清洁能源的发展提供了法律基础，这很好地保障了清洁能源的发展。此外，提高能源效率是能源转型的重要方面，能源效率法有助于新能源的发展。南非、埃及等国家通过能源效率法和相关法规，鼓励企业和家庭提高能源利用率，并为此提供了激励措施，大大推进了新能源的发展。② 碳市场法规也是支持新能源发展的重要工具。非洲国家正在探索碳市场和碳税等政策，以促进低碳发展。例如，南非已经实施碳税，并计划发展碳交易市场。

（3）在激励技术创新方面，非洲国家积极推动技术研发合作和激励政策，以促进清洁能源技术的发展和应用。技术研发合作上，一些国家与国外企业共同建立技术研发中心，专注于太阳能、风能等清洁能源技术的研发。例如，南非政府设立了国家级能源研究和发展机构——南非能源发展研究所（SANEDI）。该研究所与多个国际组织和企业合作，开展包括太阳能、风能和生物质能在内的可再生能源技术研发项目。南非能源发展研究所曾与全球环境基金（GEF）合作，开展南非生物质能计划，促进生物质能技术在南非的应用。③ 在创新动力激发方面，为了鼓励本土企业和外国投资者在新能源领域进行技术创新，政府出台了多项激励政策。这些激励措施包括税收优惠、补贴和贷款支持，旨在降低投资成本，促进技术创新和可再生能源的发展。

（4）在创建金融机制方面，非洲国家积极探索多种融资方式，以支持

---

① Rural Electrification Agency. Our Strategy ［EB/OL］. Rural Electrification Agency，https：//rea. gov. ng/our-strategy，2023.

② United Nations Development Programme. Promoting Energy Efficiency and Renewable Energy in Egypt and South Africa ［EB/OL］. United Nations Development Programme，https：//www. undp. org/energy-efficiency，2021.

③ Global Environment Facility. South Africa Biomass Energy Project ［EB/OL］. Global Environment Facility，https：//www. thegef. org/project/south-africa-biomass-energy-project，2019.

清洁能源基础设施的发展。许多国家政府通过发行绿色债券吸引私人资本投资，为清洁能源基础设施建设筹集资金。多国政府还设立了专门支持新能源发展的金融机构。例如，南非发展银行（DBSA）通过提供贷款和投资，支持了多个太阳能、风能、水电和生物质能项目。非洲联盟《2063年议程》也强调开发和利用创新的融资机制，如财富基金、气候基金和公共私营伙伴关系（PPP），以增加对发展项目的资金投入。例如，非洲基础设施投资基金（AIIF）已筹集大量美元，用于支持交通和水资源管理等基础设施项目的发展。

（5）在能力建设与教育方面，非洲大部分国家开展了国内教育改革和国内外教育合作。国内教育上，许多非洲国家在大学和职业技术学院设立了专门的清洁能源技术专业课程。例如，肯尼亚的内罗毕大学（University of Nairobi）和乔莫·肯雅塔农业与技术大学（Jomo Kenyatta University of Agriculture and Technology）给学生提供可再生能源工程课程，以培养学生在太阳能、风能和生物质能等领域的专业技能，促进当地清洁能源项目的发展。国内外教育合作上，非洲国家也与外国教育机构和企业合作，进行知识交流和人才培养。例如，南非的斯泰伦博斯大学（Stellenbosch University）与德国弗劳恩霍夫太阳能系统研究所（Fraunhofer Institute for Solar Energy Systems）以及其他国家的教育机构合作，开展清洁能源技术的培训。通过短期培训课程和长期学位项目，提高了学生和专业人士在清洁能源领域的技术能力。

（6）在加强国际合作方面，非洲开展区域合作、双边合作、私营部门合作等合作形式。区域合作上，非洲大陆自由贸易区（African Continental Free Trade Area，ACFTA）协议推动了非洲区域内的贸易和经济一体化。双边合作中，中非合作在能源领域取得了显著成果，中国为非洲提供了清洁能源项目的融资和技术支持，促进了太阳能和风能等领域的发展。此外，欧盟与非洲国家合作发展清洁能源项目，例如，摩洛哥与欧盟合作建立了总装机容量超过580兆瓦的努奥瓦尔扎扎特（Noor Ouarzazate）光热-光伏综合园区，欧盟还提供了3亿欧元的资助和低息贷款。① 私营部门合作上，非洲通过建立公私合作伙伴关系（PPP）模式，吸引私人投资发展能源项目。例如，南非通过可再生能源独立发电商计划（REIPPPP）吸引了超过2090亿南非兰特（约合120亿美元）的私人投资，用于太阳能、风能、生物质能和小型水电等清洁能源项目。②

非洲国家在能源转型政策的实践与执行中展现出坚定的决心和创新的思维。通过制定和实施一系列政策措施，非洲国家不仅在减少对化石燃料依赖、提高能源安全性和多样性方面取得了进展，也在推动经济增长和社会进步方面展示了可持续发展的潜力。

五、结语

非洲清洁能源储量丰富，拥有丰富的太阳能、水能、风能、地热能、生物质能资源。另外，非洲人口的持续增长使能源的基本需求不断增加，特别是电力能源的需求。市场需求的增加以及丰富的清洁能源储量使非洲能源转型具有巨大的潜力。

非洲国家积极推进能源转型的进程，但是由于资金紧缺、能源转型政策实施困难、相关技术人才缺乏等问题的制约，面临着一系列的挑战。在全球能源转型的背景下，非洲国家更加注重清洁能源的开发和利用。并且，非洲许多国家已经创建并实施了一系列的清洁能源项目，并在应对气候变化、提升能源安全和推动可持续发展方面发挥了重要的作用。

为了应对能源转型中的挑战，推进清洁能源发展，非洲各国政府制定明确的战略目标、建立促进清洁能源发展的政策和金融机制、普及相关技术教

---

① European Investment Bank，Morocco：Noor Ouarzazate Concentrated Solar Power Complex［EB/OL］. European Commission，https：//ppp.worldbank.org/public-private-partnership/sites/ppp.worldbank.org/files/2022-02/MoroccoNoorQuarzazateSolar_WBG_AfDB_EIB.pdf，2022－02.

② South Africa Investment Conference，The 2023 SA Investment Ccnference［EB/OL］. https：//www.sainvestmentconference.co.za/home-saic/，2023－04－13.

育。国际社会在非洲能源转型中发挥着重要的作用。在实施国内优惠政策、加强区域合作的同时，非洲各国利用国际社会的支持，进行因地制宜的技术转移、能力建设，并与国际企业合作获取资金支持。

总体而言，非洲能源转型需要政策、技术、资金和国际合作的多方面支持。通过集中资源解决关键挑战，并利用国际社会的支持，非洲不仅能够实现能源的自给自足和可持续发展，还能在全球减少碳排放和抗击气候变化的行动中扮演更为重要的角色。

非洲清洁能源融资现状、问题与展望

黄梅波　方泽伟[*]

摘　要：自第一次工业革命起，传统能源在人类的经济发展中一直占据着重要地位。但其所造成的气候变化等问题也在持续困扰着人类。为了后续的可持续发展，世界各国需要加快向清洁能源转型的步伐。相比其他地区能源转型如火如荼地进行，非洲大陆则遭遇诸多困难。虽然非洲大陆具备丰富的清洁能源潜力，但其在清洁能源融资方面还面临诸多问题。本文在综合分析非洲清洁能源发展现状、融资现状和融资问题后提出相应解决措施，以期为非洲清洁能源融资发展提供一定的借鉴意义。

关键词：非洲；清洁能源；融资问题

一、引言

2015年9月，193个会员国在联合国发展峰会上通过了《变革我们的世界：2030年可持续发展议程》（以下简称2030年议程）。2030年议程展示了

---

[*] 作者简介：黄梅波，上海对外经贸大学国际发展合作研究院教授；方泽伟，上海对外经贸大学国际经贸学院硕士研究生。

各国追求合作共赢、实现共同发展的美好愿景,为未来15年各国发展和国际发展合作指明了方向。① 目标6、目标7、目标13、目标14、目标15分别从安全饮水、清洁能源、气候行动、水下生物、陆地生物视角体现了人类在应对全球气候变化、利用现代清洁能源、开发海洋生物资源和保护生物多样性等方面的全球环境可持续发展能力和全球生态安全理念。② 其中与能源最直接相关的目标7表示:到2030年要确保普及负担得起的、可靠的现代能源服务;大幅提高可再生能源在全球能源结构中的比例;要加强国际合作,促进对获得清洁能源的研究与技术开发,包括可再生能源以及先进的清洁化石燃料技术,并促进对能源基础设施和清洁能源技术的投资;等等。③ 然而经过近十年的发展,世界在清洁能源目标上的表现并不尽如人意。中低收入及以上国家都存在较大挑战,低收入国家则存在重大挑战。④ 考虑到非洲聚集着大量的中低及低收入国家以及2030年期限的临近,世界其他各国和国际组织为实现非洲在现代能源方面的供给平衡与改善,在非洲清洁能源领域投资了众多项目,在一定程度上助推了非洲的清洁能源发展进程⑤,但这些投资仍无法填补其缺口,资金短缺仍是严重制约非洲实现可持续发展目标的问题。另外,外界投资者在投资时还会遇到一系列问题与阻碍,例如,个别国家通过"政治议题"施压非洲融资合作,恶化了非洲的融资合作国际环境,进而

---

① 中国落实2030年可持续发展议程进展报告(2023)[EB/OL]. 中华人民共和国国务院外交部, http://infogate.fmprc.gov.cn/web/ziliao_674904/zt_674979/dnzt_674981/qtzt/2030kcxfzyc_686343/zw/202310/P020231018366004072326.pdf, 2023 – 10 – 18.

② 鲜祖德, 巴运红, 成金璟. 联合国2030年可持续发展目标指标及其政策关联研究[J]. 统计研究, 2021, 38(1): 4 – 14.

③ United Nations Department of Economic and Social Affairs. Transforming Our World: The 2030 Agenda for Sustainable Development [EB/OL]. https://documents.un.org/doc/undoc/gen/n15/291/88/pdf/n1529188.pdf?token = xbwKSEq8kgnaUQINeh&fe = true, 2015 – 10 – 21.

④ 金书秦, 张玖弘, 谷保静. 从世界看中国:落实联合国可持续发展目标的成效、差距和展望[J]. 中国人口·资源与环境, 2023, 33(12): 1 – 10.

⑤ 叶芳. 中国对非直接投资对非洲国家实现2030可持续发展目标的影响[J]. 中国人口·资源与环境, 2021, 31(4): 13 – 22.

极大地迟滞了非洲实现 2030 年议程中的现代能源目标。① 本文通过分析非洲在清洁能源领域的融资现状以及投资者遇到的现实问题，为非洲清洁能源投资提供相应建议并展望非洲未来清洁能源发展的趋势，以为非洲清洁能源领域的发展提供借鉴。

二、非洲清洁能源现状

能源是促进经济发展的重要物质基础，能源短缺会对经济稳定发展产生重大影响。传统能源，特别是煤炭等化石能源的消费会造成生态环境的破坏，从而对经济增长产生一定的抑制作用，经测算以清洁能源为代表的新能源支撑的经济增长要高于传统能源支撑的经济增长速度。② 因此发展清洁能源以逐渐替代传统能源就显得越发重要。清洁能源是一种不排放污染物的绿色能源，学者们通常把它界定为水电、核能、风能、生物质能、太阳能、地热能和海洋能等能源。大力发展清洁能源不仅是保障能源安全、控制二氧化碳排放的重要措施，也对产业结构升级、实现绿色经济增长具有重大促进作用。③ 自气候变化《巴黎协定》全面实施后，越来越多的经济体宣布了碳中和的目标，国际碳中和行动的规模和影响日益扩大，④ 清洁能源的发展逐渐步入正轨。但受限于多种因素，各地区的清洁能源发展步伐并不一致，其中非洲地区就处于一个相对落后的位置。

根据国际能源署发布的《石油市场报告》（*Oil Market Peport*）和《2022 年非洲能源展望》显示，2023 年非洲石油需求量和生产量分别达到每日424.7 万桶和 720 万桶；天然气的能源供给量预计将从 2020 年约 6 艾焦耳的

---

① 杨宝荣. "债务视角"看非洲"可持续发展议程"融资困境：兼论"一带一路"对非洲发展支持 [J]. 学术探索，2021（12）：67 – 75.
② 仓定帮，魏晓平，曹明，等. 基于能源替代与环境污染治理的两阶段经济增长路径研究 [J]. 中国管理科学，2020，28（9）：146 – 153.
③ 徐斌，陈宇芳，沈小波. 清洁能源发展、二氧化碳减排与区域经济增长 [J]. 经济研究，2019，54（7）：188 – 202.
④ 赵宏图. 碳中和与中国能源安全 [J]. 当代世界，2022（6）：21 – 26.

水平上升至2030年8艾焦耳左右，而天然气的需求据国际能源署测算到2030年将达到2210亿立方米；煤炭的能源需求虽然从非洲整体看处于下降趋势，但在南非地区能源供应中仍将占据主导地位。① 加之非洲靠近拥有世界上石油和天然气储量最为丰富的中东地区，使得传统能源在非洲整体的能源供给架构中一直占据重要地位。但是大量使用传统能源终究不是长久之计，在应用传统能源促进社会发展的同时，非洲能源转型的步伐也在持续推进。从发展趋势看，清洁能源在非洲未来的能源格局中必将占据相当大的份额，并助推非洲乃至世界向着可持续发展目标前进。

（一）非洲清洁能源发展状况

根据国际能源署发布的《全球能源部门2050年净零排放路线图》表述，在减碳议程中众多成员国已宣布承诺情景下，可再生能源将会主导未来全球能源供应的增长，在能源结构中将从2020年的12%增加到2050年的35%，电力部门中太阳能光伏发电和风电共占可再生能源供应增长的50%左右，生物能源占30%左右。与清洁能源的增长相比，煤和石油的用量将会持续下降。全球煤炭用量将从2020年的52.5亿吨当量下降到2050年的26亿吨当量，石油的需求则将从19世纪30年代早期9000万桶/天下降到2050年的8000万桶/天。②

在全球能源部门净零排放路线图的构想和实践过程中，非洲作出了相当大的贡献比例。在能源供应方面，水力发电在非洲整体的清洁能源发电量中占据主导地位，风能和太阳能光伏发电涨势喜人。其中水力发电由1990年的57916千兆瓦时增长到了2021年的155937千兆瓦时，虽过程中偶有下降，但

---

① IEA. Oil Market Report-January 2024［EB/OL］. IEA, https：//www.iea.org/reports/oil-market-report-january-2024, 2024 - 01；IEA, Africa Energy Outlook 2022［EB/OL］. IEA, https：//iea.blob.core.windows.net/assets/220b2862-33a6-47bd-81e9-00e586f4d384/AfricaEnergyOutlook2022.pdf, 2022 - 06.

② IEA. Net Zero by 2050［EB/OL］. IEA, https：//www.iea.org/reports/net-zero-by-2050, 2021 - 05.

整体呈现上涨趋势。除了水力发电量不断增长外，21世纪风能和太阳能光伏发电也开始逐渐发力，其中风能在2021年的发电量达到23355千兆瓦时，整体年平均增长率达到23%，太阳能光伏发电量达到14321千兆瓦时，整体年平均增长率达到38%（见图1）。此外非洲也在积极发展相关生物质能以拓展能源供给渠道。

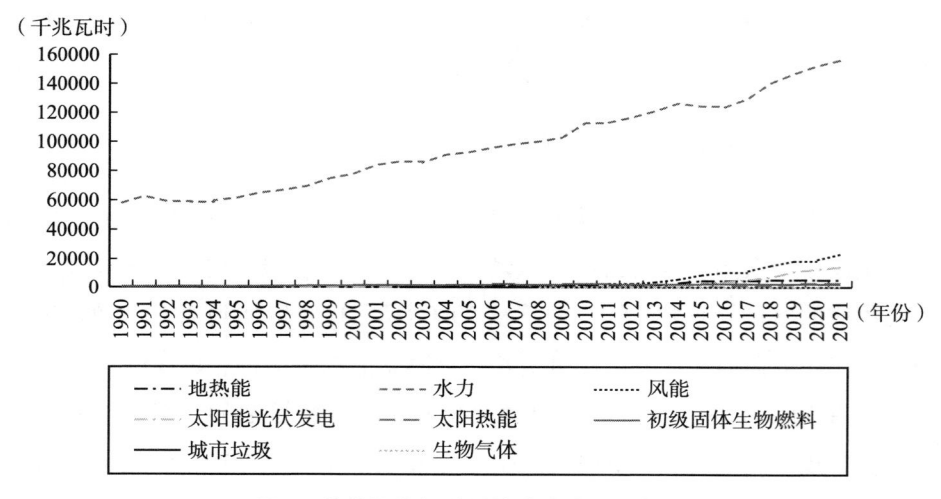

图1　按能源来源分列的清洁能源发电量

资料来源：IEA. Energy Statistics Data Browser［EB/OL］. IEA, https：//www.iea.org/data-and-statistics/data-tools/energy-statistics-data-browser，2023。

在能源消耗方面，工业领域中石油和煤在1993年后处于波动上升状态，直至2014年后两者才开始慢慢显示出一定的稳定或下降趋势。相比前两者的波动起伏，天然气虽作为传统能源，但由于其获取和应用的方便性以及和事后对环境的危害性较轻而颇受工业青睐并处于不断上升趋势。与传统能源的频繁波动性比，清洁能源虽起步较晚，但增长十分迅速。其中电力能源消耗由1990年501332太焦耳逐渐上升至2021年937617太焦耳，生物燃料和废物能源消耗由1990年的345992太焦耳一路直线上升至2013年的897244太焦耳，虽后续下降了部分，但从2015年向后还是处于上升趋势，总体而言，两者能源消耗普遍增长近一倍（见图2）。

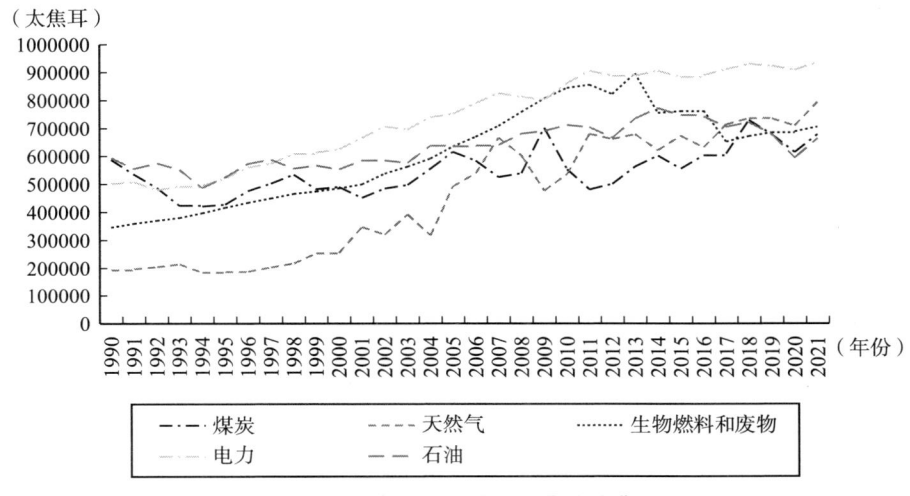

图2　按能源来源分列的工业最终消费总量

资料来源：IEA. Energy Statistics Data Browser［EB/OL］. IEA, https：//www.iea.org/data-and-statistics/data-tools/energy-statistics-data-browser，2023－12－21。

对比工业领域，在公共服务和商业领域，清洁能源与传统能源的对比则更为明显。煤炭、石油、天然气虽偶有上升，但总体趋势较为平缓，且三者与生物燃料和电力在消耗规模方面更是相差甚远。其中生物燃料和废物消耗量1990~2021年翻了1.3倍，电力能源消耗量更是翻了4倍，且二者的上升趋势保持同步状态（见图3）。

从整体能源的供给和需求情况分析，虽然传统能源仍占据一定比重，但清洁能源发展势头已不可阻挡，其中以电力和生物燃料发展最为迅猛，而电力的来源中，清洁能源如水力发电、风能和太阳能光伏发电所占据的比例又在不断攀升。

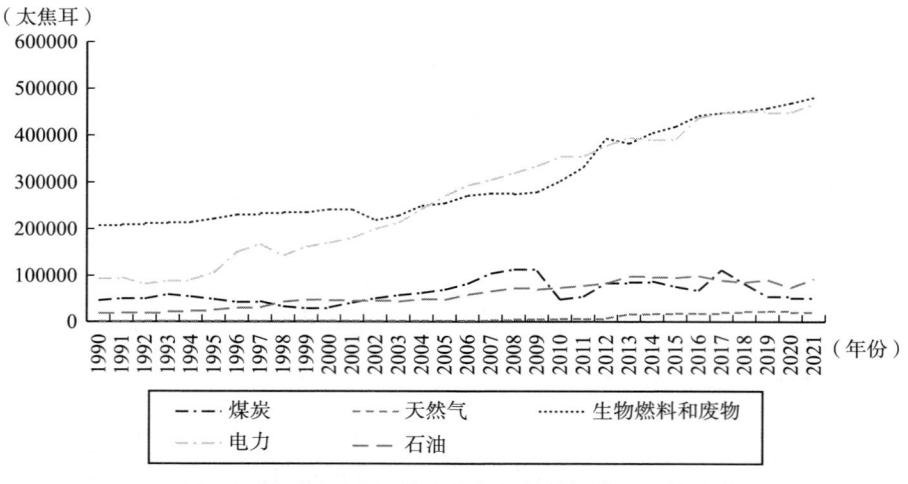

图 3　按能源来源分列的商业和公共服务最终消费总量

资料来源：IEA. Energy Statistics Data Browser［EB/OL］. IEA, https://www.iea.org/data-and-statistics/data-tools/energy-statistics-data-browser, 2023 - 12 - 21。

（二）非洲清洁能源发展前景

非洲的能源转型虽处于负重前行状态，但好在其具备强大的潜力。根据国际能源署统计并预测，2011~2020 年非洲在可持续发展情景下的新增发电能力中可再生能源仅占总体能源的 24%，而到了 2021~2030 年新增发电能力中可再生能源将达到 84%，发电能力将达到 242 吉瓦（见图 4）。

在太阳能领域，非洲拥有全球 60% 的最佳太阳能资源。赤道横穿了非洲大陆，95% 的陆地都属于热带、亚热带地区，3/4 的土地能够受到太阳的垂直照射，撒哈拉沙漠周围的地区年均日照时间超过 3000 小时，并且非洲大陆 80% 的陆地地表每年的日照强度可达每平方米 2000 千瓦时。[①] 针对非洲沙漠地区丰富的太阳能资源，非洲开发银行提出了一项"沙漠变资

---

① 王涛，赵跃晨. 非洲太阳能开发利用与中非合作［J］. 国际展望，2016, 8 (6): 110 - 131, 153.

源"的计划倡议,该计划旨在将撒哈拉沙漠地区建设为一个大型太阳能发电站,项目涵盖吉布提、尼日利亚、埃塞俄比亚等共 11 个国家,力争到 2030 年产生 10 千兆瓦的太阳能发电量,为 2.5 亿人提供用电便利。① 该倡议可为解决非洲关键的能源获取问题和减少对重油等化石燃料的依赖发挥重要作用。

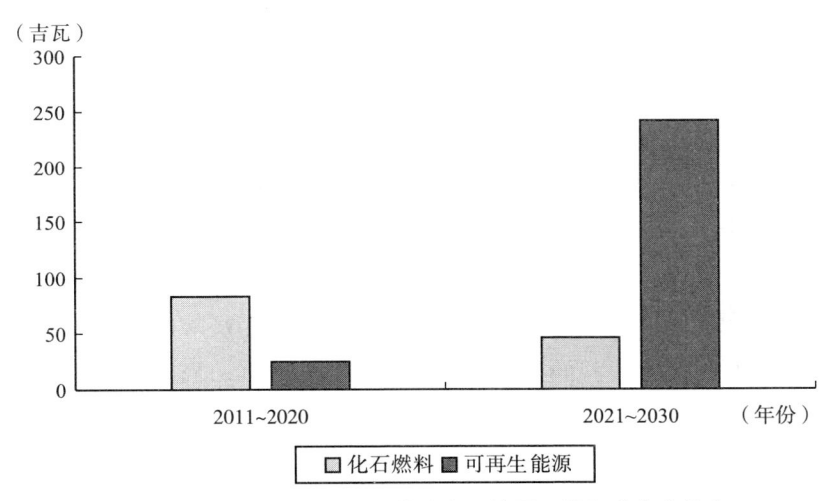

图 4　2011～2030 年非洲可持续发展情景下的新增发电能力

资料来源:IEA. Power Generation Capacity Additions in Africa in the Sustainable Africa Scenario, 2011 - 2030 [EB/OL]. IEA, https://www.iea.org/data-and-statistics/charts/power-generation-capacity-additions-in-africa-in-the-sustainable-africa-scenario-2011-2030, 2022 - 06 - 20。

非洲在风能领域的潜力也较为丰富。根据数理模型测算,非洲目前风力资源最为丰富的地方主要集中于非洲东北、西北、撒哈拉沙漠南部周边和南非地区,其中南非近海风力发电潜力巨大。② 并且非洲还有数个如乍得共和

---

① African Development Bank Group. The African Development Bank's Desert to Power Initiative [EB/OL]. African Development Bank Group, https://www.afdb.org/en/news-and-events/african-development-banks-desert-power-initiative-71072, 2024 - 05 - 23.

② Karamanski S, Erfort G. Wind Energy Supply Profiling and Offshore Potential in South Africa [J]. Energies, 2023, 16 (9): 1 - 24.

国一样尚未开发风力发电但又具备充足风力资源的地区。未被开发的主要原因是其距离现有电网的位置相对较远，风力发电带来的收益可能无法覆盖相关的基础建设成本和电力的中途损耗，但随着后续技术的发展以及外界资金的不断投入，项目的可行性也将会逐步提高。①

水力发电是非洲尤其是东部和非洲南部地区重要的电力来源，例如，赞比亚、埃塞俄比亚、纳米比亚、马拉维、莫桑比克90%的发电量来自水电。随着外界资金的不断投入，水电站的建设也在稳步推进。根据统计，在2020年的时间节点，就有50多个水电项目正在建设中，预计到2025年将新增15万千瓦的产能，复合年增长率预计将增长两倍达到9.7%。②

非洲除了在太阳能、风能、水电领域具备雄厚潜力外，在其他可再生资源领域同样不弱。氢能是一种来源丰富、绿色低碳、灵活高效、应用广泛的二次能源，且正逐渐成为全球能源转型发展的重要载体之一。氢能为非洲大陆改变其能源和经济部门提供了一个巨大的机会，丰富的矿藏使得非洲有潜力成为一个具有成本效益的全球供应商。因此，许多非洲国家如埃及、毛里塔尼亚、摩洛哥、纳米比亚、尼日尔和南非正在规划大规模的氢气项目，其发展势头正在增强。为摆脱欧洲地区的能源安全困境，德国、意大利、葡萄牙等国分别与摩洛哥、突尼斯、埃及等北非国家开展了绿色氢能的合作研究，例如，修建绿色氢能生产研究机构和工厂、建设氢能发电机组、勘测矿产资源储量等等，其中光在摩洛哥就已探明磷酸盐储量为500亿吨，占全球储量的73%。③ 随着运输（如航空和航运）和重工业（如钢铁、铝、水泥和化学品）脱碳，绿色氢的消耗在未来几十年将显著增长，预计到2030年将实现4970万美元的收入（见图5）。

---

① Sterl S, Hussain B, Miketa A, et al. An All-Africa Dataset of Energy Model 'Supply Regions' for Solar Photovoltaic and Wind Power [J]. Scientific Data, 2022, 9 (1): 664.
② Sanchez R G, Kougias I, Moner-Girona M, et al. Assessment of Floating Solar Photovoltaics Potential in Existing Hydropower Reservoirs in Africa [J]. Renewable Energy, 2021, 169: 687–699.
③ 胡旭, 安锐坚, 杜宇晨, 等. 欧洲–北非氢能协同发展研究 [J]. 中国电力, 2023: 1–12.

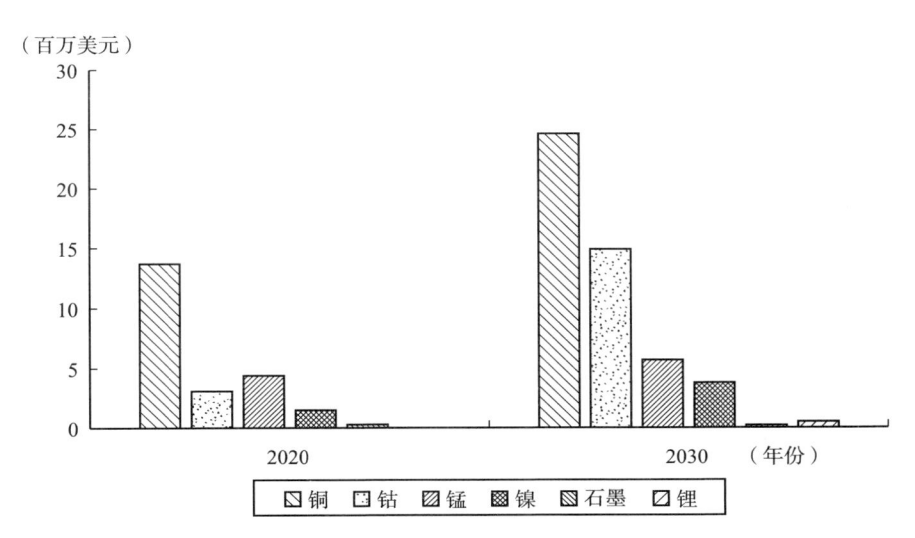

图5　2020～2030年撒哈拉以南非洲地区铜和电池金属收入（可持续非洲方案）

资料来源：IEA. Revenues from Copper and Battery Metals in Sub-Saharan Africa in the Sustainable Africa Scenario, 2020-2030 ［EB/OL］. IEA, https://www.iea.org/data-and-statistics/charts/revenues-from-copper-and-battery-metals-in-sub-saharan-africa-in-the-sustainable-africa-scenario-2020-2030, 2022 – 06 – 20。

除了磷酸盐储量惊人外，非洲还有全球超过80%的铂族金属、47.5%的钴储量和47.6%的锰储量，马达加斯加、莫桑比克和坦桑尼亚的石墨储量合计占世界储量的1/5以上，2020年非洲占全球铬矿石出口量80%以上。① 根据国际能源署统计，2020年非洲在关键矿藏领域的收入为2280万美元。

三、非洲清洁能源投融资现状

在21世纪的前10年，清洁能源从一个微小产业逐渐发展成为每年对世界能源贡献达到60吉瓦的领域，虽有着较高的增长和规模，但归根结底还是新兴产业。目前清洁能源产业已成为投资者和政策制定者的重点关注项目，

---

① 周玉渊. 非洲关键矿产的大国竞争：动因、特征与影响［J］. 西亚非洲，2024（2）：24 – 49, 172.

各国政府先后出台相应政策以吸引融资进入清洁能源产业，其中非洲在世界清洁能源融资的比重虽少，但已成为一个新星逐渐崛起。①

（一）世界清洁能源融资现状

第一次工业革命以来，大量的化石燃料被人类从地下挖掘出并加以利用，由此在促进经济增长的同时，也对地球的气候变化产生了深远的影响。为应对气候变化这项全球性挑战，197个国家于2015年12月12日在巴黎召开的缔约方会议第二十一届会议上通过了《巴黎协定》。该协定于2016年11月4日生效，是具有法律约束力的国际条约，旨在大幅减少全球温室气体排放，将21世纪全球气温升幅限制在2℃以内，同时寻求将气温升幅进一步限制在1.5℃以内的措施。它包含所有国家对减排和共同努力适应气候变化的承诺，并呼吁各国逐渐加强对于承诺的兑现。协定为世界提供了一个持久的框架，为未来几十年的全球发展指明了方向，并标志着一个向净零排放世界转变以及助力世界实现可持续发展目标的开始。为此，世界各主要地区和国家在协定的指引下结合自身的情况纷纷制定并执行相关的能源转型和发展目标。

根据国际能源署发布的《2023年可再生能源到2028年的分析和预测》显示，2023~2028年世界各主要地区都在争相投资扩建可再生能源发电设施，其中亚太地区将新增发电能力430吉瓦，中国将新增2000吉瓦，欧洲地区将新增532吉瓦，拉丁美洲地区将新增165吉瓦，美国将新增340吉瓦，且新增的能源融资项目主要聚焦于太阳能光伏发电和风能发电。相比上述各地区的迅猛增长，非洲地区虽稍显落后，但也相差不远，其中中东和北非地区将新增62吉瓦的太阳能光伏发电项目，撒哈拉以南非洲将新增64吉瓦的太阳能光伏和风能发电项目，其中南非将占新增容量的近50%。② 除了在清

---

① 黄海峰，李鲜. 世界清洁能源发展现状［J］. 生态经济，2012（5）：158-160.
② IEA. Renewables 2023 Analysis and Forecast to 2028［R/OL］. IEA, https://iea.blob.core.windows.net/assets/3f7f2c25-5b6f-4f3c-a1c0-71085bac5383/Renewables_2023.pdf, 2023.

洁领域进行投资外，世界各国还在改善电网和存储领域（由2015年的3380亿美元的投资额增长到2024年的4520亿美元）、提升能源最终应用效率方面（由2015年的3930亿美元的投资额增长到2024年6690亿美元）进行了大量投资（见图6）。

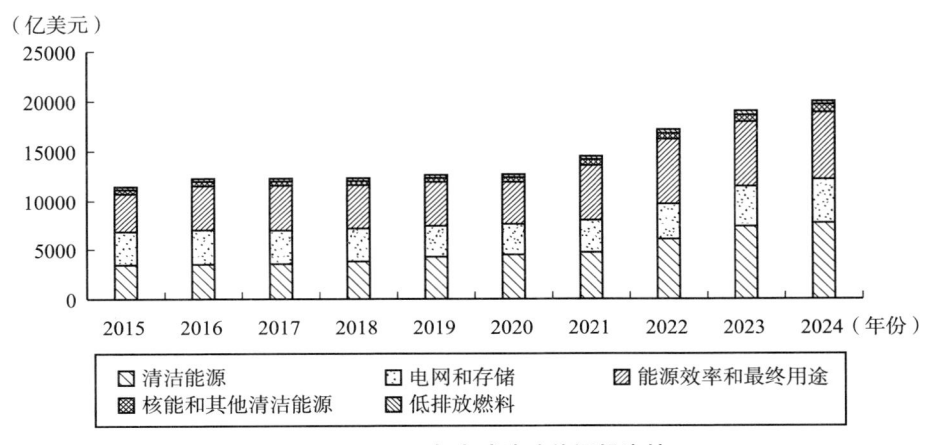

图6 2015~2024年全球清洁能源投资情况

资料来源：IEA. Global Investment in Clean Energy and Fossil Fuels，2015-2024 [EB/OL]. IEA，https：//www.iea.org/data-and-statistics/charts/global-investment-in-clean-energy-and-fossil-fuels-2015-2024，2024－05－30。

（二）非洲清洁能源融资现状

相对于经济较为发达的国家和地区对清洁能源的大力投资的情景下，非洲大陆虽也有实现能源转型的雄心壮志，但资金、技术以及其他条件的匮乏使得其在转型道路举步维艰。长期的殖民历史以及受到两次世界大战的影响，非洲大部分国家在战后才纷纷获得机会并实现独立，这就使得非洲大陆在世界上长期处于贫穷落后的处境。相对于中东和北非地区的地理位置和能源储备优势，撒哈拉沙漠以南的非洲地区则长期面临更为贫困的窘境。根据世界银行统计，截至2019年，该区域的贫困人口比例仍高达36.7%，人均GDP在2022年仅为1701.2美元。2022年非洲经济在摆脱新冠疫情的破坏性影响后虽复苏强劲，但在遭受全球金融条件收紧、俄乌冲突所造成的供应链中断、世界增长低迷对非洲出口需求的打击、新冠疫情的残余影响和极端的天气恶化等各方面原因的作用下，2022年的GDP增长率由2021年的4.8%降至3.8%，虽后续得益于中国的重新开放以及积极紧缩货币政策之后利率调整步伐的放缓，2024年非洲的经济增长将保持稳定，但通货膨胀高举，供应链持续脆弱以及气候变化的影响仍将是非洲大陆实现经济快速增长的潜在制约因素。此外2022年的增长结果在一定程度上还掩盖了非洲整体发展的差异性。在大宗商品价格高涨的情况下，中部非洲在2022年虽增长率达到最高，但预计2024年将下降至4.8%，西非、北非、东非地区也将受到不同影响，增长率分别位于4%左右，南部非洲则受到自身增长乏力的影响，2024年的预计增长率将维持在2.1%的水平。[①]

为实现2030年议程，世界各国、国际组织、私营企业等对非洲的能源发展投入了大量的资源。其中，在2016~2020年各方在非洲能源领域的年均投资额达到1120亿美元，2021~2023年则有所下降，年均投资额为930亿美元，但这离2030年实现能源承诺所需的1570亿美元或者2050年实现净零排放所需的2110亿美元还有一段距离（见图7）。

（三）清洁能源融资的主要来源

国际组织和多边发展银行是非洲清洁能源融资的主要渠道。世界银行作为主要为发展中国家提供融资等服务的国际组织，其对非洲的清洁能源项目也进行了大量投资。例如，世界银行在2022年11月9日宣布利用分布式可再生能源以实现撒哈拉以南非洲电气化的重大举措。该计划中有一个总额达27亿美元的融资项目组合，用于为4000多万人提供电气化服务。国际金融公司则在其原有的"照亮非洲"项目的基础上启动了"扩大小型电网计划"。多边投资担保机构则有8300万美元的分布式可再生能源（DRE）系统担保和

---

① African Development Bank Group. African Economic Outlook 2023 [EB/OL]. African Development Bank Group, https：//www.afdb.org/en/documents/african-economic-outlook-2023，2023-05-24.

4亿美元的管道建设担保。① 除了总体项目建设规划外，世界银行还对非洲国家的部分具体项目进行了融资，2022年11月，南非接收到了世界银行4.97亿美元的融资，用以退役其一个大型燃煤发电厂，并对其进行改造升级以使得新的电厂可以利用太阳能和风能资源发电。②

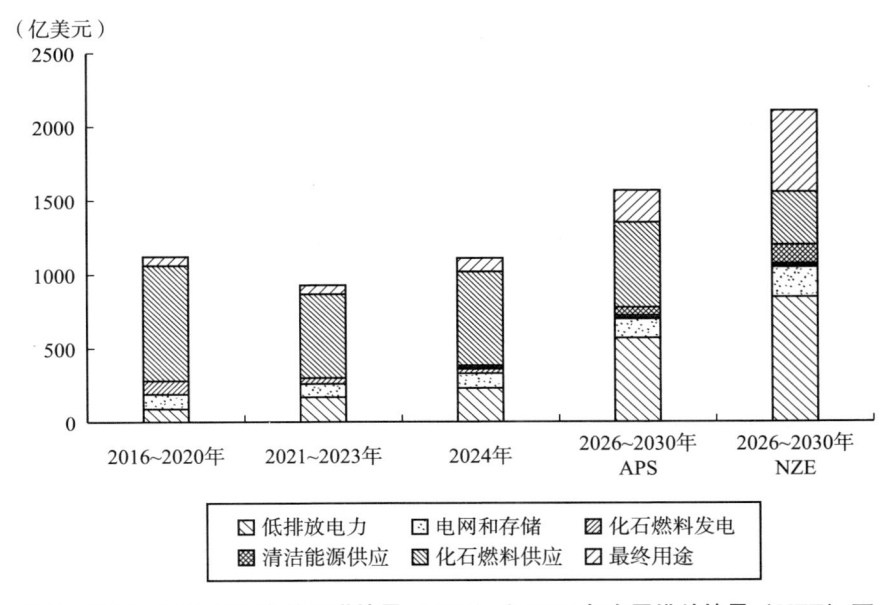

图7 2016～2030年宣布的承诺情景（APS）和2050年净零排放情景（NZE）下非洲过去和未来的能源投资

资料来源：IEA. Past and Future Energy Investment in Africa in the Announced Pledges Scenario and in the Net Zero Emissions by 2050 Scenario, 2016-2030 [EB/OL]. IEA, https://www.iea.org/data-and-statistics/charts/past-and-future-energy-investment-in-africa-in-the-announced-pledges-scenario-and-in-the-net-zero-emissions-by-2050-scenario-2016-2030, 2024-06-06。

---

① World Bank. World Bank Group Announces Major Initiative to Electrify Sub-Saharan Africa with Distributed Renewable Energy [EB/OL]. World Bank, https://www.worldbank.org/en/news/press-release/2022/11/09/world-bank-group-announces-major-initiative-to-electrify-sub-saharan-africa-with-distributed-renewable-energy, 2022-11-09.

② World Bank. South Africa Gets $497m from World Bank for Clean Energy Sourcing [EB/OL]. World Bank, https://www.aljazeera.com/news/2022/11/4/s-africa-gets-497-mn-from-world-bank-for-clean-energy, 2022-11-04.

相比世界银行对全球发展中国家的融资援助，非洲开发银行则对非洲清洁能源的发展投入了更多的资源和关注。根据非洲开发银行在2023年发布的《2023年度发展实效审查》（Annual Development Effectiveness Review 2023）报告，非洲开发银行在非洲清洁能源领域已投资了多个项目，例如，"Desert to Power G5 Sahel Financing Facility"项目是为在撒哈拉沙漠周边毛里塔尼亚等其他4个国家间开发一条适应气候、低排放的发电途径，其中1.5亿美元由绿色气候基金（green climate fund，GCF）资助，3.8亿美元由亚洲开发银行和非洲开发银行共同资助。项目建成后预计太阳能发电量将达到500兆瓦，并储能239兆瓦时，这将减少1450万吨的二氧化碳排放，350万人可以用上电。除了资助未来的项目，非洲开发银行还推行了非洲水电现代计划"Africa Hydropower Modernisation Programme（AHMP）"项目，帮助非洲多个国家对现有的水电站进行现代化改装。[1]

除了国际组织和多边银行的援助外，官方资金来源中非洲各国政府自身对清洁能源也进行了大量投资。根据国际能源署"政府能源支出跟踪平台"统计，在用于支持清洁能源投资和补偿短期能源负担能力措施的总体金额中，发达经济体的支出远远超过新兴市场和发展中经济体的支出，即发达经济体占政府清洁能源投资支出总额的93%，占消费者短期能源负担能力支出总额的85%。[2] 虽然发达经济体占据了大量份额，但在非洲众多发展中国家也有政府为本国的清洁能源投资和居民能源消费负担提供财政支持（见表1）。除了降低居民的能源消费成本外，部分国家还通过资助分布式清洁能源发展，开发小型光伏发电、小水电、小型生物质发电系统，实现了广大乡村地区能源的就地开发和自给自足，进而达成成本控制和社会效益双赢的局面。[3]

---

[1] African Development Bank Group. Annual Development Effectiveness Review 2023 [EB/OL]. African Development Bank Group，https：//www.afdb.org/en/documents/annual-development-effectiveness-review-2023，2023–05–25.

[2] IEA. Government Energy Spending Tracker [EB/OL]. IEA，https：//www.iea.org/reports/government-energy-spending-tracker-2#overview，2023–06.

[3] 张锐. 非洲能源转型的内涵、进展与挑战 [J]. 西亚非洲，2022（1）：51–72，157–158.

表 1　国际能源署"政府能源支出跟踪"平台中非洲国家清洁能源以及其他能源支出

国家	类别	政策	措施	开始年份	现状	预算承诺（百万美元）
喀麦隆	能源的可负担性	2022年天然气和运输燃料补贴成本	能源的可负担性	2022	执行中	1242
科特迪瓦	能源的可负担性	2022年交通燃料补贴	能源的可负担性	2022	执行中	1122
肯尼亚	能源的可负担性	2022年降低电费	能源的可负担性	2022	执行中	<1
肯尼亚	能源获取	厨用燃气用户支持	清洁烹饪	2021	执行中	46
肯尼亚	能源的可负担性	2022年和2023年燃料补贴计划	能源负担能力	2021	执行中	104
摩洛哥	能源的可负担性	2023年交通部门补贴	能源的可负担性	2023	执行中	148
摩洛哥	能源的可负担性	2022年交通部门补贴	能源的可负担性	2022	完工	266
摩洛哥	能源获取	2022年丁烷补贴计划预算增加	能源获取	2022	执行中	1476
尼日利亚	能源获取	尼日利亚经济可持续计划	能源获取	2021	执行中	916
尼日利亚	能源的可负担性	2022年优质机油补贴计划	能源负担能力	2022	执行中	19368
南非	能源的可负担性	2022年冻结和削减一般燃料税	能源的可负担性	2022	执行中	489
坦桑尼亚联合共和国	能源的可负担性	暂时停止征收汽油、柴油和煤油税	能源的可负担性	2022	执行中	39
坦桑尼亚联合共和国	能源的可负担性	2022年燃料补贴	能源的可负担性	2022	执行中	43

资料来源：IEA. Government Energy Spending Tracker：Policy Database ［EB/OL］. IEA, https：//www.iea.org/data-and-statistics/data-tools/government-energy-spending-tracker-policy-database. 2023 – 06 – 02。

除了官方的能源投资补贴外，私营部门在非洲清洁能源转型中也占据了相当大的比例。2023年私人资本在全球参与的基础设施投资总额为860亿美元，虽比2022年的913亿美元略有下降，但仍略高于前五年（2018～2022年）的平均值855亿美元。从项目数量方面，2023年的项目数量从2022年的260个显著跃升至2023年的322个，这也比前五年平均的305个项目有所超越（见图8）。

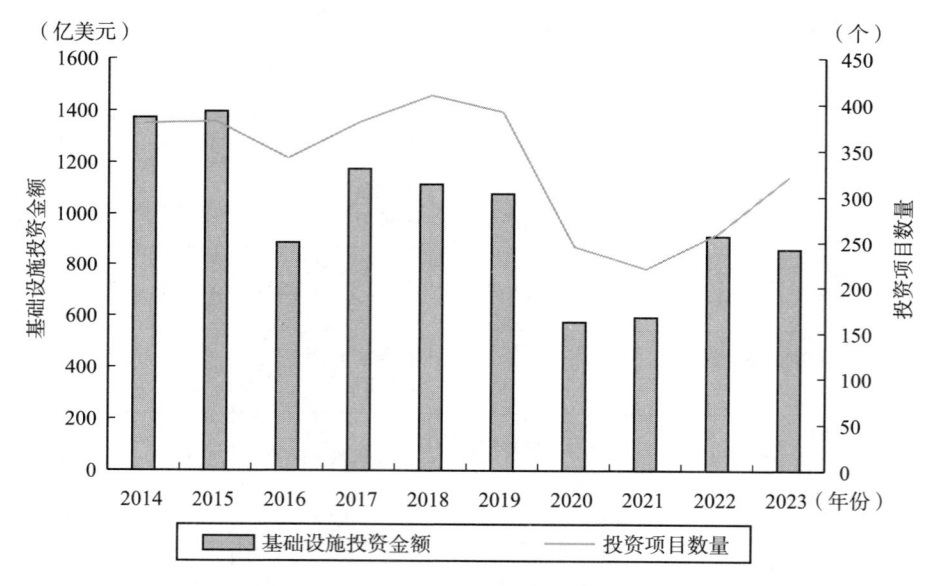

图8　2014～2023年私人基础设施投资金额和项目数量

资料来源：World Bank PPI Report ［EB/OL］. World Bank，https：//ppi.worldbank.org/content/dam/PPI/documents/PPI-2023-Annual-Report-Final.pdf，2023。

根据世界银行发布的《2023年全球私人资本参加基础设施投资报告》，就项目数量而言，52%的基础设施投资项目来自外国实体资助。就投资额而言，则有26%的投资来自外国的投资者。2023年外国投资者贡献最大的地区是中东和北非地区以及撒哈拉以南非洲地区。其中2023年中东和北非地区所有14个基础设施投资项目（私人资本参与的）由外国公司赞助，撒哈拉以南非洲地区则有83%的基础设施投资项目由外国公司赞助。这些投资项目涵盖了非洲多个大型水利和发电项目，为非洲的清洁能源和电力发展作出了重要贡献。①

（四）主要融资模式和渠道

在非洲的清洁能源融资过程中，各方采取了多种融资模式和渠道以应对不同的市场和项目需求。这些模式和渠道包括但不限于以下三种。

1. 长期贷款和股权投资

发展融资机构和多边开发银行在非洲的清洁能源项目中扮演了关键角色，这些机构通过提供大量的长期贷款和股权投资参与到非洲的能源转型过程中。其中国际金融公司、欧洲投资银行和非洲开发银行在支持可再生能源项目方面非常活跃。长期贷款通常以低于市场利率的条件提供，目的是支持具有高社会和环境效益的项目。例如，非洲开发银行在参与埃及 Benban 太阳能园区的融资中，通过一定的条件优惠，降低了项目的融资成本，以此吸引更多的私人投资参与到项目中。在长期贷款中还有一类是项目贷款，这类贷款主要针对具体的基础设施项目，项目期限往往较长通常用于建设和运营阶段。在股权投资模式中，发展融资机构和多边开发银行有时会采取直接股权投资形式，即用融资金额直接投资于公司成为其股东，这种投资方式通常用于支持初创企业或扩展现有业务。例如，国际金融公司在肯尼亚投资了 M-KOPA Solar，为其扩展家庭太阳能系统提供资金。② 除了直接投资公司，上述机构还会将资金投入到基金机构中，让基金机构来评估并支持相关的项目，例如，非洲基础设施管理公司就曾受到来自发展融资机构和多边开发银行的注资，以投资在非洲的风能和太阳能项目，进而促进非洲大陆的能源基

---

① World Bank. PPI Report [EB/OL]. World Bank，https://ppi.worldbank.org/content/dam/PPI/documents/PPI-2023-Annual-Report-Final.pdf，2023.
② IEA. Financing Clean Energy Transitions in Emerging and Developing Economies [EB/OL]. IEA，https://iea.blob.core.windows.net/assets/6756ccd2-0772-4ffd-85e4-b73428ff9c72/FinancingCleanEnergyTransitionsinEMDEs_WorldEnergyInvestment2021SpecialReport.pdf，2021-06.

础设施建设。[①]

2. 公共–私人合作、绿色债券和气候债券

公共–私人合作（public-private partnerships，PPPs）形式主要是政府与私人企业共同投资和运营清洁能源项目，以分享风险和收益。PPP在大型基础设施项目中尤为常见，如大型太阳能发电厂和风电场。绿色债券（green bonds）是一种固定收益金融工具，其募集的资金专门用于资助符合环境标准的项目。这些项目通常包括可再生能源、能源效率、污染防治、水资源管理和可持续农业等领域。气候债券（climate bonds）是专门设计用于资助减缓和适应气候变化的项目。它们与绿色债券类似，但更侧重于气候变化相关的项目，并且通常需要符合国际气候债券标准。绿色和气候债券对于重视环境保护和风险保守型的投资者而言极具吸引力，其低风险的特点使得债券往往能以较低的利率发行，进而极大地降低了项目的融资成本，提高了项目的透明度和可靠性。例如，赞比亚铜带能源公司（Copperbelt Energy）在第二十八届联合国气候变化大会（COP28）上宣布，其已在赞比亚证券交易委员会注册了一项2亿美元的绿色债券计划，以资助其在赞比亚建设至少200兆瓦的可再生能源项目的雄心。该计划由赞比亚铜带能源公司担任牵头人，私人基础设施开发集团（Private Infrastructure Development Group）旗下的新兴非洲投资基金作为基石投资者。[②]

3. 风险投资

风险投资的资金则来源于私营部门的投资者，例如，一些风险投资基金专注于投资太阳能和风能的初创企业，其为早期创业者提供资金为主要方式，以此推动相关新产品和服务研发或支持创新和高风险的清洁能源技术。例如，一家利用太阳能电池板为电动自行车充电的硬件解决方案开发商在2024年1

[①] IEA. Financing Clean Energy in Africa Executive Summary ［EB/OL］. IEA，https：//www.iea.org/reports/financing-clean-energy-in-africa/executive-summary，2023–09.

[②] Environment Finance. COP28：Zambia to Welcome First Green Bond in December ［EB/OL］. Environment Finance，https：//www.environmental-finance.com/content/in-brief/cop28-zambia-to-welcome-first-green-bond-in-december.html，2023–12–06.

月4日获得了1200万美元的成长型股权融资,用于加速产品开发和扩大电池交换网络。在此轮融资的同时,非洲绿色基金还提供了750万美元的债务融资。[①] 非洲清洁能源市场虽然在未来有较大的经济增长空间,但由于当下相关技术积累还不够丰富,使得风险投资者在非洲总体的能源投资相对较少。在2022年之前非洲相关能源初创企业获得的风险投资仅占全球能源创业投资的0.3%。[②]

四、非洲清洁能源融资面临的问题

尽管非洲人口占世界总人口近1/5的水平,但对非洲大陆的能源投资一直不足,仅占全球总投资的3%。根据国际能源署的测算,为了实现联合国提出的到2030年普及能源的目标,并达到《巴黎协定》规定的国际气候目标,非洲各国和国际组织需要在未来的十年内将非洲的能源投资金额增加一倍以上,并将投资重点放在新能源领域,但现实是非洲的清洁能源融资还面临诸多挑战。这些挑战和问题包括但不限于以下三种。

(一)资本成本过高

相比世界其他地区,非洲清洁能源融资的资本成本更为高昂。资本成本反映了投资者对获得预期股本回报的信心程度,以及债务提供者对获得偿付的信心程度。根据世界经济论坛统计,尽管部分非洲国家的债务负担有所降低,但仍有许多非洲国家继续面临着严峻的主权债务形式。例如,非洲的外债总额占非洲出口收入的比重由2010年的74.5%增至2022年的140%。这使得非洲各国必须将大约12%的收入用于偿还债务。2019~2022年,25个

[①] Cleantech Group. Recent Deals-16 January 2024 [EB/OL]. Cleantech Group, https://www.cleantech.com/recent-deals-16-january-2024/, 2024-01-16.

[②] IEA. Financing Clean Energy in Africa [EB/OL]. IEA, https://iea.blob.core.windows.net/assets/f76594a5-8a9f-4820-ba3e-2908e03b02a9/FinancingCleanEnergyinAfrica.pdf, 2023-09.

非洲国家政府用于偿还债务的资源超过了用于公民健康的资源。2023年底，国际货币基金组织估计，一半以上的非洲低收入国家在偿还债务方面存在潜在或实际困难。[①] 政府资本缺乏意味着可投入能源发展的公共资本有限，因此私人资本需要发挥关键的作用，但许多私人投资者不愿进入非洲市场。在债务不断增加的国家，国有公用事业的支付风险相对较高，且在一些经济状况脆弱的国家，其政治和声誉风险也相对较高。较高的感知风险和实际风险推动着非洲的资本成本不断上升，从而使得融资项目的商业价值不断降低，进而投资者在进行一轮筛选后无法找到满意的可投资项目。所以目前双边、多边开发金融机构和国家是该地区最大的清洁能源投资者。

（二）缺乏早期融资

从目前的情况看，非洲新兴清洁能源行业的资金类型和需求不匹配，尤其缺乏早期融资和股权融资。由于清洁能源行业自身的特殊属性，清洁能源发展和应用的各个领域都需要大量的融资，这就需要通过多种融资手段来持续推动项目的早期建设和后期维护，使得清洁能源项目可以稳定地进入日常轨道。但在项目规划、可行性研究和业务支持等早期阶段，项目的融资风险相对较高，这使得当地的许多商业银行不愿意冒此风险将早期贷款发放给企业。即使愿意放贷，也会要求贷款者提供相应的抵押物，进而变相提高了融资成本。非洲清洁能源融资项目对于世界众多的风险投资机构的吸引力并不强，这就使得在非洲清洁能源市场上无法形成一个良性的集聚效应，且无法在项目本身之外创造一个良性的以投资带动投资的环境，私人投资的缺口也由此产生。私人投资缺口的扩大需要其他多边国际组织和开发金融机构进行弥补，否则就无法完成2030年议程的目标，《巴黎协定》中把世界的气温上升幅度控制在1.5℃的目标也将无法实现。

---

① World Economic Forum. Africa's Debt Crisis Needs a Bold New Approach. Here's What Countries Can Do [EB/OL]. World Economic Forum，https：//www.weforum.org/agenda/2024/02/africa-debt-crisis-new-approach/，2024-02-28.

（三）传统能源影响

虽然世界整体都在向可再生能源进行能源转型，但传统能源的影响始终都在。根据国际能源署在2024年5月30日更新的全球能源投资情况，化石燃料的投资虽在2015年后整体小于可再生能源、电网和存储、能源效率和最终用途、核能和其他清洁能源、低排放燃料的总和，但若只比较化石燃料与可再生能源、核能和其他清洁能源、低排放燃料三者之和，可以较为清晰地发现直至2024年三者的投资总和都没有超过化石燃料的投资额。[①] 化石燃料供应与低排放电力和清洁能源供应之和的差异在非洲能源投资领域中则更为明显（见图7）。在2016～2024年，化石燃料供应始终占据50%以上能源总投资额度。只有在为实现宣布的承诺或者要实现2050年净零排放的情景下，低排放电力和清洁能源投资之和才会超过化石燃料供应，但距离2026年所要实现的能源投资比例的时间却只剩一年半，可谓任重道远。除了考虑能源领域自身的投资外，外部因素对非洲能源转型也起着举足轻重的作用。例如，随着俄乌冲突和巴以冲突的兴起和长时间持续，世界大宗商品特别是化石燃料的价格飞速上涨，非洲地区虽不如中东地区那样能源富足，但也持有充足储备量。借着能源价格飞升，非洲许多依靠能源出口的国家的经济日趋稳定，有的甚至出现了上升迹象。由此不难预测化石燃料还将保持一段强势地位，而这对于非洲清洁能源的融资会产生极大的影响。

（四）监管和政策障碍

非洲大陆清洁能源的监管和政策发展程度各不相同。其中乌干达、埃及、塞内加尔、加纳和肯尼亚等国的监管框架发展良好，其各自的公用事业积极响应本国的监管准则。另外，根据非洲开发银行的测算，虽然非洲大陆的电

---

① IEA. Global Investment in Clean Energy and Fossil Fuels, 2015-2024 [EB/OL]. IEA, https://www.iea.org/data-and-statistics/charts/global-investment-in-clean-energy-and-fossil-fuels-2015-2024, 2024 – 05 – 30.

力监管指数平均得分有所提高，但总体仍然较低，其中的主要原因是各自公用事业的财务状况不佳，以及各国的监管结果存在一定差异。① 许多非洲国家虽然启动了雄心勃勃的能源转型战略，旨在为不能享受清洁能源服务的社区提供服务，但其中部分被归为"清洁"的能源项目在经济、环境和社会方面却产生了一定的负面影响。例如，有些清洁能源项目在选址时侵占了社区居民的农业用地以发展清洁能源，进而对非洲的本身就较为严峻的粮食安全增加了新的风险。除了在项目的运行上监管不力外，非洲许多国家对于自身的资本市场也存在监管不力现象，使得本地的金融资本市场发展缓慢，无法为企业和家庭提供必要的信贷支持。② 此外在非洲的许多地区，性别不平等在一定程度上限制了女性参与政策和决策的机会，从而影响了清洁能源的发展。③

（五）其他因素

货币波动是非洲清洁能源融资不可避免的一个重要问题。由于担心货币波动以及当地资本市场的不完善性，除了拥有成熟资本市场的南非之外，非洲大陆的绝大部分清洁能源投资都是以外币的形式进行，并且国际资本投资者往往不愿意参与本地货币的借贷，以此减少当地货币贬值对其资产价值的影响。除了初始投资的币种选择外，融资货币和经营货币之间不匹配也会对投资产生影响。大多数清洁电力项目是以当地货币计价赚取收入，因此货币波动的风险会传递到整条链上所有相关的个体。如果当地货币贬值或者国家的外汇储备存在告罄风险，被投资方就可能难以偿还外币债务。

优惠融资的缺乏也是目前非洲清洁能源融资面临的重要问题所在。非洲各国自身的情况决定了其对于本国的清洁能源融资往往是供不应求，而外界

---

① IEA. Financing Clean Energy in Africa ［EB/OL］. IEA，https：//www.iea.org/reports/financing-clean-energy-in-africa，2023－09.
② Mugume R，Bulime E W N. Delivering Double Wins：How Can Africa's Finance Deliver Economic Growth and Renewable Energy Transition ［J］. Renewable Energy，2024，224：120165.
③ Nsafon B E K，Same N N，Yakub A O，et al. The Justice and Policy Implications of Clean Energy Transition in Africa ［J］. Frontiers in Environmental Science，2023，11：1089391.

私人投资者出于理性经济人的思考，也不会贸然把大量的资源投入非洲的能源转型事业中，如此下来仅依靠国际组织的资助来助力非洲的能源转型将远远不够。因此若要调动更多的私人投资进入非洲，就需要政府和国际组织提供更多的优惠融资，只是以当下的情景，官方所提供的优惠融资的量是远远不够的。

五、非洲清洁能源融资的应对策略

根据国际能源署在《2022年非洲能源展望》报告中提出的要想实现"可持续非洲设想"（sustainable africa scenario，SAS），非洲的能源投资不仅需要从化石燃料中转移出来，还需要2026~2030年的年均投资比2016~2020年的数额翻一番，达到近1900亿美元。因此增加优惠融资金额，同时调动更多私人资本必须成为优先事项，并且只是引进外界融资而不改善非洲本身的投资环境是远远不够的，相关的资本成本也必须得到有效降低。

（一）降低资本成本

降低资本成本对于非洲清洁能源融资至关重要。高资本成本不仅阻碍了清洁能源项目的融资，也影响了项目的可持续性和盈利能力。为解决这一问题，各方可采取以下措施：

第一，调整政府债务结构和规模。资本成本高的原因之一就是外界投资者对于当地政府的财政偿债能力以及现金储备情况存在忧虑。一国的外债规模与其国家信用息息相关，当一国具备较为完善的财政能力时，投资者对其也更具信心，对所要投资的项目以及事后的退出都有相对较为清晰的预期。

第二，提供政府担保和补贴。政府可以为清洁能源项目提供贷款担保和直接补贴，以此降低项目的借贷成本和提高项目的财务可行性。其中补贴可涵盖项目的初期规划和早期运营阶段，以此减少开发商资金占用的规模，减轻开发商的财务负担。

第三，促进国际合作和多边融资。通过加强与国际金融机构和多边开发银行的合作，非洲国家可以获得低成本的长期贷款和技术援助。例如，加强与世界银行和非洲开发银行等机构的联系，以使机构为清洁能源项目提供优惠贷款或其他相关资源的支持，以此降低项目的融资成本。

第四，发展绿色债券市场。非洲各国政府可以在国际金融市场上以外币或本币的形式发行绿色债券，以此吸引更多对环境保护感兴趣的投资者为清洁能源项目发展提供融资。绿色债券作为一种低风险的金融工具，其发行利率较低，有助于降低项目的融资成本。例如，肯尼亚计划在2024年末通过一项开创性的主权可持续发展债券（SLB）融资5亿美元以支持该国的可持续发展事业。[1]

（二）增强早期融资支持

早期融资的缺乏是非洲清洁能源项目面临的主要挑战之一。为解决这一问题，各利益相关方可以采取以下措施：

第一，设立专门的早期融资基金。政府和国际组织可以联合设立专门的早期融资基金，并向融资者或融资项目提供无偿资助和低息贷款，以支持项目规划、可行性研究分析和初期建设。这些基金可以通过公共－私人合作模式进行管理，确保资金的高效使用。

第二，鼓励风险投资和私募股权投资。随着经济的持续发展，非洲的投资市场也将会逐渐兴旺起来。因此非洲各国可以先建立起有利于风险投资和私募股权投资的政策环境，吸引更多的私人资本进入非洲的清洁能源领域或为将来非洲清洁能源投资领域的兴起打好基础。政府还可以针对投资机构提供相应的税收优惠和投资激励，鼓励投资者参与早期的项目融资阶段。

第三，提供技术和商业支持。通过技术援助和商业支持帮助初创企业和

---

[1] Environmental Finance. Kenya Planning $500m Sovereign SLB in 2024 ［EB/OL］. Environmental Finance，https：//www.environmental-finance.com/content/news/kenya-planning-$500m-sovereign-slb-in-2024.html，2023－05－07.

中小企业提高项目的可行性和吸引力。例如，非洲开发银行为"沙漠发电"（Desert-to-Power）计划以及撒哈拉沙漠周边国家提供技术支持和融资，以促进当地的太阳能发电项目的发展。①

第四，建立项目准备设施。政府和国际组织可以建立项目准备设施，以帮助项目开发者进行详细的规划和可行性研究，提高项目的融资成功率。例如，世界银行一直在加大对迷你电网的支持力度，以帮助各国制定综合电气化规划。②

（三）应对传统能源影响

尽管清洁能源在非洲的推广势在必行，但传统能源在非洲的影响仍然很大。为应对这一挑战，非洲各国可以采取以下措施：

第一，逐步减少对化石燃料的依赖。政府应制定长期计划，逐步减少对化石燃料的依赖，同时增加对清洁能源的投资。例如，南非已经启动了退役其一个国内最大的燃煤发电厂项目，并对其进行适用于太阳能发电的改造。

第二，提升能源效率。通过实施能源效率政策以及加大在能源效率方面的投资，以减少相关能源的消耗和浪费。此外政府还可以通过采取立法和实施激励措施，推动工业和居民领域的节能改造。

第三，促进清洁能源技术研发。政府可以加大对清洁能源技术的研发，推动新技术的应用和推广，还可以与国际科研机构和企业合作，开展清洁能源技术的研发和示范项目。随着技术研发的不断推进，非洲在清洁能源技术的研发上就会积累更多的经验，以此为后续的技术攻关和人才培养打下基础。

第四，加强国际合作。非洲各国可以通过国际合作，与其他国际和国际组织分享技术和经验，以此推动清洁能源的发展。此外非洲国家还可以参加

---

① African Development Bank Group. Desert to Power［EB/OL］. African Development Bank Group, https：//www. afdb. org/sites/default/files/news_documents/dtp-brochure-2021. pdf，2021.

② World Bank. Mini Grids Have Potential to Bring Electricity to Half a Billion People, According to New World Bank Study［EB/OL］. World Bank, https：//www. worldbank. org/en/news/press-release/2019/06/25/mini-grids-have-potential-to-bring-electricity-to-half-a-billion-people，2019 – 06 – 25.

国际能源组织和协议，获取支持和融资。

（四）优化监管和政策环境

非洲国家可以通过优化监管和政策环境以为清洁能源融资创造有利条件，推动非洲能源转型，其具体措施包含以下几种：

第一，制定清晰的能源政策。政府应制定明确且长期的能源政策，提供稳定的政策环境，以此指导国家在后续能源转型中的方向和快慢。清晰的能源政策还可以方便投资者更好地理解国家的意图，从而根据政策更合理地分配资源投入。

第二，简化审批流程。非洲各国可以通过优化项目审批流程，以此减少相关的行政障碍，提高审批效率。政府还可以通过设立"一站式"服务中心，为项目开发者提供便捷的审批服务。审批流程的简化不仅可以为投资者节省时间和精力，还可以对投资者和政府进行更好的监督。

第三，善用财政和货币政策。政府可以税收减免，项目补贴和融资担保等措施，激励清洁能源项目的发展。并且针对外界投资者对于本币贬值的担忧，各国政府还可以宣布未来将采取的货币政策和汇率安排，以此缓和投资者的担忧情绪。

第四，加强监管能力。虽然能源融资十分重要，但若无辅之以合理行政监管，项目最后成功的可能性还将大打折扣。因此非洲各国需要提升能源监管机构的能力，确保清洁能源项目的合规性和可持续性。政府还可以通过培训和技术支持，提高监管机构的专业水平。

（五）促进社会和经济包容

清洁能源转型不仅是技术和经济问题，也涉及社会和经济包容问题。为此，非洲各国可以采取以下措施：

第一，保障公平和包容。政府应确保清洁能源项目在规划和实施的过程中考虑所有社会群体的利益，特别是弱势和边缘化群体。例如，在发展清洁能源的项目时，优先考虑农村和贫困地区的用电需求，确保能源的公平分配。

第二，提升公共意识。过往许多非洲人民对于清洁能源的认识欠缺，致使出现民众反对清洁能源的使用等。因此政府可以通过宣传和教育，提升公众对清洁能源的认识和支持。例如，政府可以开展宣传活动，介绍说明清洁能源的优势和推广清洁能源的使用，鼓励公众参与能源转型。

第三，支持社区参与。政府应鼓励社区参与清洁能源项目的规划和实施，增强项目的可接受度和可持续性。避免清洁能源的建设活动妨碍了社区居民正常的生产工作活动。例如，避免相关设施占据社区的种庄稼的良田和养殖的水域等。

第四，促进就业和经济发展。清洁能源项目的设立应为当地创造新的就业机会，推动经济发展。政府还可以通过培训和制定实施就业计划，提升当地劳动力的技能，促进人民就业。

总而言之，通过降低资本成本、增强早期融资支持、应对传统能源影响、优化监管和政策环境以及促进社会和经济包容，非洲国家可以有效应对清洁能源融资问题，推动能源转型，实现可持续发展目标，解决当前融资困境和为未来清洁能源发展奠定坚实基础。

六、结语与展望

随着全球对气候变化的关注不断增加，非洲的清洁能源市场前景广阔。非洲拥有丰富的可再生能源资源，如太阳能、风能和水能，这为清洁能源项目的发展提供了坚实的基础。预计到2030年，非洲的清洁能源投资需求还将大幅增加，以满足不断增长的能源需求并实现可持续发展的目标。清洁能源项目不仅有助于减少温室气体排放，还能提供可靠的能源供应，推动经济增长和社会进步。

尽管前景光明，但非洲清洁能源融资仍面临诸多挑战和不确定性。高资本成本、早期融资缺乏、传统能源的持续影响、监管和政策障碍、货币波动和优惠融资短缺都是亟待解决的问题。此外，全球经济波动、政治不稳定以及新冠疫情的持续影响也增加了项目的不确定性和风险。这些因素可能会阻碍私人资本的流入，影响项目的融资和实施进度。

为了克服这些挑战并实现清洁能源融资的长期目标，非洲需要制定全面的战略规划。首先，应降低融资项目的资本成本，增强早期融资支持，吸引国内外投资者。其次，政府还需要针对传统能源的持续影响采取对应措施，以减少对传统能源的依赖。此外，政府还需要改善监管和政策环境，保障社会公平，加强对居民的教育。最终目标是建立一个多元化、可持续的清洁能源融资体系，支持非洲各国实现能源转型和经济可持续发展，为全球气候变化的应对作出积极贡献。

通过这些战略措施和长期规划，未来非洲可以有效动员各方资源，加速清洁能源项目的发展，实现能源独立和环境保护的双重目标。

南非能源矿业投资准入法律制度与风险防范

张小虎　张　宁*

摘　要：南非拥有丰富的矿藏资源，位于全球五大矿产大国之列。自20世纪80年代以来，南非在全球资本流动趋势的推动下，已成为中国在非洲大陆上第二大矿业投资国。随着国际经济环境的不断演变，南非持续调整其外资法规和投资策略，旨在激励海外资本注入实质性效益。一系列针对矿业的法令相继出台，尽管意在规范市场准入，却也附加了多项约束条件。然而，这些规定散见于不同法案与方针中，部分要求未获明确立法支持。这无疑为中国企业获取矿权带来了时间与财务上的额外负担，潜藏着投资失利的风险。鉴于此，首先，中国企业务必要在能源矿业项目启动前期，全面审视南非的投资法律框架与具体工程的合规性调研，实现对南非能源矿业投资法规的宏观掌握；其次，要适时调适策略与执行方案，保障合法运营；最后，要采取本地化经营理念，注重与地方当局、土地持有者及社区的和谐共处。

关键词：南非；矿业；投资准入法律制度；风险防范

---

* 作者简介：张小虎，湘潭大学中国－非洲经贸法律研究院副院长，博士生导师；张宁，湘潭大学中国－非洲经贸法律研究院法律硕士，风控专员。

一、引言

南非拥有极其丰富的矿产资源，位列全球五大矿产资源国家之一。其矿产特征主要体现在种类齐全、储量丰富，地质结构中蕴含的矿产资源储量位居世界第二。目前，南非已探明储量并开采的矿物有70余种，总价值约2.5万亿美元。据统计，南非的煤炭、铂族金属、锰矿石、铬矿石、铝硅酸盐、黄金、钻石、氟石、钒、蛭石、锆族矿石、钛族矿石等多种矿产的储量、产量和出口量均居世界前列，甚至在世界总量中所占比重超过了50%。① 而煤炭工业在南非经济中扮演着核心角色，其产业整合程度较高。2023年南非的煤炭产出总量达到了2.285亿吨的规模，其中，烟煤比例高达99%，而剩余的1%则属于无烟煤。②

近年来，得益于中国、南非两国高层领导人的直接关注与推动，双方在国际与地区层面上的合作关系持续稳固。伴随"一带一路"倡议在非洲大陆的深化拓展，南非已跃升为中国在该区域内的第二大矿业投资目标。标志性投资案例包括中钢集团的铬矿开发、金川集团的铂矿开采、河北钢铁集团的铜矿项目以及第一黄金集团的黄金采掘等。

尽管双边关系向好，但自20世纪80年代起，随着全球投资生态的革新，为了引导外来资本投入实质性的经济活动，南非对《外国投资法》进行了修订，投资政策得以细化。随之而来的一系列与能源矿业相关的法规陆续出台，对能源矿业投资准入门槛有所提高，形成了一定程度的规制。然而，南非并未颁布一部综合性法案，专门用来划定投资准入的具体界限、操作模式、执行准则，以及审查和许可的步骤。相反，该国采取了部门法规的策略，对特

---

① 商务部国际贸易经济合作研究院，中国驻南非大使馆经济商务处，等. 对外投资合作国别（地区）指南：南非.
② 2024年中国煤炭行业分析报告：南非煤炭产量及消费量分析［EB/OL］. 中经百汇研究中心，https：//www.zjbhi.com/zh/cms/economy/5-c/2778-a.html，2024-07-19.

定产业，尤其是能源矿业，实行专门的审批程序。因此，希望在南非能源矿业领域拓展业务的企业，不仅要遵循南非一般性的投资法律要求，还需符合南非针对能源矿业开发与管理的特别法律规定。

外商投资领域的立法架构繁杂不清，导致能源矿业投资准入的管制措施透明度不足，难以被投资者迅速准确地把握，这为法律的实际执行和应用制造了多重障碍。矿业权获取的先决条件散布于众多的法律法规与政策文件之中，甚至某些要求并未在法律条文中得到清晰界定。对于中国企业而言，这不仅推高了获取矿业权所需的时间和经济成本，更有可能直接导致投资失利。因此，透彻解析南非能源矿业投资准入的法律架构，将为我国能源矿业企业赴南非拓展提供一个全面的法律遵循蓝本。这不仅能够帮助我国的能源矿业公司在南非市场稳健运营，还能进一步巩固我国的能源资源供应链安全，保障国家经济稳定。

二、南非能源矿业投资准入法律制度的基本内容

南非至今尚未制定一部全面性的立法，用以系统性地界定投资门槛、模式、操作规范及审核许可程序。取而代之的是，南非采用行业专项法律手段，尤其在能源矿业这类特定经济领域，实行"一事一议"的审批制度。因此，任何希望在南非能源矿产行业注入资本的企业，除了必须遵守南非的一般投资法规之外，还需符合该国关于能源矿业开发与管理的特定法律条款。根据学术界对于投资准入要素的普遍见解，结合南非矿业投资的法律环境与实际情形，本文将从三个关键层面深入探讨矿业投资准入的核心要素：第一，明确投资准入的领域边界；第二，细化投资准入的执行要求；第三，解析投资准入的官方审查流程。

（一）南非能源矿业投资准入的领域边界

2002年《矿业与石油资源开发法》第48条的规定，下列土地类型不得

授予勘探许可、勘查权、采矿权或采矿许可证：住宅区域；所有公共道路、铁路线路或墓地；专为公共用途、政府用途保留，或是依据其他法律特别指定的土地；根据部长通过政府公报正式声明的特定区域。① 例如，依据1976年《国家公园法》划定的国家公园，以及依据2002年《矿业与石油资源开发法》第49条在官方公报上发布的军事区域。②

《矿产和石油资源开发法》规定，在任何区域内进行矿产或石油的勘探、开采、技术合作活动、检测工作、勘探及生产作业，或是启动任何相关联的活动之前，至少需要提前21天向土地的所有权人或合法占有人发出书面通知。③ 因此，在考虑能源矿业投资准入的同时，还需考虑土地准入问题，土地准入问题可区分为私人土地所有者、部落所有权持有人和地方市政当局。④

（1）取得土地持有人或实际使用者的正式书面认可。根据《矿产和石油资源开发法》，投资者在南非进行勘探或开采前，必须先通知并咨询土地所有者，记录协商结果，并将相关文件提交给矿产资源部的区域主管（即由矿产资源和能源部指派的官员），证明已遵循法定程序。⑤ 若探矿或采矿活动受阻，持有人应通知区域主管。根据2002年《矿产资源保护法》第54（3）条，若土地所有者或使用者受损，区域主管需促使其与持有人协商赔偿。协商不成，第54（4）条授权仲裁或法院决定赔偿。区域主管还可建议部长依据第55条征用土地或暂停活动。⑥ 2021年6月11日，林业、渔业和环境部

---

① Section 48 of Minerals and Petroleum Resources Development Act，No. 28 of 2002.
② Section 49 of Minerals and Petroleum Resources Development Act，No. 28 of 2002.
③ Section 5A of Minerals and Petroleum Resources Development Act，No. 28 of 2002.
④ Richard W. Roeder. Foreign Mining Investment Law The Cases of Australia，South Africa and Colombia［M］. Switzerland：Springer International Publishing AG Switzerland，2016：83.
⑤ 2002年《矿产和石油资源开发法》第5（4）条："任何人在没有（……）通知和咨询土地所有者或有关土地合法占有者的情况下，不得在任何地区进行探矿或移除、采矿、进行技术合作作业、侦察作业、勘探和生产任何矿物或石油或开始任何相关的工作。对于探矿权［根据2002年《矿产和石油资源开发法》第16（4）（b）条］和采矿权［根据2002年《矿产和石油资源开发法》第27（5）（b）条］，投资者需要"以书面形式通知并咨询土地所有者和合法占有者以及任何其他受影响方，并在区域主管接到申请通知之日起30天内提交上述咨询的结果"。
⑥ Roeder R W. Foreign Mining Investment Law The Cases of Australia，South Africa and Colombia［M］. Switzerland：Springer International Publishing AG Switzerland，2016：84.

长发布了《环境影响评估条例》修订通知①，一项重要修订是土地所有者同意要求。根据第16（1）（b）条的规定，除非适用第39（2）条的豁免情形，否则当环境许可的申请者并非拟进行活动地区的所有者或使用者时，申请者必须事先取得土地所有者或使用者对该活动环境影响的书面同意。②

（2）与历史上承受不平等待遇的群体（HDP）建立全面的合作协定。虽然以往针对特定民族居住区域的历史性法规已被撤销，但对于部落社群的专有规定，例如，土地权益属于部落全体成员共有的规则，依然生效。任何协商过程必须细致考虑部族内部的多元利益，并往往通过综合性协议予以固定。在南非，此类全面性的协定，通常被称为社区协议或部落协议，它们实质上是矿业公司与当地居民间的一种默契合同。这些协议往往包含多元化的条款，本地就业与技能培训安排，以及创立共同勘探矿藏的合资企业。南非矿业界面临的独特难题之一，便是国内大量存在的移徙工人现象，特别是在采矿行业。多数采矿项目的劳动力由移徙工人构成，他们主要源自东开普省，或是来自莫桑比克、莱索托等邻国。鉴于移徙工人群体的复杂性与流动性，存在一种潜在风险，与移徙工人的协议可能需要频繁更新和重新谈判，以适应不断变化的情况。

（3）需要维护良好的地方行政当局合作关系。依照2002年出台的《矿产及石油资源开发法案》（MPRDA）规定，南非的矿产资源监管机构承担着发放各类许可的职责，而地方政府则掌管着《土地使用规划条例》（LUPO）的执行工作。能源矿业投资者在南非开展业务时，必须与这些相关机构保持密切沟通。与不同政府机构的交互作用可能导致漫长且成本昂贵的官僚程序，这会给投资者带来法律上的不稳定因素。在麦克桑（Macsand）公司与开普

---

① 根据2021年6月11日第44701号政府公报、第517号政府公告发布的2014年《环境影响评估条例》第1号、第2号和第3号列名公告对根据1998年《国家环境管理法》第24（2）条和第24D条确定的活动的环境影响评估条例、第1号列名公告、第2号列名公告和第3号列名公告的修订（环境影响评估修订公告）。

② MC Lean R, Mandlana W, Tucker C. South Africa: Amendment of Mining and Mining related Activities Requiring Environmental Authorisations and Landowner Consent Requirements," https://www.bowmanslaw.com/insights/mining/south-africa-amendment-of-mining-and-mining-related-activities-requiring-environmental-authorisations-and-landowner-consent-requirements/，2021–10–22.

敦市政当局之间的法庭争议中，麦克桑依据《矿产与石油资源发展法案》的第 27 款，成功从矿产资源管理机构获得了开采授权。然而，当该公司着手开展采矿活动时，开普敦市政当局取得了一项禁令，依据的是与《矿产及石油资源开发法案》相独立的法律，命令暂停麦克桑的采矿活动。根据《土地使用规划条例》，市政府有权对其管辖区域进行特定用途的分区。在此案中，开普敦市政府未对麦克桑获得《矿产及石油资源开发法案》第 27 条许可的区域进行相应的用地分类。由于《土地使用规划条例》与《矿产与石油资源开发法》的双重约束，对外国投资者而言，这不仅意味着要与矿产资源与能源部协调，还必须同地方市政当局和发展策略委员会进行交涉。[①]

（二）南非能源矿业投资准入的执行要求

为了纠正历史上种族隔离政策对南非黑人造成的不公平待遇，并推动以往边缘化的群体融入经济体系，分享国家经济增长的红利，南非政府实施了"黑人经济赋权政策"（BEE）。2003 年 11 月，南非立法机关正式通过了《全面黑人经济赋权法案》（B-BBEE），并确立了一套严谨的 B-BBEE 评分系统，旨在量化和提升私营部门对黑人经济参与的支持程度。如果矿业主体不达到规定的评级分数，则将无法取得矿业许可证和开展经济活动。

1. 持股比例要求

针对公司股权向历史上处于经济劣势的黑人群体转移的要求，南非政府制定了针对不同矿业权状态的差异化政策。首先，对于已持有矿业权的实体，在其矿业许可有效期间，需确保至少 26% 的股权转移到历史上处于不利地位的黑人手中，以达到合规标准，然而，在矿业权的续期或转让过程中，这一比例须提升至 30%。矿业权持有人的合规状态遵循"一次达标，永久有效"的原则，即便原先的授权合伙人撤回投资，只要在 2018 年 9 月 27 日前依约合法退出，矿业权持有人仍可保持其合规身份。其次，对于在 2018 年修订版

---

① Constitutional Court of South Africa (2012), Olivier et al. (2013), p. 562.

《矿业章程》施行前已提交矿业权限申请的矿业权持有人，其最低转让义务为 26% 的股权给指定受益群体，并且需设计一项为期五年的"过渡机制"，目标是在这一期间内逐步达到 30% 的股权分配目标。最后，所有在 2018 年 9 月 27 日《矿业章程》修订后提出的新矿业权限申请者，必须满足 30% 的最低股权参与门槛。这 30% 的股份应遵循特定的分配模式：5% 应授予符合条件的员工作为不可转让的递延利益；另 5% 应提供给矿场邻近社区，同样采取不可转让的递延利益形式或等价的股份；而黑人商业参与者应至少保有 20% 的实质性股权，其中特别强调给予黑人女性至少 5% 的份额。总之，南非政府通过提升历史上处于不利地位的黑人在矿业公司的股权占比，以一种与国有化路径不同的方式，促进了这部分群体在矿业行业的参与，进而实现了黑人经济振兴的目标。[①]

2. 当地成分要求

当地成分要求覆盖了本土商品的采购和本土服务的使用，其核心目标在于强化地方采购力度，推动本地供应商的成长，并加大对黑人企业的财政扶持。根据 BEE 框架，评估受体必须在以下几个关键领域实现既定的最低成就标准：在优选采购策略中（相当于总评 25 分的 40% 部分）、供应商能力提升规划（对应总评 10 分的 40% 部分），以及企业催化行动（占总评 5 分的 40% 部分）。这意味着，任何追求或期望保持其 B-BBEE 评级的组织，必须在优选采购环节确保获取至少 10 分，在供应商能力强化措施中获得不低于 4 分的成绩，在企业催化行动中则需至少获取 2 分。2018 年修订版的《矿业宪章》为矿产业及其上下游服务业的采购活动制定了详尽的指导框架。首先，对于矿产品的采购，规定总支出（含非可控成本，但排除利润加成、无形价值和间接费用）中至少 70% 应为"南非制造"，即在南非装配或生产，且其中至少 60% 的成分来自本地的产品。[②] 具体分配如下：21% 应来自历史上处于不利

---

① 张小虎，赵倩. 论南非矿业本土化的立法规制与风险防范 [J]. 中国国土资源经济，2021，34（2）：49–55.

② Section 11 of Mining Charter Ⅲ（2018）.

地位的人士所有及管理的公司；5%应来自由女性或青年控制的公司；剩余44%则应流向符合 BEE 标准的实体。① 其次，服务采购的总支出（含非可控成本）至少 80%需来自南非本土企业。具体分配如下：50%的服务需由历史上处于不利地位的人士控制的公司提供；15%由女性所有及管理的公司提供；5%由青年控制的公司提供；剩余 10%则由符合 BEE 标准的公司提供。总体而言，黑人经济振兴政策与《矿业宪章》对能源矿业公司提出了严苛的本土化要求，且随着时间推移，这些要求的强度呈现出上升趋势。

（三）南非能源矿业投资准入的官方审查流程

在能源矿业投资准入的官方审查流程上，南非采纳了一种谨慎的审查体系，即所谓的筛选性核准制度。虽然南非政府已经意识到建立全面框架以衡量其国内外国直接投资（FDI）价值的必要性，但至今尚未出台专门的立法来执行这项策略，而是运用行业特定的条例来管理和约束外来资本，特别是这些资本对国家关键产业的持股与控制。② 因此，在南非的能源矿产投资领域，并不存在统一的监管与审查机制，而是采取了行业针对性的管理方式，对能源矿产投资的批准实行特别的市场准入条件，以此保障国家对其矿产经济的主导权。南非的《投资保护法案》并不强制执行对外商投资的全面审核，但是，《竞争法》的修正案对兼并与收购活动施加了特定的约束。这意味着，如果矿产投资是通过并购的形式进行，那么首先需要通过反竞争行为的合规检查。另外，如果投资活动预计会对自然环境造成影响，则必须获得南非环境、林业与渔业部的环境合规批准。结果，矿产投资者在寻求进入南非市场时，其申请与批准的过程主要围绕三个核心步骤展开：反竞争审查、环境合规审查，以及采矿权的授予审批。

1. 反垄断审查

南非政府秉持开放态度，积极推动外国直接投资，深刻认识到此类投资

---

① Clouse 2.2.1 and Guidelines Clouse 5.5 of Mining Charter Ⅲ (2018).
② Govender D. The Foreign Investment Regulation Review：South Africa [EB/OL]. https：//thelawreviews.co.uk/title/the-foreign-investment-regulation-review/south-africa, 2012－10－17.

对于加速国家经济扩张和促进发展战略实现的不可或缺性。然而，政府同样强调，国际资本流入所产生的红利应与对南非本地经济生态的可能冲击相匹配。为此，公共福祉考量（经常嵌入于各种许可颁发和国家采购合约中）正日益成为决定外国投资命运的关键因素。值得注意的是，尽管公共福祉考量在审查过程中占据核心位置，南非总统至今未正式界定并公告审议委员会在评估外商投资时所需考量的国家安全利益的具体清单，因此并购标准充满了不确定性[①]的矿企并购流程，具体内容如下：

（1）启动。当能源企业在南非寻求并购机会时，常规流程始于当买家对特定的目标财产、股权或商业运营展示出兴趣。此后，双方可能会探索一个预购售协议的框架，这个阶段通常涉及签订保密协定（也称为非披露协议，NDA），其目的是在双方进行初步交流和尽职调查的过程中，确保敏感信息的安全，防止其外泄至第三方。

（2）尽职调查。在企业并购的前期阶段，买方为了确保目标资产的质量与安全，以及规避可能潜藏的风险，往往会执行一套全面的财务与法律尽职调查程序。这一系列的评估旨在探查交易对象的真实价值与法律状态，从而判断是否有需求让卖方出具额外的保障措施或补偿承诺，以增强交易的安全性和买方的利益保护。尽职调查的广度与深度依据买方的具体需求及交易性质的不同而有所差异。在南非的并购环境中，买方往往会侧重于核查交易涉及的股份或资产的产权清晰度。

（3）确定并购规模，并验证交易是否符合并购的资格标准。鉴于并购活动的规模差异会引发迥异的行政流程、决策权力分配以及官方收费额度，买方必须精准评估商业举动是否跨越了并购的门槛。同时，至关重要的一步是确保交割过程完全遵照南非竞争法规的框架，以确保交易的合法性与顺利进行。

（4）提出并购申请。在涉及中型至大型规模的并购案中，买方需履行向

---

① Hayes E, Jeandri C. The Mining Law Review：South Africa［EB/OL］. https：//thelawreviews. co. uk/title/the-mining-law-review/south-africa-mining-law，2021 – 11 – 01.

竞争监管机构提交合并申报的义务，此申报应囊括所有与交易相关的文书资料，作为并购通告流程的组成部分。特别是在大型并购的情境下，当竞争监管机构完成其详尽的审查程序后，它将把其分析结论与推荐意见呈递给竞争法庭，后者在此类重大并购事件中扮演着终局裁判的角色，负责作出最终的司法裁定。

（5）支付规定费用。基于并购规模的界定，买方将承担相应级别的财务义务。在被归类为大型的并购活动中，买方需缴纳的登记费用为550000南非兰特；而在中型并购案例中，该项费用则缩减至165000南非兰特；值得一提的是，小型并购则享有豁免，无须支付任何登记费用。除了这些，买方在正式向竞争当局提交并购申报的文档前，还须预支一笔特定的文件处理费用，用于缴纳初步审查的开支。

2. 环境授权审查

获得环境许可是被授予探矿或采矿权利的前提。根据南非的能源矿业相关法律框架，任何寻求探矿权、采矿权或相关采矿许可的申请人都必须首先确保他们拥有合法的环境授权。这一授权的获取过程通常包括详细的环境影响评估（EIA），以评估和管理采矿活动对当地生态系统可能产生的影响。获得环境授权的程序为：

（1）提出申请。在矿工或勘探者准备申请采矿或勘探许可证之际，他们还需同步提交环境许可的申请。这些申请通过一个专门的在线平台——SAM-RAD系统，以数字格式提交，并且需预先支付一笔不予退还的申请费用。一旦在线申请被接受，当地的区域主管将会指导申请人准备并提交一系列必要的环境评估资料。

（2）通知和协商。根据《矿产和石油资源开发法》的第10条，区域主管将发出通知，指示申请人必须通告所有相关及可能受影响的各方，并接纳他们的反馈意见。申请人必须以书面通信的形式，正式通知土地所有者、合法居住者以及其他任何受到项目影响的第三方有关申请的事宜，并且在收到第10条通知后的30天期限内，向区域主管汇报所有沟通与协商的结果。

（3）评估。程序的展开将依据申请性质的变化，即是初步的探矿许可抑或是更深入的采矿权或许可证，而展现不同的要求。在探矿许可的申请阶段，提交一份概要性的评估报告是常规做法，这份报告主要概括了初步勘探计划及其对环境的潜在影响。然而，当目标转向采矿权或许可证的获取时，申请人需要提交一份深入的范围界定研究和环境影响评估报告。

（4）探矿权基本评估。申请者需提交一份详尽的环境管理计划（EMP）与初步评估报告（PAR）。随后，应召集一系列咨询会议，邀请所有关键的利益相关者以及项目直接影响下的社区成员参加，旨在收集他们对环境管理计划草案和初步评估报告的见解与担忧。在综合考虑各方反馈后，修订版的文件将被递呈至矿产资源与能源部门，等待官方审阅。最终，该部门的首长将根据审核结果裁定是否发放环境授权。倘若申请方或其他受到项目影响的团体对部长的裁决持有异议，他们保有向环境事务部提出复议的权利。

（5）采矿权全面评估。申请人需向所有登记在册的利益相关者及受影响方分发完整的评估报告草案，并组织会议以收集他们的反馈；随后，将这份草案及其附带的各利益相关方和受影响方的评论一同递交至矿产资源和能源部进行评审；该部门将决定是否接受此草案，并将决定通知所有相关和受影响的团体；一旦获得批准，申请人将被要求提交详细的环境管理计划和环境影响评估报告；接着，与所有关注的及受影响的群体召开会议，邀请他们对环境管理计划草案和基础评估报告提出建议；所有相关报告的草案随后呈交至矿产资源和能源部进行复核；最终，矿产资源和能源部长将作出是否批准环境授权的决定；如申请人或任何关注的受影响方对部长的裁定有异议，有权向环境事务部提起申诉。①

根据最新修订的《环境影响评估条例》② 第 16（2）条，与采矿活动相

---

① South Africa：Mining Licence Process Maps ［R/OL］. https：//transparency. org. au/publications/south-africa-mining-licence-process-map/，2020 – 06 – 29.

② National Environmental Management Act：Regulations relating to Environmental Impact Assessment，Listing Notices 1，2 and 3（2021）.

关的环境授权申请仅能在采矿权申请被正式接受后提交。这一修正案还涵盖了依据《矿产与石油资源开发法》可能引发的其他类型申请。修正案中最关键的一点在于，如果环境授权申请触发了《矿产与石油资源开发法》第102条所规定的部长同意程序，除了需要提交采矿权申请被接受的证明之外，还需提供其他相关申请已被接受的证据。尽管《矿产与石油资源开发法》确立了一套接收采矿权申请的标准程序，但针对该法案第102条所涵盖的申请接受，法律并未提供明确的指导方针。实践中，矿产资源与能源部门可能需要相当长的时间来确认收到采矿权的申请，而关于第102条项下同意申请的正式接受通知则更为少见。这种延迟可能会间接影响到与采矿活动相关的环境授权进程，导致潜在的等候期延长。因此，申请人应当充分意识到并合理规划这一可能的延滞时间，将其计入总体时间表中，以避免未来可能出现的不确定性。

3. 矿业权审查

《矿产和石油资源开发法》第5条规定，矿产资源与能源是所有南非人的共同财产，国家是矿产资源与能源的保管人。[1] 政府通过其部长级代表，掌握着全面的管辖权，能够审批、发放、驳回、监察以及运营一系列的探矿特许、采矿特许、保留特许、技术协作特许以及社区专属的探矿或采矿特许。而且部长在与财政部门首脑达成共识后，具有设定并征取本法案所规定的各项费用的权力。倘若申请人在提交的支持材料中，关于《矿产和石油资源开发法》要求的所有细节存在不实、错误或误导信息，部长则保有驳回探矿权申请的权利。[2] 审批具体程序为：

（1）申请。探矿或采矿权的申请者需通过专用的在线门户提交其申请。依照《矿产和石油资源开发法》的规定，环境授权的申请也需在线上同步进行。当提交一项申请时，申请人需预先支付一笔不可撤销的处理费用。如果

---

[1] Minerals and Petroleum Resources Development Act, No 28 of 2002, s 5.
[2] 王华春，郑伟，王秀波，等. 从南非矿法修改看其矿业政策发展变化［J］. 中国国土资源经济，2014，27（5）：50-53，40.

所有必需的材料都齐备无缺，且该申请不会与任何现存的特许权产生冲突，区域主管会在收到申请后的 14 天内，通过邮寄信函的方式正式通知申请人，确认其申请已进入审查流程。然而，如果申请文件有所欠缺，未能达到全面的要求标准，区域主管同样需要在接收申请后的 14 天内，通过书面反馈明确指出申请中存在的具体问题和缺失环节。在申请得到正式认可之后，区域主管有义务在接下来的 14 天期限内，指导包括但不限于土地的所有人、实际使用人以及任何可能受到项目影响的相关第三方开展协商，并提交一份环境管理规划书。

（2）社区咨询。根据《矿产和石油资源开发法》的第 10 条，区域主管将发出通知，要求申请人告知所有相关及受影响的各方，并收集他们可能提出的任何异议。申请人有责任以书面形式通知土地所有者、合法居住者以及任何其他相关利益方。在第 10 条通知发布后的 30 天内，申请人必须将与这些利益方的协商结果及环保报告一并提交给区域主管。倘若任何利害关系人对根据第 10 条发布的通告持有异议，这些反对意见将会递交给区域矿业发展评议会（RMDEC）以作进一步考量。假使区域矿业发展评议会决定不支持该申请，申请人将获得仅有一次的机会，向评议会呈交经过修订的提议，以便重新审议。一旦区域采矿和开发委员会批准了申请，流程即可继续推进。

（3）评估。对于探矿权和采矿权的申请，区域主管需审核其是否满足《矿产和石油资源开发法》中第 17 条（关于勘探申请）或第 23 条（关于采矿申请）的规定，审查内容涵盖财务与技术能力、已获批准的环境影响评估等方面。区域主管有责任在 14 天内将申请文件转呈给矿产资源与能源部长，以供进一步复核。随后，部长需在收到申请文件的 30 天内，通过书面形式正式通知申请人，明确其申请是否已经成功获批。至于采矿许可证的申请，区域主管需确保其符合《矿产和石油资源开发法》第 27 条的要求，并将申请呈交矿产资源和能源部长审议。一旦部长收到了区域主管转发的申请资料，有 60 天的时间来决定是否批准该申请，并将结果通知申请人。

（4）备案。一旦申请获批，申请者须在探矿或采矿许可证颁发后的 60

天期限内，向矿产与石油资源产权登记处提交相应的许可证副本进行备案。这一决定将被记录到地籍管理系统中，自此，勘探与采矿作业方可正式启动。

三、南非矿业投资准入法律制度的主要问题

尽管南非政府在理念上积极推动并欢迎海外资本在矿业领域的投资，但在执行层面，政府对投资者的若干扶持举措并未得以全面贯彻。南非的外资规制体系繁杂，且政策变动频仍，这导致投资者难以迅速、便捷地掌握最新的法律动态，无形中推高了企业搜寻和整理法律法规信息的开支。在监管架构上，贸易工业部和竞争部（DTIC）与矿产资源部（DMRE）的权限边界模糊，能源企业不得不同时面对两个部门的管理，提交双重审查材料，操作流程显得冗长且烦琐。再者，审批流程的复杂性与缺乏效率性也是不容忽视的问题，审批决定的权威性和及时性有待提高，其有效性易遭质疑。特别是在一些先决审查阶段，例如，矿产许可、生态影响评估的认可，及对矿区周边社群的透明度与共识构建，这些规定分别嵌入各类独立的部门规章之内，为企业理解和遵从相关规定带来了不便。

（一）准入立法体制杂乱

南非的立法环境围绕投资构建了一套错综复杂的多级体系，再加上政策层面的持续革新与修正，共同构成了南非投资法律制度中极大的深度与复杂性。目前，南非尚无一部统一的法律，专门界定投资准入的范畴、审查机制与批准流程，若特定领域的投资准入存在特殊规定，则需遵循与该投资活动相关的部门法规。各个领域各自为政的立法模式，致使南非未能形成一套整合的外国投资法律蓝图，各类法规间缺乏有效的协调机制，常常出现重叠与矛盾。以 2020 年 3 月生效的《矿业与石油资源开发法》的拟议修正案[1]为

---

[1] Regulations for Petroleum Exploration and Production ［issued under s 107（1）of the Mineral and Petroleum Resources Development Act，2002］，2015.

例，该修订案拓宽了矿业权益所有者必须进行商议的"利益相关者及受波及群体"的界定边界，并导入了"实质性的对话"这一新理念。这两项修订实质上提升了与上述群体开展协商的烦琐程度与耗时，甚至潜藏着与官方层级协商程序重叠的风险。此外，修正案还要求对采矿权持有人的社会和劳工计划进行批准、定期复查与公开。同时，对于任何未经许可擅自利用土地的行为，若涉嫌违反《矿业与石油资源开发法》的相关规定，需获得部长的批准，并对涉及矿权授权的上诉程序作出了新的规范。

（二）准入审批机构权责不清

在南非，能源矿业领域的资本投入必须遵照《全面黑人经济赋权法案》《矿产与石油资源开发条例》《矿业行业纲领》等规范性文件的指导方针，这意味着矿业项目启动前，必须获得贸易、工业与竞争部门（原贸易与工业部）以及矿产资源和能源部门的联合批准，确保符合国家政策导向与行业标准。能源企业必须同时达到 B-BBEE 的资格标准及评分要求。然而，这种双重监管并未为矿业投资者带来预期的双重保障与便利。相反，企业需向两个部门提交审查报告，遵循两套审查准则，实际操作变得异常烦琐，不仅徒增时间与经济成本，还暴露出立法中惩罚机制的缺失，进而影响行政效率。

在实施层面，《全面黑人经济赋权法案》与《矿业领域指导章程》于各自的规制界限内显露出不协调之处，这反映出两部法律在覆盖领域上的潜在矛盾。两者虽有交叉，但具体指标和权重计算方法各异。以所有权为例，前者要求历史上处于不利地位的黑人持股比例至少达到 25%，并需达到 B-BBEE 评分的 4 级及以上；而后者则设定更高的门槛，要求黑人持股比例至少为 30%，且需达到 1 级评分。在法律适用性上，前者作为原则性法律，旨在引导能源企业遵循黑人经济振兴战略；后者作为针对性强的行业性法令，它详尽设定了股权分配基准、本土化元素等精确的商业运营条件。这两部法律在实施范围内的交集与评判尺度的相异，迫使企业必须向多个政府机构呈递独立的汇报文件，并且根据双重标准来布局其战略方向。这显然加剧了企业面临的合规、监控、信息披露等多重挑战，对能源矿业投资氛围产生了负面影响，同时推升了涉足矿业的潜在风险水平。

（三）准入审批流程烦琐

确立审批体制的根本宗旨，在于对境外资本注入进行有序调控与方向引领，这一举措的益处不容小觑。遗憾的是，南非尚未构建起一个集中化的国家层面审批枢纽，亦未指派特定的政务分支负责审核事务，致使审核主体在行使职权时显得力有未逮，效率堪忧。此外，审核裁决的合法性屡遭司法体系的质询乃至撤销，凸显出体系内部的不稳固性与争议。例如，矿业权审批、环境权审批以及矿区社区的知情同意权等前置审批流程，分别被纳入《矿产与石油资源开发法》《矿业宪章》《国家环境管理法》等不同法律框架下，这给中国企业理解和遵守相关规定带来了不便和挑战。[1]

近年来，南非政府对外国投资企业提出了新的企业社会责任要求，强调对当地环境资源的保护以及对社区经济发展的贡献，这一趋势对企业的投标策略和项目运营产生了直接影响。政府各部门在推行新的法律法规时，有时未能与利益相关方进行充分的沟通与协商，或是未能充分采纳他们的意见，这种情况可引发采矿权限的波动不定，这无疑为矿业投资的法律稳定性蒙上了阴影。假使我国企业未能在项目早期阶段妥善维系与本地社区、土地管理者及合法居民的关系，积极承责并展现社会担当，便可能错失珍贵的市场机遇。[2] 即使在竞标中拔得头筹，后续也可能遭遇项目搁浅的危机，甚至卷入行政违规或刑事追责的漩涡，承受不可预知的损失。

《矿业宪章》中关于采矿社区环境保护的条款模糊，这在南非法律史上引发了重要的判例争议，深刻影响了该国的能源矿业审批流程。在巴莱尼

---

[1] 我国对外国投资采取逐项审查的做法，无论是新设企业还是收购兼并，不论投资额大小，不论投向哪个行业，均须经政府审批机构审查批准，并根据投资总额的多少，限额以下的由地方或其他授权机关审批，限额以上的由商务部、国家发改委或国务院审批。

[2] Tan-Mullins M, Mohan G. The Potential of Corporate Environmental Responsibility of Chinese State-Owned Enterprises in Africa [J]. Environment Development & Sustainability, 2013, 15 (2): 265-284.

（Baleni）等人诉矿产资源与能源部部长一案中，南非高等法院作出判决，指出除非获得社区成员的"充分理解与同意"，否则部长不得将采矿权授予任何矿业申请者。此案判决偏向社区权益，要求部长在未经社区同意的情况下，不得向新申请人发放矿业权。自此以后，矿业公司在申请采矿许可证前，必须事先征得当地社区的明确许可。[①] 值得注意的是，南非的投资法规与《矿业宪章》并未明文规定获取当地社区明确同意是获取矿业权的必要条件，这一点值得我国能源企业高度关注。

四、南非矿业投资准入法律制度的风险防范

鉴于南非能源矿产投资准入机制中固有的复杂挑战，我国的能源企业应当强化前瞻性研究，依托深入的尽职调查结论，灵活设计交易模型，以达成融资风险的多元化控制。适时优化战略导向与执行策略，坚决维护法律合规性。在并购操作中，务必谨慎抉择，实施契合本土特色的运营策略，构建与地方政府的协同关系，主动开展环境影响的详尽评估，致力于东道国生态环境的保护，积极融入当地长期发展战略与社会文化生态，全面增强抵御投资风险的能力与弹性。

（一）开展法律尽职调查

为了确保能源矿业投资的合规效益与实际成效，企业亟须在投资的初始阶段，展开全面的法律环境及项目尽职调研。这不仅要求对南非整体投资准入体制有透彻洞见，更要深入钻研矿业法律、环境监管条例及土地所有权相关法规的细微条款，评估它们对能源矿业投资行为的潜在制约。同时，企业应保持对当地投资法律及政策环境的敏锐洞察，预先规划相应的应对之策。中国企业进行南非矿业投资时，以下几点成为重中之重：

---

① Baleni and Others v. Minister of Mineral Resources and Others 2019（2）SA 453（GP）.

（1）深入了解南非政府的组织层级与跨部门协作机制。依据南非宪法的规定，南非政府、省一级政府以及地方市政当局之间，并非传统意义上的垂直领导关系，而是各自独立，被视为不同的"行政领域"。秉承协作政府的理念，各级政府在各自管辖领域内运作。举例而言，南非的9个省份均设有矿产资源部与能源部的地区办事处，主要职责是监管《矿产与石油资源开发法》《矿山健康安全法》的执行情况。然而，诸如批准开采许可证、授权开采权利、内部审查违规事项，以及因违反规定而导致的开采许可或权利的暂停或取消等核心决策，均由国家层面的官员在位于比勒陀利亚的矿产资源与能源部总部进行裁决。鉴于此，我国企业必须严格遵循南非的法律框架，在对应的政府层级，依法申请采矿许可、提交环境执行与管理方案，并实施环境影响评价流程。

（2）企业在涉足能源矿产开采、土地利用及水资源管理等领域时，必须针对每一项活动单独申请特定的官方许可。在基础采矿权之外，企业还应取得如下额外的行政批准或认证：第一，若随采矿权一同授予的环境批准未能全面触及所有相关活动，企业则需额外申请环境合规证书，旨在精准规范采矿作业与矿物加工过程中的各项具体活动；第二，废物管理许可证，特别针对尾矿的处理；第三，用水许可证，用于规范矿井、尾矿坝等场所的水处理、存储及排放；第四，空气质量许可证。其余各类许可证的类别，将会根据特定采矿作业的独特属性，以及采矿地区独特的自然环境、社会结构与文化特质来确定。其中，特别重要的许可证包括：涉及历史遗迹或墓葬勘探、挖掘或搬迁的特许证，以及在城市规划管控区域内，为采矿作业所需的土地用途变更批准。根据实际情况，企业可能还需要获取多种额外的许可证、证书或官方授权。

（二）及时调整战略和实施计划

无可否认，双重报告体系加重了企业在报告编制、监控机制以及遵守法规上的额外经济负担。基于详尽尽职调查的结果，我国企业宜应机变通，调整交易的结构布局，以达到融资渠道多元化的策略目标，从而减少对单一融资的依赖风险。为了更好地应对南非的双重监管格局，我们有必要深入了解南非贸易、工业和竞争部（DTIC）与南非矿产资源和能源部（DMRE）各自的监管职责及标准，依规按时提交矿业审计报告，积极配合两部门履行其职权，以提升审批流程的效率，缩短审批周期。

在南非，企业会根据贸易与工业部门的评价标准和矿产资源与能源部门的评分机制来衡量其表现与合规情况。该评价体系分为多个层级，包括从最高级别的完全合规到最低级别的严重违规。当企业满足 DMRE 评分卡中所有核心要素的 100% 要求时，它将被评定为 DTIC 的最高等级，即完全遵守规则。随着核心要素满足程度的下降，企业将被依次归类为次级、较高级别、中级、较低级别和低级别，直至其核心要素满足度降至 40%～50%，此时企业将被标记为违规。若核心要素得分进一步下降至 30%～40%、20%～30%，或更低，企业将分别被评定为很低级别、最低级别，以及完全违规状态。最后，若企业未能达到核心要素的基本要求，即得分低于 20%，或者核心要素与加权分数的总和未能达标，都将被视为严重违规。

尽管 2018 年版的《矿业宪章》与贸易和工业部门的 B-BBEE 评级在某些方面存在差异，但遵循《矿业宪章》的合规行为同样能够为矿业权利所有者赢得在贸易和工业部门 B-BBEE 框架内的同等承认。这将有利于企业及时进行差距分析，调整战略部署和实施方案，确保达到最低级的合规标准。[①]

（三）采用本土化经营思路

正如先前所述，获取矿业权益绝非仅限于环境批准的取得，它还涉及从矿山周边社区获得正式的认可，与土地所有者进行沟通与协商，同历史上遭受不公待遇的群体签订包容性协议，同时需确保与地方政府的土地规划政策

---

① Deloitte Touche Tohmatsu Limited. 2018 Mining Charter Analysis Finding a Happy Medium [EB/OL]. https：//www2.deloitte.com/za/en/pages/energy-and-resources/articles/2018-mining-charter.html，2019 – 06 – 13.

相符合。困难的是，这些前置条件散落在繁杂的法律条目和政策文件中，甚至有些条件在法律文本中并未得到明确体现。对于我国企业而言，这无疑加大了获取矿业权益的难度，延长了时间周期，增加了经济负担，更甚者，可能直接威胁到投资项目的存续，使之陷入停滞甚至失败的境地。

本土化经营策略是破解上述难题的关键所在。这些问题的根源既涉及政治法律体系等结构性因素，又紧密关联南非的民族特性、文化传统以及当地社区的经济发展需求。因此，要有效应对这些挑战，首要之务是对南非本地状况有深入的了解，其涵盖政策环境、风土人情、经济水平等多个维度，尤其重视与地方政府、土地持有者及社区建立和谐关系。在正式踏入市场前，企业应进行周密的尽职调查，其内容需囊括目标地区社区的环境概况、经济生态、历史脉络等多维视角，力求深刻理解当地的文化风尚、经济目标及非政府机构的职能定位，预先策划针对潜在挑战的应对策略。与此同时，与土地持有者、合法居民及社区代表签署详尽的合作协议，明确界定各方权益、义务及补偿条款。在争取矿业权的全程中，积极与社区居民的互动，倾听他们的声音，及时沟通交流，努力赢得他们对投资项目的理解与支持。

五、结语

南非的能源矿业领域蕴藏着巨大投资潜力，吸引着全球企业的目光。然而，对于希望涉足南非能源矿产资源开发的企业而言，获得能源矿业准入资格是一道门槛极高的考验。这个过程不仅仅是简单的申请与审批，也涉及到一系列复杂的法律程序和社会责任考量。首先，企业在南非进行能源矿业投资前，必须深入理解和遵守当地的环境保护法规，确保所有活动不会对自然环境造成不可逆转的损害，这是获得环境授权的前提。其次，与当地社区的良好互动至关重要，这意味着企业需要倾听社区的声音，化解他们的担忧，建立互利共赢的关系，以获取社区的支持和认可。此外，与土地权益相关的协商也是不可或缺的一环。南非的土地所有权复杂多样，因此企业必须与土地所有者进行充分沟通，确保其利益得到尊重。企业还需要与历史上的弱势群体建立合作关系，这不仅是道德责任，也是法律义务的一部分。所有这些步骤必须在不违背地方政府发展规划的前提下进行，确保企业的商业活动与地方发展计划相协调。值得注意的是，南非的法律体系和政策框架中，某些规定可能不够明确，这为外资企业带来了不确定性。这种不确定性可能会导致项目延期、增加前期成本，并可能加剧投资风险。因此，企业需要与熟悉当地法律和政策的专业顾问合作，以规避潜在的风险，确保投资的成功。这不仅考验着企业的战略智慧和执行效率，也对其在全球化竞争中的适应力和创新能力提出了更高要求。

在准备踏入南非市场之际，中国企业的首要任务是对南非的投资法律环境和特定项目展开详尽的尽职调查，以全面理解该国能源矿业准入的法律架构。这不仅包括深入了解南非的投资准入标准，还应当深入探究如矿业立法、环境监管条例以及土地使用权规定等一系列相关法规，评估这些法律框架可能对矿业运营带来的潜在约束。企业应构建一个持续监测机制，跟踪南非投资立法和政策环境的变化趋势，以便及时调整策略，应对可能出现的新挑战。同时，强化内部合规制度，确保所有业务操作严格遵守当地法律法规，采用适应本土的经营策略，重点培养与地方政府、土地管理者以及社区居民之间的良好互动和信任关系。当考虑进入南非市场的方式时，企业必须审慎决策。例如，如果采取并购途径，企业应根据自身的财务状况和行业趋势，充分考虑矿产开发的长期性和收益的延迟性，制定稳健的投资方案。在此过程中，私营企业应发挥其灵活性和创新优势，积极探索南非市场，优化投资组合，以追求更高的投资效益。此外，企业还应探索多元化的市场进入模式，如合资、合作开采或独立开发，根据项目的特性和市场需求灵活选择。通过这种方式，企业不仅能降低单一模式下的风险，还能更好地利用南非丰富的能源矿产资源，实现可持续发展。

· 合作篇 ·

"一带一路"倡议下的中非能源合作

李　源　牛东芳[*]

摘　要：随着全球能源结构的转型，"一带一路"倡议为中非能源合作提供了新的动力和平台。本文综合分析了非洲能源资源概况、中非能源合作的基础，并探讨了"一带一路"如何促进双方能源合作。本文首先概述了非洲的油气和清洁能源资源分布情况，并指出了中国与非洲国家在能源领域的合作现状。随后，分析了"一带一路"倡议下中非能源合作的高效制度设计、基础设施建设以及绿色长远合作的进展和成效。特别强调了中国在非洲清洁能源项目中的投资和建设成就，以及对非洲能源转型和可持续发展的重要贡献。然而，中非能源合作仍面临诸多挑战，包括国际能源领域的话语权有待提升、非洲地区地缘政治复杂性、多边合作机制的缺陷等问题。为应对这些挑战，本文提出了一系列解决方案，包括多方面提升中国在国际能源领域的影响力、对非洲当地问题内外兼顾、构

---

[*] 作者简介：李源，上海对外经贸大学国际经贸学院硕士研究生；牛东芳，上海对外经贸大学国际经贸创新与治理研究院助理研究员。

建完善的多边主义机制。

关键词:"一带一路";中非能源合作;清洁能源;基础设施建设;多边主义;可持续发展

一、引言

石油和天然气,它们不仅是稳定的能量来源,也是重要的化工原料,为非洲各国实现工业化提供了基础和条件,同时各类可再生能源,例如,太阳能、风能、水能等,是非洲拥有的先天自然优势,也符合清洁能源的发展趋势。

(一)非洲油气资源概况

非洲是一个油气资源丰富的大陆,但是非洲石油资源主要分布在其主要的勘探区,例如,尼日利亚、阿尔及利亚、安哥拉、埃及、利比亚等国家(见表1),这些国家是非洲石油的主要生产区域。近期,得益于毛里塔尼亚、莫桑比克等国家的大规模油气田发现,非洲大陆的勘探热点区域正在扩展。特别是非洲的西北海岸沿线、东非地区以及南非,这些区域正逐渐成为油气勘探的新兴热点。[1] 非洲天然气的主要产量也分布在特定国家,例如,阿尔及利亚、埃及、尼日利亚等(见表1),这三个国家占据非洲天然气的绝大部分产量。根据英国石油公司(BP)2022年发布的《世界能源统计》报告[2],非洲在2021年的石油产量为3.447亿吨,占世界石油总产量的8.17%;非洲2021年的天然气产量为2575亿立方米,占世界天然气总产量的6.38%。

---

[1] 潘杰,孙润平,王振杰,等.新形势下中非油气合作建议[J].中外能源,2024,29(2):7-12.

[2] BP. BP Statistical Review of World Energy [EB/OL]. BP, https://www.bp.com/content/dam/bp/business-sites/en/global/corporate/pdfs/energy-economics/statistical-review/bp-stats-review-2022-full-report.pdf, 2022.

表 1　　非洲主要国家已勘探天然气与原油储量（截至 2022 年底）

非洲主要国家	已勘探天然气储量（10 亿标准立方米）	已勘探原油储量（百万桶）
阿尔及利亚	4504	12200
安哥拉	129	2550
喀麦隆	176	—
刚果（布）	284	1811
埃及	2209	3300
赤道几内亚	39	1100
加蓬	26	2000
利比亚	1505	48363
莫桑比克	2840	—
尼日利亚	5913	36967
苏丹	—	5000
其他国家	303	5759
合计	17928	119050

资料来源：OPEC 官网数据［EB/OL］. https://asb.opec.org/data/ASB_Data.php，2022。

（二）非洲清洁能源概况

非洲大陆的独特地形和气候条件赋予了其显著的清洁能源优势，涵盖了太阳能、风能、水能和生物质能等多个领域。在日照方面，许多地区（如埃及）享有日平均长达 9~11 个小时的充足阳光，为太阳能发电尤其是光伏产业的发展提供了极佳条件。风能方面，诸如埃塞俄比亚的丘陵和沙漠地带等地区风能资源尤为丰富，中国公司建设的风电场正在助力挖掘这一资源潜力。事实上，太阳能和风能是最具开发潜力的可再生能源。非洲的众多河流预示着水能开发的广阔前景，尼日利亚的宗格鲁水电站便是利用这一资源的生动案例。此外，得益于其丰富的农业资源，生物质能（包括沼气在内的形式），也成为非洲清洁能源的重要组成部分。

中国在非洲推动了包括生物质能在内的多个清洁能源项目，进一步促进了非洲清洁能源的利用和绿色发展。根据国际可再生能源署（IRENA）发布的2023年《可再生能源报告》①，非洲整体可再生能源容量由2013年的30697兆瓦增至2022年的58796兆瓦，截至2022年非洲占世界总可再生能源容量达到1.74%。非洲清洁能源发电数据由2013年127704吉瓦时增至2022年194361吉瓦时，2022年占全世界2.47%，具体的太阳能、风能、水能、生物能情况，如表2所示。其中非洲太阳能和风能的增长潜力是最大的。目前，非洲多国已经开始利用太阳能、风能和潮汐能等可再生能源进行发电。以肯尼亚为例，该国约90%的电力来自可再生能源，预计到2030年这一比例将增至100%。随着电力需求的持续增长，可再生能源在非洲的发展前景非常广阔。②

表2　　　　　　　　　　非洲清洁能源容量与发电数据

能源种类	项目	年份									
		2013	2014	2015	2016	2017	2018	2019	2020	2021	2022
太阳能	容量数据（MW）	681	1675	2212	3426	5173	8095	9488	10833	11628	12500
	发电数据（GWh）	793	2086	3357	5197	7838	10215	12993	17238	19620	—
风能	容量数据（MW）	1742	2399	3320	3831	4578	5472	5529	6515	7370	7687
	发电数据（GWh）	3500	4477	5457	7006	7152	7846	9704	10563	12338	—
水能	容量数据（MW）	28663	28687	29212	31139	34230	35583	36290	37109	37584	38984
	发电数据（GWh）	121567	125687	124599	121743	130741	140549	147725	152607	159209	—

---

① 容量数据以兆瓦（MW）表示，发电数据以吉瓦时（GWh）表示。
② 人民网日报海外版. 中非绿色能源合作走深走实［EB/OL］. 人民网，http：//paper.people.com.cn/rmrbhwb/html/2024-03/28/content_26049275.htm，2024-03-28.

续表

能源种类	项目	2013	2014	2015	2016	2017	2018	2019	2020	2021	2022
生物能	容量数据（MW）	1262	1363	1446	1508	1587	1741	1753	1768	1866	1866
	发电数据（GWh）	3056	2976	3038	3244	3078	3322	3386	3116	3162	—

注：容量数据以兆瓦（MW）表示，发电数据以吉瓦时（GWh）表示。
资料来源：IRENA 官网数据［EB/OL］. https：//www.irena.org/Publications/2023/Jul/Renewable-energy-statistics-2023，2022。

（三）中非能源合作基础

自从1993年中国成为纯石油进口国后，非洲在中国能源进口多元化和能源安全方面扮演着重要角色。[①] 依据英国石油公司（BP）2022年发布的《世界能源统计》报告[②]，2021年，非洲原油出口量为27761万吨，是世界原油出口量的13.5%，中国原油进口量为52596万吨，是世界原油进口量的25.5%，双方都是原油贸易重要区域。其中，中国从非洲进口的原油为6729万吨（西非在5900万吨以上，占据绝大多数），占中国原油总进口的12.8%，同时占非洲原油总出口的24.2%，从数据上看，中非之间的能源贸易占据各自能源进出口比例较高，双方有着良好的合作基础。在21世纪初，中国初步构建了一个多元化的石油供应体系，重点从中东和非洲进口石油，以满足当时迅速增长的石油消费需求，随着时间的推移，中国在能源合作领域不断扩大合作伙伴和合作方式，开始了清洁能源的外交政策。[③]

---

① 郭关玉. 论中国和欧盟在非洲的能源冲突［J］. 中国地质大学学报（社会科学版），2013，13（6）：63-69，133-134.
② BP. BP Statistical Review of World Energy ［EB/OL］. BP, https：//www.bp.com/content/dam/bp/business-sites/en/global/corporate/pdfs/energy-economics/statistical-review/bp-stats-review-2022-full-report.pdf，2022.
③ 张锐. 中国能源外交历史与新时代特征［J］. 和平与发展，2020（1）：113-128，134.

自2013年"一带一路"倡议启动后，中国与共建国家在能源领域的合作主要集中在传统能源，尤其是石油和天然气。与此同时，电力以及风能、太阳能、水能和氢能等可再生能源的贸易相对较少。然而，随着中国提出实现碳达峰和碳中和的"双碳"目标，"一带一路"框架下的国际能源合作正逐步从依赖传统化石能源转向发展绿色、低碳的可再生能源。[①] 而非洲清洁能源的开发规模也在迅速扩大（见表2），这是双方未来合作的方向。

二、中非能源国际合作的特点

在全球化的今天，能源合作已成为国际关系中不可或缺的一部分，尤其在推动可持续发展和应对气候变化的背景下。中国提出的"一带一路"倡议，旨在通过共商、共建、共享的原则，加强与共建国家的经济合作，其中能源合作是关键领域之一。中国与非洲国家在"一带一路"框架下能源合作的进展，主要通过"一带一路"的制度设计、基础设施建设、绿色合作以及创新合作模式，推动双方在能源领域的互利共赢，共同迈向更加绿色、可持续的未来。

（一）高效的制度设计

"一带一路"倡议下的能源合作，"共商、共建、共享"是合作原则。中国自提出"一带一路"倡议以来，对能源合作的制度设计不断进行了完善。

1. "一带一路"国际合作高峰论坛

这是中国从战略高度第一次构造的权威的国际性论坛，也是中国对"一带一路"机制建设的顶层设计，经过不断地拓展与深化，高峰论坛已从最初的仅涉及亚太地区扩展到了非洲整个地区。这种新型合作架构不同于西方以

---

① 余晓钟，杨铎."一带一路"能源绿色创新合作的驱动力研究[J]. 科学管理研究，2022，40（6）：157-163.

自贸协议为特征的区域经济机制，是共商共建共享的国际化平台，其核心是一种促进合作而非对抗的机制理念，打造共商国际化平台。① 通过高峰论坛，中非能源合作有了更广泛更深刻的沟通机制，从 2017 年第一届起，每一次会议都有多边能源合作结果产生（见表 3），这些顶层设计构成了中非高效的能源合作制度。

表 3　历届"一带一路"国际合作高峰论坛有关能源合作活动

合作活动	项目	内容
第一届"一带一路"国际合作高峰论坛有关能源合作活动	文件	发布《推动"一带一路"能源合作的愿景与行动》
	签署协议	全球能源互联网发展合作组织与联合国经济和社会事务部、联合国亚洲及太平洋经济社会委员会、阿拉伯国家联盟、非洲联盟、海湾合作委员会互联电网管理局签署能源领域合作备忘录
第二届"一带一路"国际合作高峰论坛有关能源合作活动	签署协议	中国商务部与联合国开发计划署签署在埃塞俄比亚、斯里兰卡的可再生能源三方合作项目协议
	签署协议	中国与阿尔及利亚、苏丹、刚果、赤道几内亚等非洲国家建立"一带一路"能源合作伙伴关系
第三届"一带一路"国际合作高峰论坛有关能源合作活动	文件	绿色金融支持"一带一路"能源转型倡议
	文件	"一带一路"能源合作智库共同行动倡议

资料来源：第一届"一带一路"国际合作高峰论坛成果清单（全文）[EB/OL]. 新华网，http：//www.xinhuanet.com/world/2017-05/16/c_1120976848.htm，2017 - 05 - 16；第二届"一带一路"国际合作高峰论坛成果清单（全文）[EB/OL]. 新华网，http：//www.xinhuanet.com/world/2019-04/28/c_1124425293.htm，2019 - 04 - 28；第三届"一带一路"国际合作高峰论坛务实合作项目清单[EB/OL]. 中华人民共和国中央人民政府官网，https：//www.gov.cn/yaowen/liebiao/202310/content_6910130.htm，2023 - 10 - 19。

自党的十八大以来，习近平总书记站在人类历史发展的宏大视角和国家整体战略的高度，提出了"能源命运共同体""全球能源互联网""绿色低碳的全球能源治理格局""'一带一路'能源大通道"等重大理念与倡议，中国与世界的能源合作有了更清晰的理念和更高效的机制。2017 年 5 月，中国正

---

① 王明国. "一带一路"国际合作高峰论坛的机制化进程与成就评估[J]. 国际论坛，2023，25（6）：36 - 52，156.

式推出《推动"一带一路"能源合作愿景与行动》,其中明确指出了"一带一路"能源合作的核心目标为"旨在共同构建一个开放包容、利益共享、责任共担的能源利益共同体、责任共同体和命运共同体"。

2. 共进的伙伴关系

最初《"一带一路"能源合作愿景与行动》是想建立能源合作俱乐部的想法,但是鉴于历史上冠以俱乐部名称的合作机构都无法贯彻开放和包容原则,因此最终决定采用"一带一路"能源合作伙伴关系这一更开放的国际合作平台。中国的合作强调"伙伴关系",各参与国在这个计划里地位平等,没有任何强制的不平等条约,能源合作伙伴关系的显著特点在于其对和谐共生和合作共赢的高度重视。在这一共同价值观的指引下,各成员国意识到他们的命运是紧密相连的,各国会愿意超越单一国家和个体利益的局限,共同推动合作与发展。[①] 中国 – 非盟能源伙伴关系的建立便是这一行动的重要成就。2019 年 4 月 25 日举办的第二届"一带一路"国际合作高峰论坛间,各成员国联合发布了《"一带一路"能源合作伙伴关系合作原则与务实行动》的声明,至此,30 个国家(截至 2023 年已达到 33 个)[②] 成立了一个能源领域的政府间多边合作机制,能源合作伙伴关系就此建立,这一伙伴关系是中国政府首次倡导建立的,旨在帮助成员国应对能源发展中的挑战,推动实现更高标准、更高效和更可持续的能源合作,非洲国家有佛得角、乍得、赤道几内亚、冈比亚、尼日尔、刚果(布)、苏丹等,同时国家能源局主办并开通了共建"一带一路"能源合作伙伴关系官方网站,为推进伙伴关系深度发展而作出了努力。2021 年 10 月 19 日,中国国家能源局局长章建华与非洲联盟基础设施与能源事务委员阿布 – 扎伊德·阿马尼签署了《中华人民共和国

---

① 熊兴,徐秀军. 高质量共建"一带一路"能源合作伙伴关系的实践价值与路径选择 [J]. 亚太经济,2024(2):19 – 27.

② 杨永明. "一带一路"能源国际合作报告 [EB/OL]. 中国能源新闻网,https://cpnn.com.cn/news/baogao2023/202309/t20230922_1637305_wap.html#:~:text=%E7%9B%AE%E5%89%8D%EF%BC%8C%E2%80%9C%E4%B8%80%E5%B8%A6%E4%B8%80%E8%B7%AF%2C%E3%80%81%E5%8F%8F%A4%E5%B7%B4%E3%80%81%E5%8F%E6%91%A9%E6%B4%9B%E5%93%A5%E4%B9%9B%E5%93%A5%E3%80%82,2023 – 9 – 22.

国家能源局和非洲联盟关于中国－非盟能源伙伴关系的谅解备忘录》①，至此，双方同意建立中国－非盟能源伙伴关系，开展政策和信息交流、能力建设、项目合作以及三方合作等领域的合作。

3. 革新的多边合作机制

"一带一路"倡议通过创新多边合作模式，将参与国家通过点、线、面的连接方式，构建了一个更加网络化和互联互通的能源合作体系。② 2023年8月21日，外交部发言人表示中方将继续尊重非洲人民意愿、立足非洲各国需求，不附加任何政治条件帮助非洲，推动共建"一带一路"合作同非盟《2063年议程》、联合国2030年可持续发展议程以及非洲各国发展战略紧密对接，支持非洲加快一体化进程和区域互联互通，进一步造福中非人民。这意味着，在"一带一路"倡议下，通过与各方的战略对接，为实现共同目标而进行优势互补。第三届"一带一路"国际合作高峰论坛于2023年10月在北京成功举办，此后，中国政府发布了两份重要的白皮书，分别是《共建"一带一路"：构建人类命运共同体的重大实践》（2023年10月10日）和《坚定不移推进共建"一带一路"高质量发展走深走实的愿景与行动》（2023年11月24日），这标志着"一带一路"能源合作向更深层次、更高质量的发展。在此会议上，中国商务部与南非共和国总统府电力部签署了一项旨在推动新能源电力投资合作的框架协议，同时签署了布基纳法索卡亚25兆瓦太阳能光伏发电及5兆瓦储能电站项目的贷款协议。此外，双方还启动实施了"一带一路"生态环保人才互通计划和应对气候变化的南南合作"非洲光带"项目，以进一步深化中非在能源领域的互利合作，推动双方合作走深走实，共同促进绿色低碳发展和应对气候变化挑战。"一带一路"国际合作高峰论坛有关能源合作活动具体内容见表3。

---

① 国家能源局与非洲联盟签署《中华人民共和国国家能源局和非洲联盟关于中国－非盟能源伙伴关系的谅解备忘录》[EB/OL]. 国家能源局官网, https：//www.nea.gov.cn/2021-10/29/c_1310278210.htm, 2021–10–09.

② 吕江，张可. "一带一路"能源合作的制度建构：发展历程、中国贡献与路径抉择[J]. 东北亚论坛，2024, 33（2）：34–46，127.

(二) 基础设施建设

国际发展经验显示,政府在公共能源领域的稳定、长期和积极作用不可替代。中国在基础设施建设带动产业发展、增长和减贫方面取得了显著成就,政府在基础设施发展中的主导作用是中国通过实践得到的重要经验。[①] 从现实情况来看,中国拥有完备的工业体系,并在风能、太阳能、核能和特高压输电等清洁能源技术方面达到国际先进水平。中国的可再生能源发展策略适合发展中国家的实际需求,在共建"一带一路"的低发展水平国家合作中,中国灵活运用当地资源,结合分布式可再生能源开发与电网接入,推动了光伏、风电和小水电等项目。[②]

中国在共建"一带一路"国家能源基础设施的投资占据其对外能源基础设施投资的主要部分,2013~2020年这一投资占中国对外能源基础设施绿地投资的比例高达60%~90%。从投资领域来看,虽然传统能源依然占比较高,但中国的投资重点已经从发电、石油炼化和天然气管道项目扩展到了可再生能源领域。近年来,太阳能、风能、水能和生物质能等可再生能源发电项目的投资增长显著,2013~2020年的累计投资额达到176.8亿美元,占比超过23.7%。在共建"一带一路"国家,中国企业对化石燃料发电项目的投资比例已经降至50%以下,而可再生能源发电项目的投资比例则超过了1/5。这表明中国在能源基础设施投资方面正逐渐向绿色能源转型,未来中非能源合作以清洁能源为趋势。

中国对非洲能源基础设施的投入体现在多个项目。在埃塞俄比亚,中国公司承建的阿达马二期风电场安装了102台风电机组,总装机容量达到153兆瓦,同时,2022年2月根据埃塞俄比亚消息,中国东方电气公司承建的阿伊萨风电站完工后,总装机容量为120兆瓦,为亚吉铁路和德雷达瓦工业园

---

① 杨宝荣. "一带一路"背景下的中非清洁能源合作 [J]. 国际清洁能源产业发展报告, 2018: 17.
② 王双. 中国与绿色"一带一路"清洁能源国际合作: 角色定位与路径优化 [J]. 国际关系研究, 2021 (2): 68-85, 156-157.

提供稳定电力。在南非,中国龙源电力集团运营的德阿尔风电项目年发电量超过 7.5 亿千瓦时,节约了大量标准煤并显著减少了二氧化碳排放。此外,中国水利水电建设集团公司在乌干达建设的卡鲁玛水电站,装机容量为 60 万千瓦,将成为该国最大的发电设施。在肯尼亚,中国江西国际经济技术合作公司建设的加里萨光伏电站,装机容量达 50 兆瓦,是东非最大的光伏电站,为肯尼亚实现绿色能源自给自足和提升非洲绿色能源生产中心形象做出了贡献。这些项目不仅增强了非洲国家的能源供应能力,也推动了当地经济的可持续发展(见表4)。

表 4　　中国对非洲清洁能源基础设施的投入项目列举

开始时间	地点	项目	承建方	摘要
2013 年	乌干达	乌干达卡鲁玛水电站项目	中国水利水电建设集团公司	2024 年最后一台机组近日成功发电并网。机组全部并网发电后,乌干达电力装机总量将由 1278 兆瓦提升至 1878 兆瓦,在原基础上提升近 50%,持续为乌干达提供"绿色能源"
2017 年	南非	德阿尔风电项目	龙源南非公司	中国电力企业在非洲第一个集投资、建设、运营为一体的风电项目,扩大了可再生能源发展规模,增强了绿色能源供应能力
2018 年	肯尼亚	斯瓦克大坝项目	中国能建葛洲坝国际公司	中肯共建"一带一路"的先锋项目,旨在提升当地的供水、灌溉和发电能力
2019 年	南非	红石塔式光热太阳能项目	山东电建三公司	南非迄今为止最大的可再生能源投资项目,促进解决当地清洁能源供电不稳定难题,为缓解南非电力紧缺作出贡献
2022 年	安哥拉	凯凯水电站项目	中国能建葛洲坝三峡建设公司	完成后将为安哥拉提供超过一半的电力供应,利用发电收益投资基础设施和资源开发,转化资源为经济效益。水库将具备防洪和调水功能,提升水资源管理并每年减少约 720 万吨温室气体排放。施工期间将创造超过 6000 个工作机会,显著促进当地经济和社会发展
2023 年	非洲各国	非洲光带项目	中国生态环境部	打造中非光伏资源利用合作示范带,帮助非洲相关国家解决用电困难问题,助力非洲国家实现绿色低碳发展

资料来源:综述:中非清洁能源合作助推非洲绿色发展 [EB/OL]. 中华人民共和国中央人民政府官网,https://www.gov.cn/xinwen/2022-04/15/content_5685439.htm,2022 – 04 – 15。

（三）绿色长远的合作

随着全球能源结构的转型，清洁能源合作成为中国对外合作的新重点。自 2013 年起，新增煤炭和石油合作项目减少，尽管 2017 年石油项目有所回升，但数量依然较低，与此同时，清洁能源项目数量自 2013 年后持续上升，远超煤炭和石油项目。虽然传统能源合作在规模和金额上仍占主导，但低碳和清洁能源合作正成为中国能源国际合作的关键部分。在各国追求"碳中和"和"碳达峰"目标的背景下，"一带一路"能源合作的外交政策、环境、目标和重点领域都将经历显著的变革。虽然目前可再生的清洁能源在全球能源生产和消费中所占的比重依然不高，但是，国际能源署（IEA）在其报告《全球能源行业 2050 净零排放路线图》中预测，到 2050 年，化石燃料在全球能源供应中的占比将显著下降，从当前的接近 80% 降至大约 20%。与此同时，可再生能源将在全球电力供应中占据主导地位，预计约 90% 的电力将源自可再生能源。①

中非清洁能源合作具有坚实的合作基础。首先，体现在双方互补性强，中国作为全球清洁能源开发的领先者，拥有先进技术和丰富经验，而非洲则拥有丰富的清洁能源资源和迫切的发展需求，例如，非洲的水能、风能和太阳能等为合作提供了物质基础，而中国的五大国有企业在非洲多年的经验也足以支撑他们为中非清洁能源合作作出贡献，这五家企业分别是中国水电建设集团、中国葛洲坝集团股份有限公司、中国电力工程有限公司、中国水利水电对外公司和山东电力建设公司，它们在非洲的能源建设中发挥着至关重要的作用，涉及水电、风电以及其他可再生能源项目，极大地推动了非洲能源基础设施的发展和清洁能源的利用。在政府间合作机制方面，中非合作论坛为双方提供了政策支持和合作平台，响应了非洲经济发展对能源的需求，

---

① IEA. Net Zero by 2050 A Roadmap for the Global Energy Sector [EB/OL]. IEA, https：//www.iea.org/events/net-zero-by-2050-a-roadmap-for-the-global-energy-system，2021 – 05 – 18.

以及清洁能源在促进绿色低碳发展中的作用，这些都进一步巩固了合作的必要性。其次，中国资金的支持。在2010～2019年，非洲的清洁能源领域得到了显著的发展，这在很大程度上得益于中国在公共融资方面的大力支持。根据国际可再生能源署（IRENA）的数据，2010～2019年，非洲清洁能源项目（包括项目开发、规划和技术转移等方面）总共获得了647亿美元的公共资金。中国在这一资金支持中占据了领先地位，贡献了超过半数的资金，即51%。这些资金不仅确保了非洲清洁能源项目的顺利进行，还有效地解决了非洲国家在清洁能源开发过程中遇到的资金短缺问题，为非洲的能源转型和可持续发展作出了重要贡献。① 在此期间，中国对非洲清洁能源领域的投资发挥了重要作用，特别是在水电项目方面。中国为包括加纳的阿科松博水电站大坝、乌干达的卡鲁玛水电站和加纳的布维水电站在内的20多个水电项目提供了约190亿美元的资金支持，这一数额占比达到了非洲可再生能源领域公共投资总额的38%。此外，根据国际投资数据库的统计，截至2022年3月，中国企业通过绿地投资方式在非洲的15个可再生能源项目中投入了大约45亿美元，这些项目主要分布在赞比亚、埃及、加纳、摩洛哥和南非等国。中国的这些投资不仅推动了非洲的能源基础设施建设，也为当地经济的可持续发展提供了动力。② 而中国对非洲的清洁能源投资脚步还未停下，根据国际能源署（IEA）2023年发布的《非洲清洁能源融资》报告③，为了达到2030年非洲的能源发展和气候目标，非洲的能源投资需要从目前的900亿美元水平翻倍。届时，清洁能源的投资将占到总支出的近2/3。该报告特别指出，要确保非洲每个人都能获得能源，因为目前仍有超过40%的非洲人口无法获得电力供应。为了实现上述目标，到2030年，非洲每年需要将近250亿

---

① 张锐，孙天舒. 全球发展倡议下的中非清洁能源合作［J］. 中国非洲学刊，2023，4（1）：62－82，155－156.
② 闫枫，张欣哲，张晗旭，等. 非洲可再生能源投资市场潜力可期［J］. 环境经济，2023（2）：56－61.
③ IEA. Financing Clean Energy in Africa［EB/OL］. IEA，https：//www.iea.org/reports/financing-clean-energy-in-africa，2023－09.

美元的投资，以确保普及现代能源服务。

国际能源署强调，建立一个更强大的国内金融体系对于非洲能源部门的持续投资至关重要，在国际能源署提出的可持续非洲发展情景中，预计到 2030 年，通过当地渠道或由当地渠道支付的资金将增加近三倍，这将极大促进非洲能源部门的长期发展和清洁能源的普及。因此，中国对非洲的清洁能源投资还大有可为。

（四）"小而美"的合作办法

"一带一路"能源合作中的"小而美"合作模式是指规模虽小但设计精巧、针对性强、易于实施且能够产生显著社会、经济和环境效益的项目。这种模式强调创新性和实用性的结合，通过精准对接当地社区的实际需求，采用先进的技术和灵活的合作方式，实现能源的可持续供应和利用。"小而美"项目不仅能够为共建"一带一路"国家带来清洁、可靠的能源，促进当地经济发展和民生改善，还能有效减少温室气体排放，助力全球应对气候变化的行动。同时，这些项目的成功实施还能为其他地区提供可借鉴的经验，推动"一带一路"能源合作向更高质量、更可持续的方向发展。这种合作模式具有以下具体特点：

（1）规模适中。项目规模相对较小，便于管理与实施，能够迅速响应当地社区的需求。

（2）创新驱动。采用最新的技术或创新的解决方案。

（3）高度针对性。项目设计充分考虑当地社区的具体需求和条件，确保项目能够解决实际问题。

（4）易于落地。与大规模项目相比，"小而美"项目通常成本较低，施工周期短，更容易获得资金支持和当地社区的接受。

（5）社会和环境效益。项目旨在为当地带来清洁能源，改善居民生活，创造就业机会，促进经济发展，并减少环境污染。

中非在清洁能源领域的合作，涌现出许多"小而美"的项目。例如，

"光伏+"项目，它通过结合农业、供水等多元用能场景，探索多种光伏应用形态和场景，提高非洲社区的能源自给能力；小规模沼气工程，利用当地生物质资源，提供清洁能源并改善环境卫生；低成本绿氢制、储、运、用解决方案，支持非洲能源转型并减少对化石燃料的依赖；风能、地热能、小规模水力发电等可再生能源项目，为非洲社区提供稳定、清洁的电力；终端电气化、清洁烹饪项目，改善居民生活质量并减少室内空气污染；能效提升技术和数字化技术配套平台，优化能源管理和提高使用效率。这些项目通过"中非能源创新合作加速器项目"得到推广，旨在解决非洲地区贫困家庭的用电照明问题，同时为非洲带来清洁能源的红利，并树立可持续发展的典范。①

三、中非能源合作面临的问题与挑战

中国作为世界上最大的能源消费国之一，其在国际能源领域中的地位和影响力正日益增强。然而，面对复杂的国际政治经济环境和地缘政治挑战，中国在提升国际能源领域话语权、深化非洲地区合作以及改善多边合作机制方面仍面临诸多挑战。中国应通过"一带一路"倡议，改善中国在国际能源合作中的现状，加强与非洲等地区的能源合作，推动构建更加公正合理的国际能源治理体系，以实现共同发展和繁荣。

（一）国际能源领域的话语权有待提升

尽管中国是世界上最大的石油和天然气进口国，但并未加入国际能源署或《能源宪章条约》。一方面，是由于当前的国际能源组织（例如，石油输出国组织和国际能源署），主要代表特定利益群体，而国际能源论坛虽涵盖能源生产和消费国，但其影响力有限，现有的能源治理体系尚未形成

---

① 综述：中非新能源合作让更多"小而美"项目惠及非洲［EB/OL］. 新华网, https：//m. cyol. com/gb/articles/2023-12/10/content_dqOpm5u07E. html, 2023－12－10.

一个能平衡生产国和消费国利益的组织。另一方面，是因为在国际能源合作的背景下，以欧美国家为代表的西方势力对中国倡导的"一带一路"能源合作机制持续提出挑战，并通过散布"中国威胁论"等言论来抹黑中国，企图破坏中国与共建"一带一路"国家的关系，这造成了中国长期在国际能源领域相对弱势，这些负面言论容易引发合作伙伴间的不信任，从而影响能源合作的顺利进行。可以说，在全面开展"一带一路"能源合作之前，中国在国际能源合作中一直缺乏足够的参与度，也未能累积起足够的经验。①

在缺乏话语权的大环境下，一些西方国家对中国在非洲等地区的能源合作项目持有偏见，企图对中国重要的清洁能源工业形成负面打击，从而限制中国在这一领域的竞争力，其本质就是通过塑造"外部威胁"动员国内外资源参与全球能源秩序重塑，打击以中国为代表的大国。②

（二）非洲地区地缘政治

欧洲国家凭借其与非洲的传统联系和地缘政治优势（非洲国家在历史上曾是欧盟主要成员国法国、英国和德国等国的殖民地），保持着密切的关系。欧盟视清洁能源的发展为实现能源自主和引领未来低碳经济的关键。近年来，其清洁能源供应链深受地缘政治的影响，具体表现为以下方面：第一，安全取代效率成为清洁能源供应链的首要目标；第二，在政府干预之下推动清洁能源供应链安全化重塑。③ 欧盟坚持多种方式倡导可持续开发为本的合作理念，着力塑造欧盟为非洲能源利他的外交形象④，欧盟对非洲能源的开发有

---

① 张丹蕾. 全球能源治理变局下"一带一路"能源合作机制构建的探讨[J]. 国际经贸探索, 2023, 39 (2)：106 – 120.
② 黄云游. 拜登政府清洁能源供应链安全政策及其影响分析[J]. 国际石油经济, 2024, 32 (2)：36 – 49.
③ 李昕蕾, 刘小娜. 欧盟清洁能源供应链重塑的地缘化转向[J]. 国际论坛, 2023, 25 (5)：70 – 95, 157 – 158.
④ 席桂桂, 陈水胜. 能源安全观与中欧对非能源可持续开发模式比较[J]. 国际安全研究, 2014, 32 (6)：98 – 113, 153 – 154.

着具体的实施框架——"非洲-欧盟能源伙伴关系"（AEEP）。2007年12月9日，第二届欧盟与非洲首脑会议成功举行，并通过了《非洲-欧盟战略伙伴关系——非欧联合战略》。该战略明确了建立两个大陆间可靠、安全、经济、环保和可持续的能源战略伙伴关系的目标，并制定了首个能源行动计划，在2008~2010年实施。随后，在2008年9月，欧盟与非洲联盟高层会议召开，双方签署了能源伙伴关系共同声明，并决定每两年举办一次非洲-欧盟高层能源对话会议。乌克兰危机发生后，欧洲愈发认识到非洲是其重要的可再生能源合作伙伴，因此，欧盟委员会于2022年5月18日正式公布了新的能源计划"REpower EU"行动方案，将非洲视为是可再生能源的优先来源地。2022年11月以来，欧盟与非洲多个国家签订了一系列关于可再生能源的伙伴关系合作协议，并启动了"'非洲-欧洲'绿色能源倡议"（The Africa-EU Green Energy Initiative，AEGEI），该倡议特别关注原材料和绿色氢能的供应问题，其核心目的是支持欧盟实现原材料和氢能供应的多元化战略。[1]

如果说欧盟和非洲的能源合作，至少将清洁能源作为合作的重点，考虑了两地区未来长久的能源合作，符合了世界未来能源的发展趋势，那美国对非洲的能源政策就可以归为"石油为王"，美国前国务卿基辛格曾经说过"谁控制了石油，谁就控制了所有国家"，这也是美国对外能源战略的真实写照。早在2001年5月，美国发布的国家能源政策明确提出了利用贸易手段获取非洲原油的政策，以经济手段进入非洲石油市场。在美国政府的直接推动和支持下，美国企业加大了对非洲的石油勘探及其衍生品开发的投资力度。[2]例如，埃克森美孚和雪佛龙德士古石油公司联合承建的乍得至喀麦隆油气管道项目，投资额达到了37亿美元，管道全长1080公里，成为撒哈拉以南非洲地区规模最大的私营基础设施投资之一。雪佛龙公司在2007年对石油行业的总投资额为196亿美元，其中1/4的资金投向了非洲。这些美国大型石油

---

[1] 金玲. 欧盟对非洲政策再调整的地缘政治转向 [J]. 西亚非洲, 2024 (2): 50-70, 173.
[2] 谭骥. 美日对非洲投资的战略选择与对广东的启示 [J]. 广东经济, 2016 (10): 15-17.

企业凭借其雄厚的资金实力和先进的技术,与非洲产油国的能源资源及政府优惠政策相结合,不仅创造了显著的政治和经济利益,而且极大地加强了美国在非洲能源领域的影响力。①

日本也在积极地在非洲市场与欧美和中国竞争,通过鼓励本国企业以合资和参股的方式进入非洲,以增强其全球经济影响力。② 例如,在福岛核事故之后,日本将非洲定位为其能源合作的重点区域,并在 2013 年和 2015 年主办了两届"日非能源部长级会议",推出了"日本与非洲促进能源资源开发倡议"。通过这些会议,日本与 15 个非洲国家的能源部部长达成了一系列能源合作协议,为双边合作奠定了政治基础。日本在非洲 17 个国家设立了"能源矿产资源官",数量在全球各洲中居首位。南非举办的"非洲矿产投资大会"成为了日本与非洲开展能源合作的主要平台。③ 自 2017 年起,日本经济产业省的高层官员每年都会参加该会议,并与一些重点国家签署新的合作协议。2022 年 5 月,日本经济产业大臣政务官岩田和亲赴南非出席"2022 年非洲矿产投资大会",并在会上发表主旨演讲,强调日本希望与非洲在钴、钯等矿产资源领域加强供应链合作,以推动经济的低碳化发展。日本金属与能源安全组织(JOGMEC)在会上举办了分论坛,与南非、刚果(金)、赞比亚等国的能源部长就日非"脱碳"和清洁能源合作进行了深入讨论。会议结束后,日本与这些国家分别签署了双边能源合作协议。④

(三) 多边合作机制的缺陷

石油输出国组织、国际能源署这些是在世界范围内等具有一定影响力的国际能源组织。以石油输出国组织为例,非洲参与国目前有利比亚、尼日利

---

① 邓向辉. 非洲能源国际竞争与中非能源合作 [D]. 北京:中共中央党校,2010.
② 董秀成,皮光林. 能源地缘政治与中国能源战略 [J]. 经济问题,2015 (2):6-8,62.
③ 关东经济产业局 [EB/OL]. https://www.kanto.meti.go.jp/index.html,2015.
④ 关东经济产业局 [EB/OL]. https://www.kanto.meti.go.jp/index.html,2022.

亚、阿尔及利亚3个国家，这3个国家也是中非能源合作的重点国家。中国在通过"一带一路"倡议与非洲建立能源合作机制时，应将新机制与现有的全球能源治理体系相协调，同时与国际社会进行更加积极的互动。另外，中国的多边能源外交在非洲应采取更加多样化的方式，深入多个领域开展合作。目前中国应很好发挥地方政府和企业的潜力，使其在能源外交中发挥积极作用。

多边合作的精髓在于，囊括一切共同发展目标的国家，在人类命运共同体理念下进行能源的相互合作。"一带一路"倡议实施以来，中国主要通过双边合作进行能源合作，因为这种方式涉及国家少、谈判成本低、约束力强，若要扩大合作影响力、优化能源分配并实现区域内自给自足，就必须在"一带一路"框架下建立全面、有约束力的合作机制，以开展更大范围的多边能源合作。① 中国人民银行原行长周小川认为，"一带一路"多边能源合作机制，还有相当大的改善空间。要建立多边合作制度，需要各方共同努力，在激励约束、机构改革、贸易投资自由化等方面采取切实措施，加强国际合作，就零碳电力概念，他提出要从三个方面入手建立多边能源合作制度：第一，运用激励约束机制，提升各国建设零碳电力系统的动力。通过拉大零碳电力系统与现存电力系统间的价格差距，针对各国资源禀赋进行系统性开发、投资，以阻止全球气候变化。第二，加快推进多边机构改革。国家开发银行、中国进出口银行、丝路基金等政策性、开发性金融机构要厘清职能、明确方向，加强相互配合。同时，这些机构也要与多边开发机构和国际商业性、私人投资机构加强合作，共同解决零碳电力系统在"一带一路"扩展中的投融资问题。第三，在零碳电力系统发展过程中，持续推动贸易与投资自由化，坚持多边规则，反对保护主义。需要世界贸易组织等国际组织积极参与，提升协调能力，帮助各国减轻贸易摩擦、投资摩擦。②

---

① 张丹蕾. 全球能源治理变局下"一带一路"能源合作机制构建的探讨［J］. 国际经贸探索，2023，39（2）：106-120.
② 许予朋. 周小川："一带一路"能源转型需多边合作［N］. 中国银行保险报，2024-04-07.

| 合作篇

四、推进中非能源合作的解决方案

面对国际能源合作中的挑战，中国可以采取的策略包括：推动构建人类命运共同体、参与多边平台、加强能源治理软实力，以及在非洲地区内外兼顾地应对恐怖主义，同时在大国间建立沟通机制以避免对抗，积极推进全球治理体系改革，坚持多边主义，以期在全球能源领域中提升话语权，深化合作，并促进共同繁荣。

（一）多方面提升影响力

中国在能源合作领域打破西方偏见的策略体现在多个层面。

1. 积极倡导构建人类命运共同体

强调全球能源治理的共同责任和利益，在能源合作中遵守国际规则，同时也参与到新规则的制定过程中，展现出负责任大国的形象，另外，在合作中提高透明度，提高与国际社会分享能源市场信息和政策动向的意愿，这有助于建立国际社会的信任，从而促进国际社会的理解和支持。

2. 通过参与 G20、国际能源署等多边平台，提升自身的国际影响力

以国际能源署为例，其在 2012 年发起了一项协作国倡议，旨在与巴西、中国、印度、印度尼西亚、墨西哥、俄罗斯和南非等七个主要新兴经济体建立更紧密的合作关系。该倡议的目标是形成一个联盟，成员国将定期举行会议，讨论包括能源数据与统计、能源安全、技术创新、国家能源政策评估在内的广泛议题。通过所谓的"伞形"协议，国际能源署与这些协作国之间将确定共同的合作目标，并针对具体领域签订详细的合作协议。在此框架下，中国与国际能源署建立了合作办公室，并且双方签署了旨在提高能效的合作备忘录。这标志着双方在政策对话和学术交流方面的互动已经变得日益常规化。为了进一步加深与国际能源署的合作，中国应积极采取措施，包括推动国际能源署在中国设立固定办事机构，这将有助于加强中国与国际能源署之

间的政策协调和互动。同时，中国也应鼓励国际能源署在中国实施具体的试点项目，以促进国内能源市场的改革和机制建设，推动能源治理体系的现代化。①

3. 提升能源治理的软实力

完善人才培养机制，建立国际化的培养流程，提升人才储备能力，并扩大国际能源治理机构人才队伍的选拔，同时，加快智库建设，扩大国际合作，提升应对能源挑战的能力，并为全球能源治理提供智力支持。企业方面，中国鼓励企业明确自身利益，完善风险应对机制，熟悉国际市场规则，并积极参与国际能源组织，结合当地文化开展工作，保护海外能源利益。加强战略规划能力，积极参与全球能源治理，为世界能源发展提出有效议题。②

（二）对非洲当地的问题内外兼顾

为了解决非洲当地恐怖主义，联合国及其他国际机构应当积极运用其协调作用，协助非洲各国预防和打击恐怖主义与极端暴力行为。这些组织应平衡地执行《联合国全球反恐战略》（*Global Counter-Terrorism Strategy*）的四个核心要素：消除滋生恐怖主义的因素，有效预防和打击恐怖活动，增强各国及联合国自身在反恐方面的能力和效率，同时确保以尊重人权和法治为基础。这将为全球社会持续有效地对抗恐怖主义提供战略性支持。③而微观层面，非洲本地政府应该加强政府治理能力、强化安全部队的训练和装备，并提高情报收集和分析的能力，因为恐怖主义会有一个随机性在里面，信息的获取变得极为重要，还要通过立法手段打击恐怖主义，例如，莫桑比克和索马里通过的反恐法案，以及刚果（金）对资助恐怖主义行为

---

① 张运东，杨艳，饶利波. 对中国深度参与全球能源治理的思考［J］. 国际石油经济，2018，26（11）：20-24.
② 童安怡. 中国参与全球能源治理：问题、挑战与回应［D］. 杭州：浙江大学，2019.
③ 范娟荣. 非洲恐怖主义形势的恶化及反恐路径［J］. 现代国际关系，2024（2）：60-79，139.

的法律制裁。

在各大国竞争方面，应该提倡在"一带一路"倡议下建立一个涵盖战略、政策和执行层面的沟通机制，避免大国间的对抗和控制分歧，预防和解决潜在的风险和挑战，同时减少美国、印度、欧洲和日本对中国战略意图的疑虑，超越传统的零和竞争思维，防止"一带一路"倡议被地缘政治和安全问题所劫持。同时，通过"一带一路"倡议扩大与美国、欧洲、印度和日本的共同利益，拓展经贸合作，减少关系恶化的风险，寻找大国间关系的新平衡点。建立新的交往模式，实现和平竞争和共赢合作的新型大国关系，使能源问题不再是"你死我活"的话题，让所有人得以享受"做大蛋糕"的利益，从而贯彻共建、共商、共享的理念。[①]

（三）构建完善的多边主义机制

党的二十大报告强调，中国积极参与全球治理体系改革和建设，践行共商共建共享的全球治理观，坚持真正的多边主义，推进国际关系民主化，推动全球治理朝着更加公正合理的方向发展。中国在"一带一路"倡议合作中倡导在合作体系开放、合作主体多元化的基础之上，进行共同平等协商，并对"一带一路"倡议的具体实践进行指导，切实贯彻了包容性多边主义的理念。在2021年10月举行的二十国集团领导人峰会上，习近平主席表示，为了人类未来、人民福祉，国际社会的主要成员必须坚持开放包容、合作共赢，践行真正的多边主义，推动构建人类命运共同体。

为解决这样的问题，中国应该积极推进和引领新型多边主义平台建设，习近平主席一方面强调要坚守多边主义的核心原则和基本价值，"继续高举联合国的多边主义旗帜，充分利用世界贸易组织、国际货币基金组织、世界银行、二十国集团、欧盟等全球和区域多边机制的建设性作用，共同推动构建人类命运共同体"；另一方面要积极探索新的发展和变革思路，提出全球

---

① 宋国新.共建"一带一路"十周年：重大安全成就与风险应对[J].东北亚论坛，2024，33(2)：17-33，127.

治理的中国智慧和方案，为多边主义注入新的内涵。自党的十八大以来，领导人相继提出了一系列新的倡议和措施，例如，构建新型国际关系、构建人类命运共同体、共建"一带一路"、成立亚洲基础设施投资银行等，同时注重发挥和挖掘上海合作组织、金砖国家合作机制等多边机构的潜力。这些举措不仅推动了区域合作，也对现有的国际多边规则进行了必要的完善和创新，中国应继续践行这样的理念，构建新的多边主义平台，拒绝零和博弈思维。

五、结语

"一带一路"倡议为中非能源合作提供了有效的合作机制，但其实反过来，中非能源合作也在"一带一路"能源合作中发挥着重要作用，合作中成功的部分值得各个国家去学习，以推进世界能源合作机制的高效化。

首先，它推动了中非在能源领域的共同发展，并通过基础设施建设和互联互通项目，加强了区域经济联系，更重要的是，这种合作支持非洲向绿色低碳发展转型，助力实现可持续发展目标，展现了中国对环境保护的承诺，其与发达国家对非洲的合作手段完全区分开，为未来世界各国的能源合作提供了学习的模板。其次，它奉行的是真正的多边主义，中非能源合作通过多边合作机制，促进了全球治理体系的改革，提升了中国在国际能源领域中的话语权和影响力，创新的"小而美"合作模式，为解决实际问题提供了新思路。中非能源合作作为南南合作的典范，加强了发展中国家间的团结与协作，促进了和平与发展。同时，它还加深了中非人民之间的文化交流和相互理解，为"一带一路"倡议的深入实施提供了人文基础。

随着全球能源结构的转型和"一带一路"倡议的深入实施，中非能源合作迎来了前所未有的机遇与挑战。面对各种挑战，中国在推动构建人类命运共同体的进程中，可以通过积极参与国际能源治理、强化与非洲国家的互利合作，以及倡导和实践真正的多边主义，提升自身在国际能源领域的影响力，为全球能源的可持续发展贡献中国智慧和中国方案。面对挑战，中国应该展现负责任大国的形象,通过一系列切实有效的策略,不断深化与非洲的能源合作伙伴关系,共同应对恐怖主义威胁,并推动构建更加公正合理的国际能源治理体系。在人类命运不断紧密的未来,中国将继续与非洲及其他国家和地区一道,携手推动全球能源合作向更高质量、更可持续的方向发展,为实现全人类的共同繁荣和进步作出更大贡献。

中非能源合作的现状、特点与趋势[*]

刘青海　杨　赢　黄妙湘[**]

  摘　要：非洲拥有丰富的能源资源，我国拥有相关巨大产能，中非能源合作具有较强的互补性。本文分析了中非通过贸易、资金支持、工程承包和直接投资四种方式开展能源合作的现状与特点，研究发现，中非贸易模式中包含了较大规模的能源合作，中国对非洲融资支持力度最大的行业是能源业，中国在非洲能源基础设施建设中发挥了巨大作用，中非能源投资合作规模不断增加。展望未来，预计中非通过融资方式开展的能源合作规模将趋于下降，可再生能源全产业链合作将继续加强，中国绿色能源产品对非洲出口将进一步上升。与此同时，大国在非洲能源资源丰富国家的博弈将趋于加剧，中国在非洲相关企业面临的投资风险也在上升。

  关键词：中非能源合作；可再生能源；能源基础设施

---

  [*] 本报告受浙江师范大学非洲研究院（非洲区域国别学院）赴非调研课题"非洲法律对中国企业的影响研究（FF202407）、"穆塞韦尼政治思想研究（FF202406）"的资助。
  [**] 作者简介：刘青海，浙江师范大学非洲研究院（非洲区域国别学院）副研究员，非洲经济研究所所长，美国约翰斯·霍普金斯大学高级国际研究院访问学者；杨赢，浙江师范大学非洲研究院（非洲区域国别学院）实验班学生；黄妙湘，浙江师范大学非洲研究院（非洲区域国别学院）硕士研究生。

一、引言

非洲拥有 14 亿人口和丰富的能源资源。由于电力基础设施落后、能源工业不发达，非洲迫切需要引进资金和技术，将资源优势转化为发展优势。与此同时，随着构建"双循环"发展新格局的深入推进，中国一方面需要扩大多样化能源供应，另一方面也需要将在顺周期下形成的巨大能源产能和建设能力对外转移。因此，中非能源合作具有较强的互补性。事实上，进入 21 世纪以来，中国通过贸易、资金支持、工程承包和直接投资等方式与非洲开展了大量能源合作，为非洲的能源供应、绿色转型提供了坚实的保障和助力，促进了双方的共同发展。

二、中非能源合作的现状与特点

中非能源合作通常以贸易、融资、工程承包和直接投资四种方式进行，相关现状与特点如下。

（一）通过贸易方式开展的能源合作

2000～2023 年，中非货物贸易额大幅上升，从 117 亿美元上升到 2821 亿美元，中国连续多年保持非洲第一大贸易伙伴地位。[①] 长期以来，中非贸易模式以非洲向中国出口石油天然气等能源产品及发展绿色产业所需的关键矿产品、自中国进口制成品为主。同时，随着中非绿色转型速度的加快，中国更多的新能源产品走向非洲。因此，中非贸易模式中包含了较多的能源合作。

1. 非洲对华出口以能源相关产品为主

2000～2022 年，非洲对华出口产品以石油天然气及制造新能源产品所需

---

① 中国海关。

的矿产品为主，约占其对华出口总额的89%，其次是农产品（6%）、制成品（5%），分别占其国内生产总值（GDP）的2.15%、0.14%和0.13%（见表1和表2）。

表1　　　　2000~2022年非洲对华进出口商品行业构成　　　　单位：%

商品	占对华出口总额的比例	占自华进口总额的比例
农产品	6	3
油矿产品	89	2.5
制成品	5	94
其他	0	0.5

资料来源：UN Comtrade Database［EB/OL］. https：//comtradeplus. un. org/，2024。

表2　　　2000~2022年非洲对华进出口商品占非洲GDP的比例　　　单位：%

商品	自华进口额占GDP比例	对华出口额占GDP的比例
农产品	0.11	0.14
油矿产品	0.09	2.15
制成品	3.54	0.13
其他	0.01	—
总计	3.75	2.42

资料来源：UN Comtrade Database［EB/OL］. https：//comtradeplus. un. org/，2024。

从具体商品来看，以2022年为例，该年非洲对华出口额最大的前五大商品分别为石油，铜，贱金属矿石和精矿，铁矿石和浓缩物，铝矿及精矿（铜、铁和铝均为发展绿色产业所需的关键投入），分别占非洲对华出口额的41%、15%、8%、5%和5%（见表3）。

从主要国家来看。2000~2022年，非洲对华出口额最大的五个国家［安哥拉、南非、苏丹、刚果（金）和刚果（布）］中，安哥拉以对华出口原油为主，南非以铁矿石为主，苏丹、刚果（金）和刚果（布）则分别以原油、铜和原油出口为主，五个国家对华出口额约占非洲对华出口总额的69%。

表3　2022年非洲对华出口、自华进口的前五大商品及占对华出口总额、进口总额的比例

单位：%

类别	商品	占比	类别	商品	占比
非洲对华出口	石油和从原油以外的沥青矿物中提取的油	41	非洲自华进口	电信设备、零件和配件	6
	铜	15		织物，编织或人造纺织材料（不包括窄幅或特殊织物）	3
	贱金属矿石和精矿	8		鞋	3
	铁矿石和浓缩物	5		石油和从原油以外的沥青矿物中提取的油	3
	铝矿和精矿（包括氧化铝）	5		电气机械和仪器	2

资料来源：UN Comtrade Database［EB/OL］. https：//comtradeplus.un.org/，2024。

2. 非洲自华进口以制成品为主，新能源汽车、锂电池、光伏产品增长较快

2000~2022年，非洲自华进口以制成品为主，约占其自华进口总额的94%，其次为农产品（3%）、油矿产品（2.5%），分别占其GDP的3.54%、0.11%和0.09%（见表1和表2），其中石油和从原油以外的沥青矿物中提取的油仅占自华进口总额的3%（见表3）。从中非贸易的主要国家来看，2000~2022年，非洲自华进口规模最大的五个国家南非、尼日利亚、埃及、阿尔及利亚和加纳（五个国家自华进口额占非洲进口总额的51%）均以进口中国的电信设备及织物等制成品为主。[①] 值得一提的是，近年来，中国对非出口的产品在质量和技术含量方面都有了大幅提升，"新三样"产品对非出口实现较快的增长，其中2023年新能源汽车、锂电池、光伏产品对非洲出口同比分别增长291%、109%、57%，有力支持了非洲

---

① UN Comtrade Database［EB/OL］. https：//comtradeplus.un.org/，2024.

绿色能源的转型。[①]

(二) 通过融资方式开展的能源合作

能源业是中国对非资金支持力度最大的行业。中国的资金在非洲发电厂、输电和配电设施、太阳能和风电场等能源基础设施建设中发挥了较大作用，提高了非洲大陆的能源获取能力，促进了中非能源合作的深化。

1. 中国对非资金支持力度最大的行业为能源业

2000~2022 年，中国向非洲主权借款人承诺提供 1700.8 亿美元的贷款。其中，中国进出口银行（CHEXIM）和国家开发银行（CDB）承诺提供约 1340.1 亿美元的主权贷款，中国国有商业银行承诺提供 231.1 亿美元贷款，企业和对外援助机构则承诺提供 129.0 亿美元资金。

这些资金的行业分布为：能源业 598.2 亿美元（占中国对非承诺贷款总额的 35%），运输业 491.4 亿美元（占 29%），信息和通信技术业 138.9 亿美元（占 8%），金融服务业 91.5 亿美元（占 5%），工业、贸易和服务业 88.4 亿美元（占 5%），其他行业 292.4 亿美元（占 18%）（见表 4）。[②] 可以发现，能源业是中国对非资金支持力度最大的行业。

表 4 2000~2022 年中国对非承诺贷款的行业、金额及占比

序号	行业	金额（亿美元）	占比（%）
1	能源业	598.2	35
2	运输业	491.4	29
3	信息和通信技术业	138.9	8
4	金融服务业	91.5	5

[①] 中华人民共和国国务院新闻办公室. 中非经贸合作取得硕果 [EB/OL]. 国新网，http://www.scio.gov.cn/gxzl/ydyl_26587/jmwl_26592/jmwl_26593/202402/t20240221_833017.html，2024-02-21.

[②] Boston University Global Development Policy Center. China's Global Energy Finance Database [EB/OL]. Global Development Policy Center，http://www.bu.edu/cgef，2022.

续表

序号	行业	金额（亿美元）	占比（%）
5	工业、贸易和服务业	88.4	5
6	其他	292.4	18
	总计	1700.8	100

资料来源：Boston University Global Development Policy Center. China's Global Energy Finance Database [EB/OL]. Global Development Policy Center，http：//www. bu. edu/cgef，2022。

2. 安哥拉、南非、埃塞俄比亚等与中国开展了大规模的能源金融合作

从国家来看，2000~2022 年，非洲有 15 个国家得到了中国超过 10 亿美元的能源贷款承诺。其中，安哥拉、南非、埃塞俄比亚、苏丹和赞比亚位列第 1~5 位，分别获得 259 亿美元、38 亿美元、32 亿美元、27 亿美元和 27 亿美元的承诺贷款，涉及项目数量分别达 37 个、3 个、13 个、19 个和 14 个。加纳、乌干达、肯尼亚、科特迪瓦、几内亚位列第 6~10 位，分别得到 23 亿美元、22 亿美元、18 亿美元、16 亿美元和 15 亿美元的承诺贷款，涉及项目数量分别为 14 个、5 个、16 个、5 个和 3 个。津巴布韦、赤道几内亚、尼日利亚、坦桑尼亚和喀麦隆位列第 11~15 位，分别获得承诺能源贷款 14 亿美元、13 亿美元、12 亿美元、12 亿美元和 10 亿美元，涉及项目数量分别为 5 个、7 个、3 个、2 个和 6 个（见表 5）。

表 5　2000~2022 年中国对非承诺能源贷款超过十亿美元的国家、项目数量及金额

序号	国家	项目数量（个）	承诺能源贷款额（亿美元）
1	安哥拉	37	259
2	南非	3	38
3	埃塞俄比亚	13	32
4	苏丹	19	27
5	赞比亚	14	27
6	加纳	14	23

续表

序号	国家	项目数量（个）	承诺能源贷款额（亿美元）
7	乌干达	5	22
8	肯尼亚	16	18
9	科特迪瓦	5	16
10	几内亚	3	15
11	津巴布韦	5	14
12	赤道几内亚	7	13
13	尼日利亚	3	12
14	坦桑尼亚	2	12
15	喀麦隆	6	10

资料来源：Boston University Global Development Policy Center. China's Global Energy Finance Database [EB/OL]. Global Development Policy Center, http://www.bu.edu/cgef, 2022。

3. 刚果（布）、博茨瓦纳、埃及等非洲国家与中国开展了中等规模的能源金融合作

除了以上15个国家之外，另外13个非洲国家得到了中国中等规模的能源贷款（数额小于10亿美元大于等于1亿美元）（见表6）。其中，位列第1~5位的有刚果（布）、博茨瓦纳、埃及、刚果（金）、尼日尔，中国对其承诺能源贷款额分别为9.36亿美元、8.25亿美元、6.90亿美元、6.76亿美元和5.27亿美元。位列第6~10位的有加蓬、摩洛哥、塞内加尔、卢旺达和马里，承诺贷款额分别为4.71亿美元、4.55亿美元、2.82亿美元、2.14亿美元和1.45亿美元。位列第11~13位的有毛里塔尼亚、乍得、厄立特里亚，承诺贷款额分别为1.39亿美元、1.30亿美元、1.00亿美元。

表6　2000~2022年中国对非承诺能源贷款介于1亿~10亿美元的国家

序号	国家	项目数量（个）	承诺贷款额（亿美元）
1	刚果（布）	4	9.36

续表

序号	国家	项目数量（个）	承诺贷款额（亿美元）
2	博茨瓦纳	1	8.25
3	埃及	2	6.90
4	刚果（金）	3	6.76
5	尼日尔	3	5.27
6	加蓬	3	4.71
7	摩洛哥	2	4.55
8	塞内加尔	4	2.82
9	卢旺达	1	2.14
10	马里	1	1.45
11	毛里塔尼亚	1	1.39
12	乍得	1	1.30
13	厄立特尼亚	1	1.00

资料来源：Boston University Global Development Policy Center. China's Global Energy Finance Database [EB/OL]. Global Development Policy Center, http：//www.bu.edu/cgef, 2022。

4. 多哥、莱索托、中非共和国等与中国开展了较小规模的能源金融合作

除了以上28个国家之外，还有一些非洲国家得到了中国小规模的能源贷款（数额小于1亿美元）（见表7），包括多哥（7900万美元）、莱索托（6680万美元）、中非共和国（4690万美元）、吉布提（2040万美元）、毛里求斯（580万美元）、塞拉利昂（300万美元）等国家，涉及项目数量较少，一般为1~2个项目。

表7　2000~2022年中国对非承诺能源贷款小于1亿美元的国家

序号	国家	项目数量（个）	承诺贷款额（万美元）
1	多哥	2	7900
2	莱索托	1	6680

续表

序号	国家	项目数量（个）	承诺贷款额（万美元）
3	中非共和国	2	4690
4	吉布提	1	2040
5	毛里求斯	1	580
6	塞拉利昂	1	300

资料来源：Boston University Global Development Policy Center. China's Global Energy Finance Database [EB/OL]. Global Development Policy Center，http：//www. bu. edu/cgef, 2022。

（三）以工程承包方式开展的能源合作

作为"基建狂魔"，中国在基础设施建设方面具有很强的竞争力，在能源基础设施方面也是如此。进入21世纪以来，中国通过工程承包方式为非洲国家建设了大量水电站、输电线路等能源基础设施，开展了大量的能源基础设施合作。

1. 中国在非洲建设了大量能源基础设施

2000~2022年，中国在非洲建设了大量能源基础设施。[①] 在埃塞俄比亚，中国融资建设了装机容量254兆瓦的季奈尔达瓦3（GD3）水电站项目（2009年），355公里的输电线路和变电站项目（2016年），亚吉铁路750公里输电线路和变电站项目（2015年），120兆瓦阿伊萨（Aysha）风电场项目（2017年），等等。在几内亚，中国融资15亿美元建设了3个项目，包括11兆瓦的丁基索河（Tinkisso）水电站项目（2004年），240兆瓦的卡雷塔（Kaleta）水电站项目（2011年），450兆瓦的苏阿皮蒂（Souapiti）水电站项目（2018年），等等。在津巴布韦，中国融资14亿美元建设了5个项目，包括两个各融资1.598亿美元建设的300兆瓦卡里巴南水电站项目（其中，一个为优惠贷款项目，另一个为优惠出口买方信贷项目）（2013年），融资

---

① Boston University Global Development Policy Center. China's Global Energy Finance Database [EB/OL]. Global Development Policy Center，http：//www. bu. edu/cgef, 2022.

0.9977亿美元建设的万基3号燃煤电厂项目（2016年）。在肯尼亚，中国融资建设了16个能源相关项目，包括Olkaria地热井钻井项目（2012年）、50兆瓦加里萨（Garissa）太阳能发电厂项目（2015年）、全国输电改造项目（2017年）等。在赤道几内亚，中国融资14亿美元建设了7个项目，包括融资0.833亿美元建设的高压电网、扩建和维护项目（2019年）等。在尼日利亚，中国融资建设了335兆瓦的奥贡州帕帕兰托天然气发电项目（2002年）、700兆瓦的尊格如（Zungeru）水电站项目（2013年）。在坦桑尼亚，融资建设了坦桑尼亚石油开发公司（TPDC）天然气处理厂（2012年）、长432公里的姆纳齐湾-达累斯萨拉姆-姆特瓦拉省管道（优惠出口买方信贷，2012年）。在喀麦隆，中国融资建设了15兆瓦Mekin水电站（2010年）、211兆瓦Memve'ele水电站（2011年）、0.5兆瓦朱姆太阳能发电厂（2015年）、Memve'ele-Ebolowa水电站及相关输电线路（2017年）、350个社区电气化项目（2017年），等等。在南非，建设了4800兆瓦Medupi煤电厂（2017年）、4800兆瓦的Kusile煤电厂（2018），在摩洛哥融资4.54亿美元建设的350兆瓦Jerada燃煤电厂（2014年）、融资3.0450亿美元建设的200兆瓦努尔-瓦尔扎扎特太阳能发电厂二期项目（2018年），等等。[1] 这些建设项目改善了当地电力供应，推动了当地工业化、城市化的发展。

2. 安哥拉是中非能源基础设施规模最大的国家

2002年安哥拉内战结束，百废待兴，急需修复和新建大量基础设施。之后，中安两国根据安哥拉特定国情采取了"资源换基建"的"安哥拉模式"，创造了中非合作互利共赢的新模式。2000~2022年，中国为安哥拉提供了259亿美元的融资，涉及能源项目达37个，在安哥拉建设了大量水电站、输电线路等能源基础设施，以及炼油厂等相关能源产业项目。安哥拉由此成为中国在非融资规模最大、相关能源基础设施项目数量最多的国家。其中，2014年以来建设的较大能源类项目有：融资1.12亿美元建设的12兆瓦Tchi-

---

[1] Boston University Global Development Policy Center. China's Global Energy Finance Database [EB/OL]. Global Development Policy Center，http：//www.bu.edu/cgef，2022.

humbwe 水电站及 110 公里输电线路项目（2014 年），融资 20 亿美元建设的安哥拉国家石油公司（Sonangol）Sonaref 炼油厂项目（2014 年），融资 8.375 亿美元建设的 750 兆瓦 Soyo 联合循环发电厂一期项目（2015 年），融资 41 亿美元建设的 2170 兆瓦卡库洛－卡巴萨（Caculo-Cabaca）水电站及输电线路项目，融资 4.05 亿美元的扎伊尔省电气化和家庭连接项目（2018 年），等等（见表 8）。

表 8　2014～2022 年中国在安哥拉建设的能源基础设施及开发项目

序号	项目名称	年份	贷款银行	贷款金额（百万美元）
1	12 兆瓦 Tchihumbwe 水电站及 110 公里输电线路	2014	中国进出口银行	112.0
2	安哥拉国家石油公司（Sonangol）Sonaref 炼油厂	2014	国家开发银行	2000
3	Soyo 联合循环发电厂一期（750 兆瓦）	2015	中国工商银行	837.5
4	Caculo-Cabaca 水电站项目（2170 兆瓦）及输电线路	2016	中国工商银行、中国进出口银行、中国银行、中国建设银行、中国民生银行、平安银行等	4100
5	万博市电气化项目（17500 个家庭连接项目）	2016	国家开发银行	47.3
6	罗安达电气化（300000 个家庭连接项目）	2016	国家开发银行	47.3
7	卡宾达城市电气化（20000 个家庭连接项目）	2016	国家开发银行	47.3
8	Lauca-Huambo 输电与改造	2016	国家开发银行	340
9	本格拉市电气化（22800 户家庭连接项目）	2016	国家开发银行	70.9
10	Sonangol 资本重组	2016	国家开发银行	10000
11	扎伊尔省的电气化和家庭连接项目	2018	中国工商银行和其他贷款方	405

资料来源：Boston University Global Development Policy Center. Chinese Loans to Africa Database［EB/OL］. Global Development Policy Center，https：//www.bu.edu/gdp/chinese-loans-to-africa-database/，2022.

3. 2016~2017 年为中非能源基础设施合作规模相对最大的年份

通常，海外由中国融资的项目一般由中国企业负责建设，因此中非能源基础设施合作规模深受中国对非贷款规模的影响。如图 1 所示，2000~2022 年，中国对非贷款规模以 2016 年为最大，之后趋于下降。由于贷款到基础设施建设存在一定的时滞，因此 2016~2017 年通常为中非能源基础设施规模最大的年份。例如，中国对非融资规模最大的安哥拉，历年建设的大型能源项目数量如下：2002 年 3 项，2004 年 1 项，2005 年 4 项，2007 年 4 项，2008 年 4 项，2010 年 1 项，2011 年 3 项，2012 年 2 项，2013 年 3 项，2014 年 1 项，2015 年 1 项，2016 年则达到 7 项（涉及金额超过 155 亿美元），2018 年 1 项，之后则无项目。[1] 再如，在赞比亚，中国建设的能源基础设施数量以 2017 年为最多，包括 750 兆瓦凯富峡（Kafue Gorge Lower）水电站，300 公里 330 千伏的卡布韦－潘苏鲁（Kabwelume-Pensulo）第二输电线路，10 兆瓦的慕松达（Musonda）水电站升级改造项目等。又如，在加纳，2016 年有 3 项大型能源基础设施项目，包括融资 8810 万美元建设的农村电气化项目，融资 8500 美元的 5 个地区的自助电气化（SHEP）计划，融资 9540 万美元的 SHEP 第二阶段 5 个地区 1033 个社区的电气化项目，等等。在肯尼亚，项目以 2017 年最为集中，有 7 个项目，之后仅 2019 年有 1 个项目。在赤道几内亚，中国共融资 14 亿美元建设了 7 个项目，其中 2016 年的项目有 2 个，包括融资 2.9 亿美元的巴塔市电网 2 期项目、融资 1.23 亿美元的阿克波加（Akpoga）电力基础设施项目等。在南非，中国在 2016~2018 年为其提供融资的有 3 个项目，包括 2017 年中国融资 15 亿美元建设了 4800 兆瓦梅杜匹（Medupi）煤电厂。在埃及，中国贷款的 2 个能源大型项目均为 2017 年的项目，包括进出口银行和中国工商银行融资 4.59 亿美元的 1210 公里的输电线路，国家开发银行融资 2.31 亿美元建设的输电线路等。

---

[1] Boston University Global Development Policy Center. China's Global Energy Finance Database [EB/OL]. Global Development Policy Center，http：//www.bu.edu/cgef，2022.

图1　2000～2022年中国对非洲的贷款

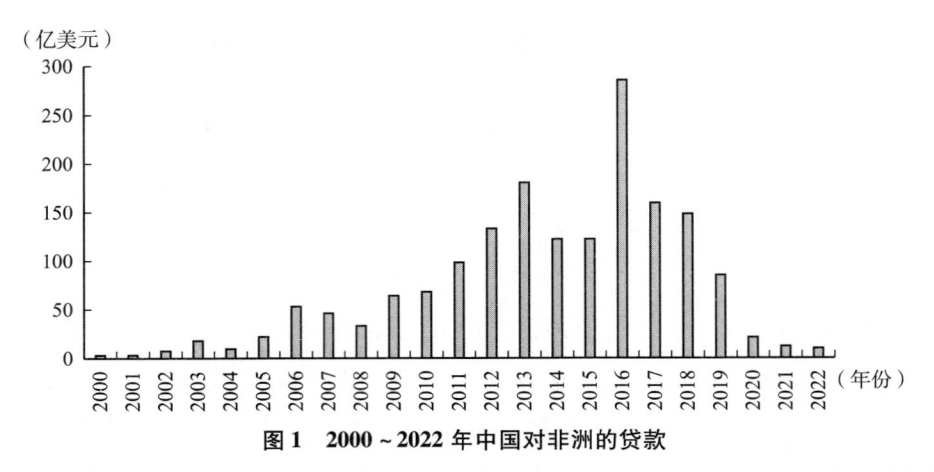

资料来源：Boston University Global Development Policy Center. Chinese Loans to Africa Database［EB/OL］. Global Development Policy Center，https：//www.bu.edu/gdp/chinese-loans-to-africa-database/，2022。

（四）以投资方式开展的能源合作

2000～2022年，中国公司宣布了总额为1123.4亿美元的绿地对非直接投资，并完成了246亿美元的兼并收购（M&A）直接投资，其中大部分流向阿尔及利亚、刚果（金）、埃及、加纳、几内亚、摩洛哥、尼日利亚、尼日尔、赞比亚和津巴布韦等相关能源及新能源投入丰富的国家。

1. 中非能源投资合作规模较大

如表9所示，中国在非绿地投资的行业分布情况如下：工业、贸易/服务业（以制造业为主）规模最大（占绿地投资总额的30%），能源业居于第二（占27%），非能源采矿和加工位列第三（占比25%），信息和通信技术业（ICT）位列第四（占6%），以及交通、水、卫生、废物处理、农业、卫生、金融服务等其他行业加起来共占12%。可以发现，能源业是仅次于工业、贸易与服务业的第二大行业，占宣布的绿地投资总额（1123.4亿美元）的27%。

表9　　　　　　　2000～2022年中国在非洲绿地投资的行业分布

序号	行业	占比（%）
1	工业、贸易/服务业	30
2	能源	27
3	非能源矿产开发与加工运输	25
4	信息和通信技术	6
5	其他	12

注：工业、贸易和服务业以制造业为主。
资料来源：FDI Markets［EB/OL］. https：//www.fdimarkets.com/，2024；Dealogic［EB/OL］. https：//dealogic.com/，2024。

2. 能源类项目规模相对较大

非洲矿产资源丰富，吸引了诸多国际投资。中国企业近年来也加大了对非洲矿产资源特别是能源矿产资源（包括油气、铜铁铝等新能源产业所需的关键原材料）的开发力度，投资规模相对较大。如表10所示，2000～2022年，在中国宣布的对非绿地投资三个最大项目中，有两个属于能源类项目。第一大项目为2018年中信集团（CITIC）在阿尔及利亚特贝萨市与阿政府联合开发磷矿项目，旨在增加阿尔及利亚的化肥生产和出口，投资额达60亿美元。第二大项目为中国石油天然气集团公司（CNPC）在尼日尔的阿格德姆油田开发项目，时间涉及2003年、2008年和2021年，该项目投资额达50亿美元，除油田开发外，还包括建设一条长2000公里的尼日尔-贝宁塞姆港原油管道，预计将能够使尼日尔原油产量翻一番，并首次将原油出售给全球市场。第三大项目新华联控股集团（Macrolink）在赞比亚恩多拉开发穆维盖拉（Mwekera）铜矿项目，投资额也达50亿美元。

表10　　　　　　　　中国宣布的对非三大绿地投资

年份	公司	国家	行业	金额（亿美元）	项目名称
2018	中信集团	阿尔及利亚	工业、贸易/服务业	60	Phosphate厂的建设

续表

年份	公司	国家	行业	金额（亿美元）	项目名称
2003，2008，2021	中石油	尼日尔	能源，油	50	Agadem 油田尼日尔－贝宁塞姆港输油管道
2012	新华联控股	赞比亚	铜，非能源开采和加工	50	Mwekera 铜矿

资料来源：FDI Markets［EB/OL］.https：//www.fdimarkets.com/，2024；AFP［EB/OL］.https：//www.afp.com/，2023；NS Energy［EB/OL］.https：//www.nsenergybusiness.com/，2024。

3. 能源业为中国对非并购投资的第二大行业

2000～2022 年，中国企业在非洲进行的并购投资额约 24.6 亿美元。如表 11 所示，这些并购投资主要分布在非能源采矿开发与加工业（占总并购投资额的 49%），能源业（46%），运输业（3%），工业、贸易与服务（1%）以及其他（1%），例如，信息通信业、农业、金融服务，以及水、卫生、废物处理和卫生行业等。可以发现，能源业为中国对非并购投资的第二大行业，总体规模较大。

表 11　　2000～2022 年中国在非洲并购投资的行业分布

序号	行业	占比（%）
1	非能源矿产开发与加工业	49
2	能源业	46
3	运输业	3
4	工业、贸易与服务业	1
5	其他	1

资料来源：FDI Markets［EB/OL］.https：//www.fdimarkets.com/，2024；Dealogic［EB/OL］.https：//dealogic.com/，2024。

4. 能源项目在中国对非大型并购投资中占主导地位

中石油（CNPC）、中国石化（Sinopec）和中海油（CNOOC）在对非大型能源业并购投资中位于前列。如表12所示，在中国对非三大并购投资中，包括中石油2013年耗资42.1亿美元并购莫桑比克第四气块项目，中石化2013年耗资31亿美元在埃及并购阿帕奇（Apache）公司埃及公司，中国钼业（CMOC，全球最大的钴开发企业之一）2016年耗资27.7亿美元在刚果（金）收购Tenke Fungurume Mine（TFM）铜钴矿项目。可以发现，这些项目均为能源类项目。另外，中国铝业、山东钢铁集团也参与了其他矿产的并购交易。

表12　　　　　　　　　中国对非三大并购投资

年份	并购企业	国家	行业	金额（十亿美元）	项目名称
2013	中石油	莫桑比克	能源，天然气	4.21	油气资产（莫桑比克第四气块）
2013	中石化	埃及	能源，石油	3.10	阿帕奇（Apache）公司
2016	中国钼业	刚果（金）	非能源开采和加工，铜钴矿	2.77	Tenke Fungurume Mine 铜钴矿

资料来源：Dealogic［EB/OL］. https：//dealogic.com/，2024；Eni［EB/OL］. https：//www.eni.com/en-IT/home.html，2013；Apache Corp［EB/OL］. https：//apacorp.com/about/，2016；SEC［EB/OL］. https：//www.sec.gov/，2016。

5. 铜、钴、铝、铁矿等新能源产品所需的关键投入的投资规模较大

如表13所示，2000~2022年，中国对非洲的非能源金属采矿和加工行业的投资额约407.2亿美元，包括绿地投资额286.2亿美元，并购投资额121.0亿美元。其中，铜矿投资额规模最大，达142亿美元，接近该行业总投资额的1/3，投资目的地集中于刚果（金）、赞比亚和乌干达；铝矿（是建造太阳能光伏面板的重要原材料）投资额居于第二，达80.3亿美元；铁矿（可以转化为钢，在风能、太阳能和水电基础设施建设中作用突出）投资额

居于第三,为61.6亿美元;其他绿色转型所需金属原材料如铀、锂、铬、钴矿的投资额分别为23.1亿美元、20.8亿美元、15.4亿美元、10.9亿美元。

表13　　2000~2022年中国在非能源金属矿产开发与加工的投资

序号	金属	投资额(十亿美元)
1	铜	14.20
2	铝	8.03
3	铁	6.16
4	铀	2.31
5	锂	2.08
6	铬	1.54
7	钴	1.09
8	其他	5.31

资料来源:FDI Markets [EB/OL].https://www.fdimarkets.com/,2024;Dealogic [EB/OL].https://dealogic.com/,2024。

6. 太阳能、水电和生物质能源在中国对非绿地能源投资中占据一定地位,风能投资很少

非洲可再生能源资源丰富,吸引了众多外国直接投资,中国企业也不例外,特别是以上海电力集团、中国电力建设集团和汉能控股集团等为代表的企业。2000~2022年,在中国的对非绿地能源投资中,大约有8%投资于太阳能和风能(这相对于中国开发性金融机构的2%要高得多),13%投资于水电、生物质和其他能源。其中,太阳能绿地投资(包括各种规模的太阳能光伏电池板和太阳能集成项目)约33.1亿美元,而风力投资项目相对很少。[①]

[①] China-Africa Economic Bulletin [EB/OL].Global Development Policy Center,https://aercafrica.org/wp-content/uploads/2024/04/GCI-China-Africa-Bulletin-2024-FIN.pdf,2024.

三、中非能源合作的趋势

（一）通过融资方式开展的能源合作规模趋于下降

过去20多年，中国进出口银行、国家开发银行等发展金融机构为非洲的能源基础设施提供了大量财政支持。然而，2016年以来，在中国对非贷款达到最高峰后，呈明显的下降趋势（见图1），表明通过融资方式开展的能源合作规模趋于下降。这与非洲国家的债务问题密切相关。由于新冠疫情期间产生的大量预算支出、美元加息、俄乌冲突等原因，非洲国家的公共债务总额（内部和外部债务）近年来趋于上升。2010~2021年，非洲的外债占GDP的比例上升了13%，超过了拉丁美洲和加勒比地区（10%）以及欧洲和中亚（3%）。[1] 2022年，撒哈拉以南非洲国家（SSA）公共债务占GDP比率的中位数已经达到59.1%，2024年预计将进一步上升到65%左右。[2] 由于利率上升、汇率贬值等原因导致的偿债成本上升，中国在非洲外债中的份额也趋于上升，从2000年的1%上升到2022年的13%，与世界银行在非洲债务中的比例大体相当。就对华债务存量来说，如表14所示，2022年中国在非洲最大的五个债务国安哥拉（对华债务为209.8亿美元）、埃塞俄比亚（68.2亿美元）、肯尼亚（66.9亿美元）、赞比亚（57.3亿美元）和埃及（52.1亿美元）的对华债务规模均较大。在此背景下，加上全球利率上升、投资者和贷款人的信心下降以及未来偿债成本上升，非洲国家承担额外债务的空间有限。

---

[1] Gallagher K P, Ramos L, Were A, et al. Africa's Inconvenient Truth: Debt Distress and Climate-Resilient Development in Sub-Saharan Africa [EB/OL]. Global Development Policy Center, https://www.bu.edu/gdp/2023/08/30/africas-inconvenient-truth-debt-distress-and-climate-resilient-development-in-sub-saharan-africa/, 2023-08-30.

[2] Kedir A, Ouma D, Anguyo F, et al. Africa's Growing Sovereign Debt and Growth: Which Institutional Quality Indicator (S) Matter? [EB/OL]. African Development Bank Group, https://www.afdb.org/sites/default/files/documents/publications/wps_no_374_africas_growing_sovereign_debt_and_growth_which_institutional_quality_indicators_matter_.pdf, 2023-06-21.

因此，我们预计中非未来通过融资方式开展的能源合作规模仍将趋于下降。

表 14　　　　　　2022 年非洲对华债务存量最大的十个国家

序号	国家	对华债务存量（亿美元）	占总外债存量的比例（％）
1	安哥拉	209.8	44
2	埃塞俄比亚	68.2	25
3	肯尼亚	66.9	18
4	赞比亚	57.3	36
5	埃及	52.1	5
6	尼日利亚	42.9	11
7	科特迪瓦	38.5	15
8	喀麦隆	37.8	32
9	南非	34.3	4
10	刚果（布）	34.2	48

资料来源：World Bank International Debt Statistics ［EB/OL］. World Bank Group，https：//www.worldbank.org/en/programs/debt-statistics/ids，2023。

（二）煤炭项目资助下降，可再生能源全产业链合作加强

近年来，非洲国家积极推进可持续发展和环保项目，通过发展绿色产业、推动清洁技术的应用，以减少对化石燃料的依赖，减轻气候变化的影响。2021 年前，中国进出口银行和国家开发银行共为非洲的煤炭项目融资了 53.0 亿美元。2021～2022 年，这两家机构停止了对燃煤发电厂等煤炭项目的资助，同时承诺不向非洲能源公司提供新的资金。[①] 由于中国企业在可再生能源技术方面处于领先地位，目前中国对非可再生能源直接投资规模仍然相对较小，加之全球绿色转型加速，发达国家投资环境趋于复杂等原因，预计中

[①] Green Horizons？China's Global Energy Finance in 2022 ［EB/OL］. Global Development Policy Center，https：//www.bu.edu/gdp/2023/11/13/green-horizons-chinas-global-energy-finance-in-2022，2023 – 11 – 13.

国对非洲的可再生能源全产业链投资还将进一步上升。

（三）中国绿色能源产品对非出口有望进一步上升

进入 21 世纪以来，在中非合作论坛和中非命运共同体框架下，中国高度重视对接非洲发展需求，在保持传统经贸优势合作领域的同时，不断发掘合作新潜力。近年来，针对非洲日益重视降低气候变化影响、绿色转型速度加快的情况，中国利用中国国际进口博览会、中非经贸博览会以及国内组展机构加大力度推动新能源汽车、锂电池、光伏产品等绿色产品对非出口，积极推动非洲生态环保、新能源等产业的增长，预计未来非洲产品将更多地走进中国市场，中国的优势绿色产品也将更多走向非洲，推动中非贸易结构持续优化。

（四）大国在非洲能源资源丰富国家的博弈将趋于加剧，中国企业投资风险上升

受地缘政治紧张、监管趋紧、经济前景不佳等因素影响，近年来发达国家和许多发展中国家的外国直接投资状况都不容乐观。不过，非洲很多国家由于油矿资源特别是绿色转型所需的矿产资源丰富，依然对很多投资者充满吸引力。例如，联合国贸发会议 2024 年 6 月发布的《2024 年世界投资报告》表明，2023 年全球范围内的外商直接投资同比下降 2%，发达国家和发展中国家流入的外商直接投资都不容乐观，但存在结构性弱点和脆弱性的经济体却吸引了更多外商直接投资，其中最不发达国家的外商直接投资增加了 2.4%。[①] 这与这些国家相关油矿资源丰富有关。事实上，近年来，在百年未有之大变局背景下，大国围绕这些油矿资源特别是关键原材料的争夺正在加剧，美国和西方正在加紧对刚果（金）、赞比亚、安哥拉、几内亚等油气或关键矿产丰富的国家的拉拢与争夺，由此给中国投资者带来更多风险。

---

① UNCTAD. World Investment Report 2024 ［EB/OL］. UNCTAD, https：//unctad. org/publication/world-investment-report-2024. 2024.

四、结语

展望未来,中非能源合作机遇与挑战并存。一方面,由于俄乌冲突许多非洲国家需要进口的石油、小麦等商品价格上涨,加之美元加息带来偿债成本的上升,非洲债务风险越来越大,大型能源基础设施所需的融资日益受到限制。另一方面,由于全球加速绿色转型、非洲一体化进程加快、非洲国家日益重视绿色转型以减轻气候变化的影响,全球对非洲绿色转型材料的需求日益上升,而中国在绿色技术方面处于世界前沿,这些为中非开展新的能源合作提供了机会。中非双方可以推动债务融资向股权融资特别是向可再生能源和绿色工业股权融资转变,在非洲国家克服能源基础设施融资的瓶颈的同时,也不会加重非洲的债务负担,促进中非能源合作实现互利双赢。

中非能源贸易指数报告

涂丽丽　孙志娜＊

摘　要：2023年，中非能源贸易规模略有收缩，其中，中国进口非洲国家能源产品主要集中在南部非洲和中部非洲地区，以石油和从沥青矿物中提取的油或原油为主；能源出口主要集中在西部非洲和南部非洲地区，以煤、用煤制造的煤砖、煤球和类似固体燃料类产品为主。2001～2023年，中非能源贸易指数从整体来看，能源贸易出口向好但进口规模有所收缩；从地理区位来看，中非能源进口地域化逐渐淡化但能源出口地域化显著；从能源产品来看，石油类产品进出口保持稳定但煤炭类与天然气类进出口波动较大。目前中非能源贸易的积极因素包括非洲油气资源丰富，与中国在技术、资金等方面优势互补、处于工业化阶段的非洲需要解决能源问题、中非之间可再生能源合作潜力巨大，但也面临着非洲能源市场不稳定性增加、中非能源合作竞争加剧、非洲部分国家出台的政策缺乏连续性、非洲国家进行本土化立法提升了中非能源合作成本与风险等带来的挑战。

关键词：中非能源合作；石油；煤炭；天然气

＊ 作者简介：涂丽丽，浙江师范大学经济与管理学院（中非国际商学院）硕士研究生；孙志娜，浙江师范大学经济与管理学院（中非国际商学院）副教授。

一、引言

随着经济的发展与科技的进步，各国之间贸易往来愈加频繁，参与其中的贸易商品的数量和品类也在不断增加，能源是其中较为常见的贸易商品。能源问题也一直是影响国家社会进步与经济发展的重要因素，从能源供给看，能源的全球分布并不均衡，从能源消费来看，各国能源消费量因国内人口数量、本国经济发展水平的不同而存在差异。因此，全球范围内要想达到能源供需平衡就需要各国之间进行能源贸易。

所谓能源贸易，就是指能源的交易与互换[①]，是不同国家在国际范围内围绕利用、保护和开发能源等问题所达成的交易。能源跟其他商品一样同样会受到经济规律的影响。但能源贸易与一般商品也存在不同之处，能源的运输十分依赖传输网络，运距长、运量大、占用的运输能力也较多，同时能源贸易是各国战略的重要组成部分，与国家主权安全、社会保障等问题息息相关。对于能源贸易通常有狭义和广义两种理解。狭义上认为能源贸易就是煤炭、天然气、石油等能源产品在各个国家之间流通交易。广义上认为能源贸易涵盖了与能源行业有关的技术交易，例如，相关的技术设备以及专业人才。为了便于比较，国际社会对于能源贸易的统计只考虑商品交易。本文为了具有可比性也将采用狭义的能源贸易。能源国际贸易能够将一国能源市场扩展至全球范围，不仅能够体现出本国所处的能源贸易环境，还能体现出本国与全球市场之间的关联。本文将根据国际贸易中心（International Trade Centre）的 Trade Map 数据库中 2001～2023 年中国与非洲国家进行能源贸易的具体数据展开分析，按照海关商品编码（HS 编码）可以将中国与非洲国家能源贸易产品分为煤炭、石油和天然气（如表 1 所

---

① 张生玲，魏晓博，张晶杰. "一带一路"倡议下中国能源贸易与合作展望[J]. 国际贸易，2015（8）：11 - 14.

示）三类。

表 1　中非能源贸易产品的具体分类

类别名称	HS 编码	产品名称
煤炭	2701	煤；用煤制造的煤砖、煤球和类似固体燃料
石油	2709	石油和从沥青矿物中提取的油或原油
天然气	2711	石油天然气和其他气态碳氢化合物

资料来源：笔者根据公开资料汇总。

二、中非能源贸易的基本特征

（一）中非能源贸易规模

2023 年，中非能源产品进出口额达到 355.16 亿美元，其中，中国对非洲能源出口额为 0.08 亿美元，进口额为 355.08 亿美元，贸易差额为 355 亿美元。非洲国家能源产品资源丰富，双方能源贸易主要以中国向非洲进口为主，近年来进口非洲能源资源发展强劲（如图 1 所示）。中国向非洲进口的能源贸易产品不管是从占据中国能源总进口的份额上看，还是从占据非洲能源总出口的份额上看，都具有绝对地位（如图 2 所示）。2022 年，中国对非洲能源产品进口额占非洲能源总出口的比例为 15.870%、占据中国能源进口额的比例为 8.369%，这说明在能源贸易上中国依旧与非洲建立了紧密的联系。但这种绝对的地位优势正逐年削弱，中国对非洲能源产品进口额占中国能源总进口的比例自 2007 年之后逐年下降，同样的中国对非洲能源产品进口额占非洲能源总出口的比例在 2020 年达到峰值 29.103% 随即进入下滑状态。如图 2 所示，中国向非洲出口的能源贸易产品不管是在占中国能源总出口的份额上看，还是在占非洲能源总进口的份额上看，占比都比较低，中国对非洲能源出口额仅占非洲能源总进口额的

0.003%，中国对非洲能源出口额占中国能源贸易出口额的比例为0.012%。

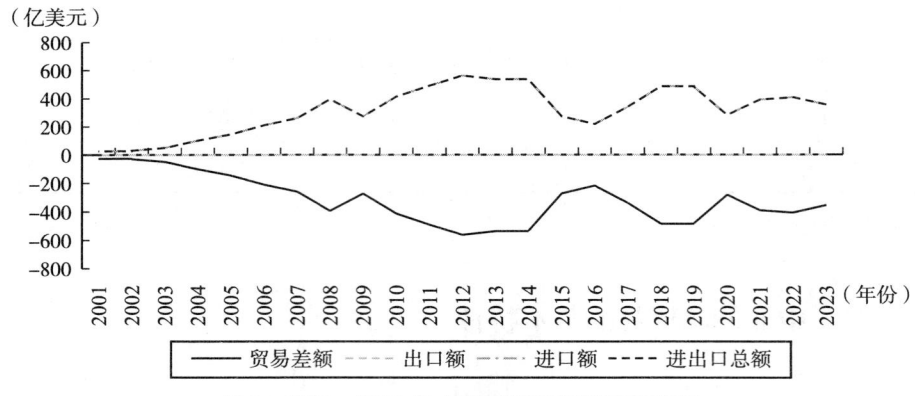

图1 2001~2023年中非能源贸易额变化趋势

资料来源：Trade Map 数据库。

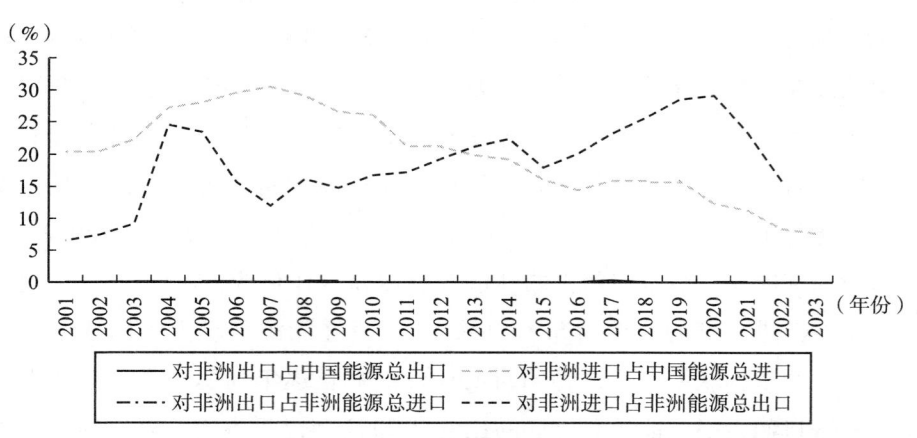

图2 2001~2023年中非能源贸易额占中国（非洲）能源贸易总额的比例

资料来源：Trade Map 数据库。

(二) 中非能源贸易地理区位特点

图3为2023年非洲各区域中非能源产品贸易进出口额占比，可以发现中国进口非洲国家能源产品主要集中在南部非洲和中部非洲地区，2023年中国进口南部非洲能源产品196.57亿美元，占中非能源贸易进口额的55%，进口中部非洲能源产品97.37亿美元，占中非能源贸易进口额的28%，其余地区占比不大；而中国出口非洲国家能源产品主要集中在西部非洲和南部非洲地区，2023年中国出口西部非洲能源产品0.04亿美元，占中非贸易进口额的48%，出口南部非洲能源产品0.03亿美元，占中非贸易进口额的45%，其余地区占比不大（如图3所示）。从具体国家来看，2023年中国进口非洲能源产品主要集中在安哥拉、刚果（布）、利比亚、加蓬、尼日利亚、赤道几内亚、加纳、乍得、阿尔及利亚和莫桑比克，这十大国家总共占据中国进口非洲能源贸易的95.74%；2023年中国进口非洲能源产品主要集中在南非、利比里亚、几内亚、阿尔及利亚、苏丹、尼日利亚、利比亚、乍得、科特迪瓦和马达加斯加，这十大国家总共占据中国出口非洲能源贸易的98.33%（如表2所示）。

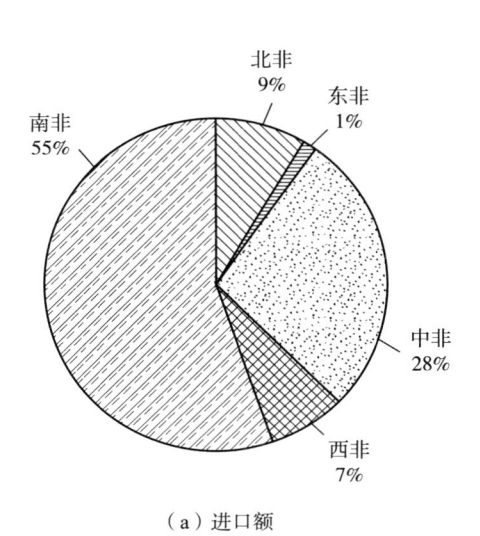

（a）进口额

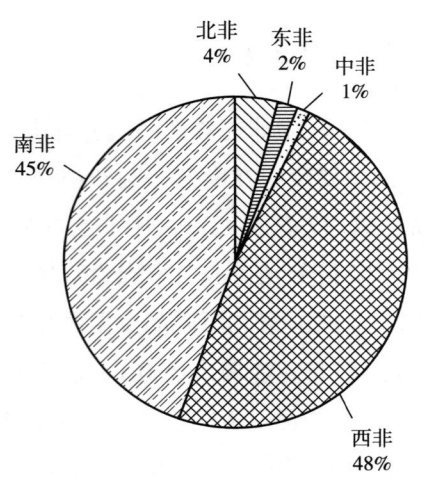

（b）出口额

图3　2023年中非能源贸易进口额、出口额在非洲各区域占比

资料来源：Trade Map 数据库。

表2　2023年中非进行能源贸易的主要国家

类别	国家	金额（亿美元）	占比（%）
能源产品进口	安哥拉	188.08	52.97
	刚果（布）	51.85	14.60
	利比亚	21.99	6.19
	加蓬	19.17	5.40
	尼日利亚	14.28	4.02
	赤道几内亚	13.11	3.69
	加纳	10.87	3.06
	乍得	8.02	2.26
	阿尔及利亚	6.57	1.85
	莫桑比克	6.02	1.69
能源产品出口	南非	0.03335	43.91
	利比里亚	0.03253	42.83
	几内亚	0.00252	3.32

续表

类别	国家	金额（亿美元）	占比（%）
能源产品出口	阿尔及利亚	0.00172	2.26
	苏丹	0.00140	1.84
	尼日利亚	0.00093	1.22
	利比亚	0.00071	0.93
	乍得	0.00066	0.87
	科特迪瓦	0.00049	0.65
	马达加斯加	0.00037	0.49

资料来源：Trade Map 数据库。

（三）中非能源贸易产品结构

工业化、城市化的快速推进，使得中国国内的能源需求不断增长，能源消费规模日益扩大。国内原油产量无法匹配不断攀升的消费需求，必须进行原油产品的进口[①]，所以中国与非洲国家在进行能源产品贸易中，主要以石油和从沥青矿物中提取的油或原油为主要进口产品（如图 4 所示）。近年来虽然进口该类能源产品有所波动起伏，但石油类产品的进口也一直在中非能源类产品进口中占据绝对地位，2023 年中国向非洲国家进口该类产品高达 325.7 亿美元，占据中非总能源进口额的 91.72%。而在中非能源贸易产品出口中，煤、用煤制造的煤砖、煤球和类似固体燃料类产品与石油天然气和其他气态碳氢化合物为主要贸易产品（如图 5 所示），煤炭是中国的第一大能源，不管是产量还是储量都十分丰富。[②] 2023 年中国向非洲国家出口煤炭类产品 0.02 亿美元，占据中非总能源进口额的 30.28%；2023 年中国向非洲国家出口天然气类产品 0.05 亿美元，占据中非总能源进口额的 69.72%。从具体国家来看，中国向非洲进口的石油类产品主要来自于安哥拉、刚果（布）、

[①②] 张生玲，胡晓晓. 中国能源贸易形势与前景 [J]. 国际贸易，2020 (9)：22 – 30.

利比亚、加蓬、赤道几内亚、加纳、乍得、尼日利亚、南苏丹和刚果（金），这十大国家总共占据2023年中国进口非洲石油类能源产品贸易的98.25%；中国出口非洲天然气类产品主要集中在利比里亚、南非、几内亚、尼日利亚、利比亚、科特迪瓦、埃及、刚果（布）、阿尔及利亚和毛里求斯，这十大国家总共占据中国出口非洲天然气类能源产品贸易的99.47%（如表3所示）。

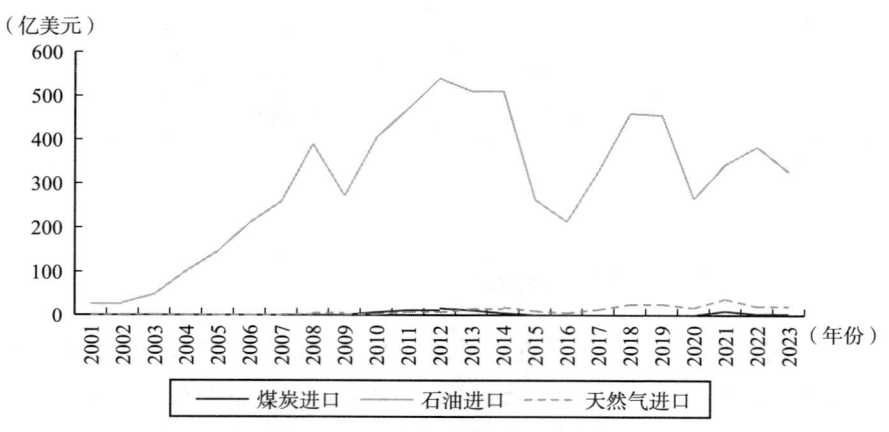

图4　2001～2023年中非三种主要能源贸易产品进口额变化趋势

资料来源：Trade Map数据库。

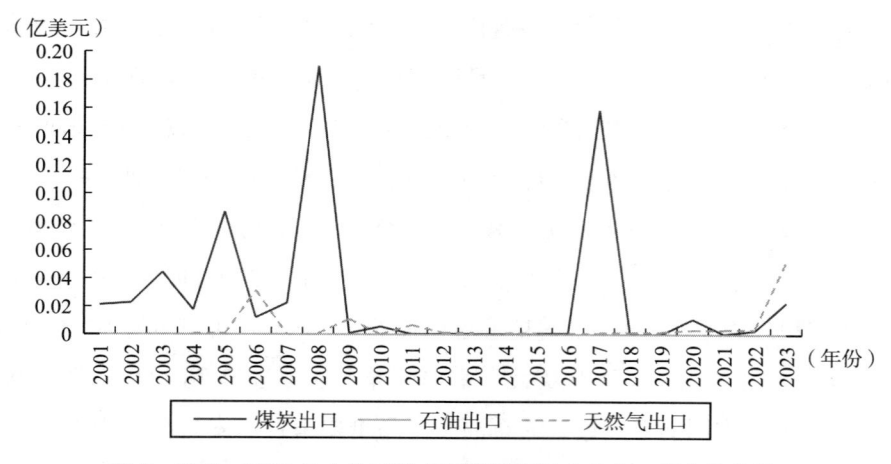

图5　2001～2023年中非三种主要能源贸易产品出口额变化趋势

资料来源：Trade Map数据库。

表3　　2023年中非进行石油类和天然气类能源产品贸易的主要国家

类别	国家	金额（亿美元）	占比（%）
石油类产品进口	安哥拉	185.54	56.97
	刚果（布）	51.85	15.92
	利比亚	21.98	6.75
	加蓬	19.17	5.89
	赤道几内亚	11.89	3.65
	加纳	10.87	3.34
	乍得	8.02	2.46
	尼日利亚	4.73	1.45
	南苏丹	3.54	1.088
	刚果（金）	2.40	0.74
天然气类产品出口	利比里亚	0.03253	61.63
	南非	0.01437	27.23
	几内亚	0.00251	4.76
	尼日利亚	0.00093	1.76
	利比亚	0.00071	1.35
	科特迪瓦	0.00049	0.93
	埃及	0.00036	0.68
	刚果（布）	0.00026	0.49
	阿尔及利亚	0.00022	0.42
	毛里求斯	0.00012	0.23

资料来源：Trade Map数据库。

三、中非能源贸易指数分析

根据Trade Map数据库所提供的中非能源贸易数据，以2001年为基期，按照当期指数为100求得2001~2023年中非能源贸易指数，其主要呈现以下三个特征。

（一）从整体来看，中非能源贸易出口向好但进口规模有所收缩

2001~2023 年，中非能源贸易出口指数整体变化较为平稳呈逐年上涨趋势，研究期间平均值为 111，高于基期水平。其中能源贸易出口指数最低值为 2002 年的 101，最高值为 2023 年的 122（如图 6 所示）。相对来说，中非能源贸易进口指数有一定程度的波动且有较大幅度的提升，研究期间其平均值为 1178，远高于基期水平。其中中非能源贸易进口指数最低值为 2002 年的 112，最高值为 2012 年的 2098（如图 6 所示）。这说明近年来中国重视向非洲进口能源产品，并取得丰硕成果，未来仍需继续关注中国对非洲能源产品的进口，同时积极开拓非洲市场提升中国在非洲国家能源进口贸易的地位。

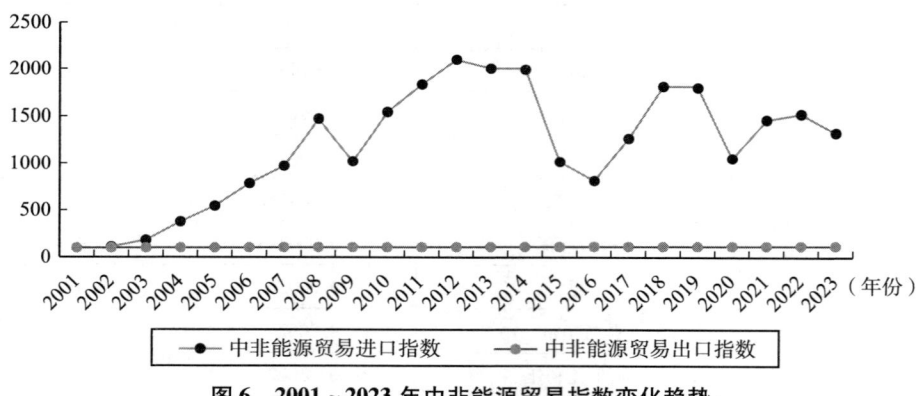

图 6　2001~2023 年中非能源贸易指数变化趋势

资料来源：Trade Map 数据库。

图 7 为 2001~2023 年中非能源贸易占比指数变化趋势，对比图 6 可以发现，尽管中国向非洲进口的能源产品金额逐年有较大涨幅，但其在中国总能源进口中所占的比重仍处于低位状态。研究期间，中非能源贸易占比指数在 2007 年处于峰值状态，数值为 149，此后逐年降低，2023 年为研究期间最低值仅为 38，整个期间平均值为 98，低于基期水平。说明中国向非洲进口能源产品总额增长强劲，但占比近年来逐渐下降，进口非洲能源产品贸易规模有

所收缩，还需进一步重视非洲能源贸易产品的进口。反观中非能源贸易出口占比指数研究期间平均值为117，高于基期水平，但其一直处于波动状态。其中能源贸易出口占比指数最低值为2013年的2，最高值为2017年的683，结合图6可知，中国向非洲出口能源贸易的总额一直保持比较平稳的状态，主要是中国总能源的出口有较大浮动导致的，出口非洲能源产品贸易发展状况良好。2023年中非能源贸易出口占比指数相比于2022年有较大涨幅，数值为271，这说明中国向非洲出口能源产品的规模有所扩大。

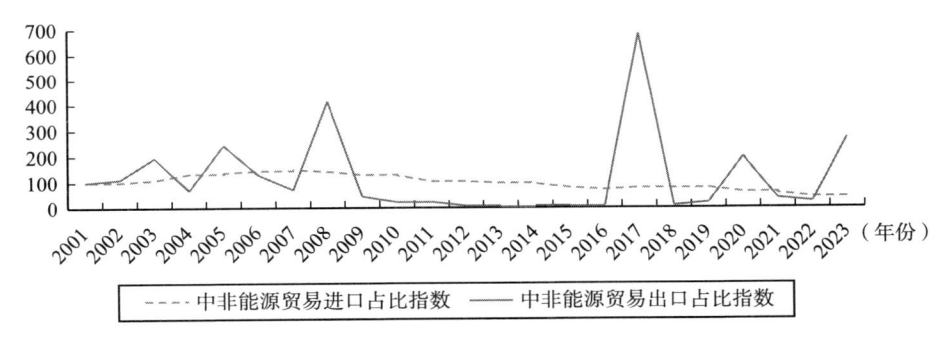

图7 2001~2023年中非能源贸易占比指数变化趋势

资料来源：Trade Map数据库。

（二）从地理区位来看，中非能源进口地域化逐渐淡化但能源出口地域化仍显著

2001~2023年非洲各区域的中非能源贸易进口指数都有所变化，其中变化幅度最大的为北部非洲地区，该地区的能源贸易进口指数在2012年达到峰值8099，随后迅速下降，虽然此后有所回升但势头不及2012年，研究期间能源贸易出口指数均值为2730，远高于基期水平。2023年能源贸易出口指数为2545。同样南部非洲地区能源贸易出口指数存在较大波动，研究期间均值为2434，高于基期水平。2023年能源贸易出口指数为2708。这也说明这两区域内的非洲国家在研究期间向中国出口了大量的能源产品，本身的自然资源十分丰富，跟中国也建立了良好的贸易联系。但值得一提的是这两区域内的国家在近几年对中国的能源出口有所下降，最终两区域差距进一步缩小，目前基本持平。中部非洲国家2001~2023年中非能源贸易出口指数均值为849，高于基期水平，总体来看中国进口中部非洲地区能源产品呈稳步上升状态，2023年能源贸易出口指数为1339。西部非洲国家2001~2023年中非能源贸易出口指数均值为973，高于基期水平，总体来看中国进口西部非洲地区能源产品虽有小幅下降但总体还算平稳，2023年能源贸易出口指数为1542。说明这两区域内的非洲国家同样向中国出口了大量的能源产品，只是有碍于自身能源的有限，规模并没有北部非洲和南部非洲那么大。东部非洲国家2001~2023年中非能源贸易出口指数均值为299，高于基期水平，但2023年能源贸易出口指数仅为49，自2014年之后指数逐年下降，于2020年跌破基期（如图8所示）。

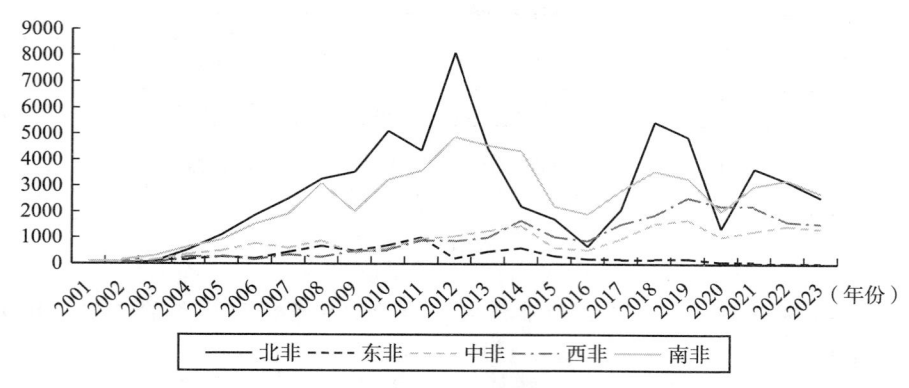

图8　2001~2023年非洲各区域中非能源贸易进口指数变化趋势

资料来源：Trade Map数据库。

如图9所示，2001~2023年非洲各区域中非能源贸易出口指数都有所变化，其中变化幅度最大的为南部非洲地区，该地区的能源贸易出口指数在2017年达到峰值1579600，随后迅速下降，2023年有所回升，研究期间能源贸易出口指数均值为118361，远高于基期水平。2023年能源贸易出口指数为339100，之所以有这么大的涨幅主要是因为基期的水平比较低，近年来中国向南部非洲出口能源贸易飞速发展。中部非洲地区能源贸易出口指数研究期间均值为14422，高于基期水平。2023年能源贸易出口指数为9200。西部非洲国家2001～2023年中非能源贸易出口指数均值为23996，高于基期水平，总体来看近年来中国进口西部非洲地区能源产品呈稳步上升状态，2023年能源贸易出口指数为366200。东部非洲国家2001～2023年中非能源贸易出口指数均值为1955，高于基期水平，2023年能源贸易出口指数为4833。以上所提到的非洲国家在研究期间都与中国建立了良好的能源贸易出口关系，贸易量都有所提升。而北部非洲国家2001～2023年中非能源贸易出口指数均值为77，低于基期水平，自2008年之后指数逐年下降，2009年直线跌破基期，2023年能源贸易出口指数仅为14。结合图8可知这与北部非洲本身自然资源丰富密切相关，中国与北部非洲能源贸易主要以北部非洲国家出口能源资源到中国为主。未来应加强对北部非洲能源市场的关注，积极开拓，争取提升中国进口北部非洲能源的份额。

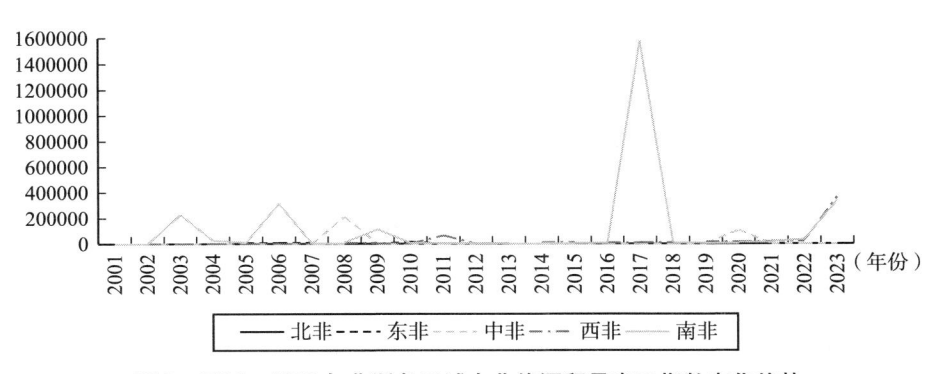

图9　2001～2023年非洲各区域中非能源贸易出口指数变化趋势

资料来源：Trade Map数据库。

（三）从能源产品来看，石油类产品进出口保持稳定但煤炭类与天然气类进出口波动较大

在2001～2023年，中非能源贸易石油进口指数的平均值为1163，高于基

期水平（如图10），2023 年，石油进口指数为1254。研究期间石油进口指数虽有小幅波动，但总体走势上涨，中国持续加大对非洲国家石油类资源产品的进口。中非能源贸易煤炭进口指数的研究期间平均值为6992，远高于基期水平，2023 年，煤炭进口指数为9894。如图10 所示，煤炭进口指数变化波动较大，波动集中于2009～2015 年，峰值为2012 年的37461，随即指数下降逼近0，这说明中非煤炭类资源产品的进口呈不稳定状态，中非之间并没有建立稳定的煤炭进口贸易联系。在2001～2023 年，中非能源贸易天然气进口指数的平均值为1355，高于基期水平，2023 年，天然气进口指数为3242。说明中非之间天然气类资源类产品进口稳步增长。

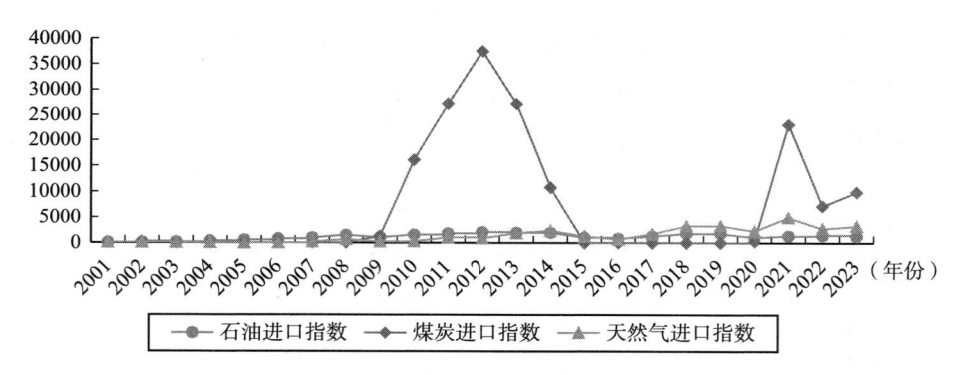

图 10 2001～2023 年中非能源贸易产品进口结构指数变化趋势

资料来源：Trade Map 数据库。

在2001～2023 年，中非能源贸易中中国并未向非洲国家出口石油类产品，所以在此并不讨论石油出口指数。如图11 所示，中非能源贸易煤炭出口指数的研究期间平均值为128，高于基期水平，2023 年，煤炭进口指数为108。研究期间煤炭进口指数变化只有略微波动，这说明中非煤炭类资源产品的出口呈稳定状态，中非之间已建立稳定的煤炭出口贸易联系。在2001～2023 年，中非能源贸易天然气出口指数的平均值为53700，远高于基期水平，2023 年，天然气进口指数为527800。之所以有如此大的数值变化是因为，基期数据较低即2001年中国向非洲国家出口的天然气资源较少，致使相对放大了后续的出口数据。后期应加强对中国出口天然气类资源类产品的关注，积极开拓市场。

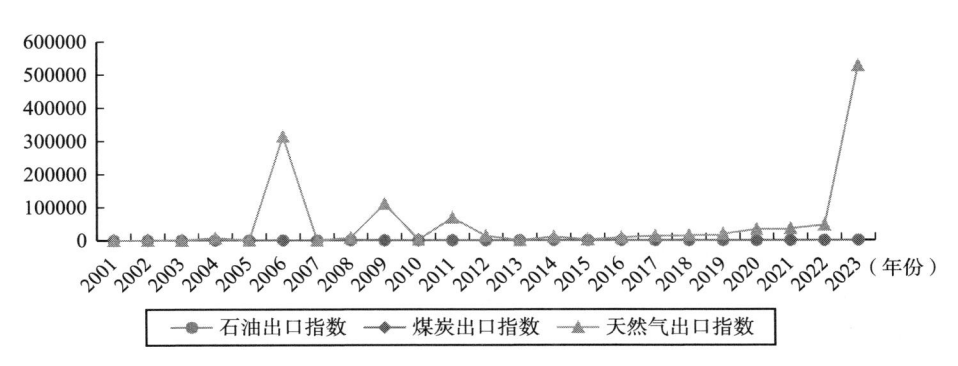

图11　2001~2023年中非能源贸易产品出口结构指数变化趋势

资料来源：Trade Map数据库。

四、中非能源贸易影响因素

（一）积极因素

1. 非洲油气资源丰富，与中国在技术、资金等方面优势互补

全世界在近十年发现了37个高储量油气区域，石油资源异常丰富，其中有8个位于非洲地区，主要集中于东部非洲和西部非洲的深水区域，在塞内加尔、埃及、莫桑比克和毛里塔尼亚等非洲国家均有分布。其余位于几内亚和东部非洲海上区域的油气资源勘探程度较低，是最具潜力的勘探区。非洲国家目前处于工业化早期，外部资金的需求量比较大。中国是最大的发展中国家，经历了40多年的改革开放，在资金、技术和管理等方面积累了丰富的可以复制的经验。中非之间开展能源合作能满足双方的需求，符合双方国家长远的规划，合作潜力大。

2. 处于工业化阶段的非洲需要解决能源问题

油气资源的开发能推动非洲城镇化和工业化的发展。能源在整个工业化进程中都扮演着极为重要的角色，是工业的动力，特别是油气资源，本身就是重要的化工原料，生产也比较稳定，是各个国家实现工业化的基本条件。在整个非洲国家工业化过程中，需要采用更为有效积极的措施，加大对本国区域内油气资源与可再生资源的开发力度，从而为非洲的经济发展和工业化进步注入不竭动力。目前，以尼日利亚、利比亚、安哥拉和阿尔及利亚为代表的油气资源产量高的非洲国家，相对于非油气资源的非洲国家来说，城镇化和工业化的程度比较高。中国在推进工业化发展和发展能源方面具有丰富的经验，中国企业也确实在中非能源合作中助力了一部分非洲国家工业化的发展。在20多年的中非能源合作中，中国帮助乍得、尼日尔和苏丹等资源类国家建立了完备的石油工业开采体系，有效促进了这些国家的经济发展与城镇化、工业化的进程。未来在整个非洲资源丰裕型国家的工业化进程中，中非双方在能源基础设施建设、油气资源勘探开发等方面具有良好的合作空间。

3. 中非之间可再生能源合作潜力巨大

除传统能源资源外，非洲的可再生能源也十分丰富。据国际可再生能源组织估计，非洲整个大陆的风力发电技术潜力巨大为461吉瓦，太阳能潜力约为7900吉瓦。在《中非合作2035年愿景》中也明确指出中非之间的能源合作将向低碳、清洁转型，共同助力发展绿色新模式。可再生能源的发展对非洲经济的发展具有重要意义。据测算，发展可再生能源带来的就业机会将会是传统化石能源的2～5倍；其他绿色型的投资活动，例如，公共交通、气候适应和节约型农业等，这些活动所带来的就业机会将会是传统能源资源的25倍。因此，非洲国家大部分都是有能源转型意愿的。而中国是全球最大的可再生能源消费国、投资国，同样也是世界上最大的新能源汽车消费国，是名副其实的能源转型引领者。中国的能源公司在风能、太阳能、电动车电池领域拥有前沿的技术。风能方面，中国的技术具有成熟、商业模式发展体系化等特点，拥有大约40%的产业资源。太阳能方面，中国有成体系的光伏制造能力，光伏组件、发电机产量均居世界第一，占据全球大部分光伏价值链资源，足以为非洲各国提供适宜的标准、技术和解决方案，助力非洲国家能源转型。

（二）消极因素

1. 非洲能源市场不稳定性增加

俄乌冲突爆发前夕全球能源市场已然不稳定，2022年爆发的俄乌冲突则进一步加剧破坏了全球能源系统，在全球范围内引起了严峻的能源安全问题。作为经济发展落后并且严重依赖别国金融、粮食和能源的脆弱经济体，俄乌冲突加剧了非洲能源、金融和能源三重危机。非洲国家正在承受由俄乌冲突所带来的次生灾难冲击，主要有融资困难加剧、全球能源贸易市场动荡不安，价格飙升，导致非洲国家本土能源产品供不应求，能源产品价格上涨，给非洲国家的企业、家庭带来了无限的生存压力。能源市场的混乱进一步影响到农业、医疗卫生等其他行业，激化了非洲国家内部的矛盾，加剧社会动荡。中非之间的能源合作风险和难度也进一步加大。

2. 中非能源合作竞争加剧

俄乌冲突爆发以来，国际秩序发生深刻变化，世界大国之间的分化对抗逐渐严重，合作将变得更为艰难。中国和美国进入全方位竞争时期，不排除未来将进一步阻碍中非之间的能源合作，特别是南苏丹、苏丹、乍得、利比亚等政局不稳定的非洲国家，极易被西方国家通过经济制裁、政治胁迫等手段施压，使得这些国家因自身利益而牺牲中非之间的能源合作。未来，美国在非洲地区的"管辖"将影响中非能源项目的发展。俄乌冲突的爆发使得非洲的油气资源受到了欧洲国家前所未有的重视。意大利、德国等欧洲国家领导频繁访问阿尔及利亚、尼日利亚、尼日尔、塞内加尔等非洲国家，访问议题主要围绕能源合作和油气供给展开，内容包括重新开启西非天然气管道（以尼日利亚为起点途经11个北非和西非国家抵达摩洛哥）与跨撒哈拉天然气管道（尼日利亚—尼日尔—阿尔及利亚），增加向阿尔及利亚天然气的进口等。为填补制裁俄罗斯带来的天然气短缺，欧洲企业已经在能源合作领域加大对非洲国家的投资。中国企业在非洲传统能源领域的合作竞争压力陡增。

3. 非洲部分国家出台的政策缺乏连续性

2021 年以来非洲共发生 5 次成功的政变，超过此前 10 年的总和，非洲的政治与安全形势处于 20 年以来最为动荡不安的时期。在 2023 年，非洲需要进行政府选举的有 10 个国家，分别是南苏丹、刚果民主共和国、尼日利亚、马达加斯加、塞拉利昂、利比亚、苏丹、利比里亚、加蓬和津巴布韦。这 10 个国家除少数外，整个投票选举过程均在动荡和冲突过程中进行，政治安全隐患和不确定因素叠加。领导人的换届也可能会带来对中国合作态度的变化以及相关能源贸易政策的变动，这将影响中非双方未来能源贸易合作态势。

4. 非洲国家进行本土化立法提升了中非能源合作成本与风险

本土化立法主要的内容包括增加本地股权参与、在当地进行材料采购、技术转让、培训当地人员并提供一定数量的就业岗位等，非洲进行这样本土化立法主要涉及的领域之一就是能源投资。在投资管理方面，非洲国家的本土化立法要求外资企业需满足当地的持股比例要求，如此一来中方在企业的控制管理能力被大幅削弱。在原料采购方面，非洲相对来说落后的服务和产品使项目落实的难度升级，相应的采购成本也有所增加，甚至会出现投资企业需要的产品本地无力供应但依据法律又无法从其他地方采购的情况。在投资成本方面，非洲的本土化立法要求外资企业在当地雇用一定比例的员工，这不仅提升了员工劳动技能的培训成本还加大了企业的用人成本。随着非洲能源开发主体的显现，各国都逐渐采取本土化立法，中国企业对非洲能源投资面临着管控能力削弱、成本上升、利润下降等不利局面，这将使中方降低利润预期，同时也会打击中国企业在非洲投资能源进行合作的积极性。

中非新能源汽车合作发展报告

金水英　吴　晓[*]

摘　要：在全球汽车行业绿色低碳转型大背景下，中非新能源汽车领域合作深入发展。已有的合作项目具有地域覆盖范围广、注重本土运营、推广方式多样和合作效益明显等特点。在合作内容上，双方在矿产资源、动力电池、充电设施和整车领域合作上取得了显著进展。在中非绿色发展理念高度契合、生产要素互补性强，全球汽车产业向绿色低碳转型的背景下，中非新能源汽车合作前景广阔。然而，中非合作也面临着非洲国家的经济能力有限，基础设施薄弱，融资环境不佳、政治风险外溢等挑战。在高质量发展对策上，可以通过强化政策前瞻引领、深化基础设施合作、构建稳健金融生态和加强政治安全保障等方式，从而助力中非汽车产业合作高质量转型升级。

关键词：新能源汽车；中非合作；绿色低碳发展

一、引言

在汽车行业加速转型的新阶段，中非不断加快新能源汽车领域合作步

---

[*] 作者简介：金水英，浙江师范大学经济与管理学院（中非国际商学院）教授，硕士生导师；吴晓，女，浙江师范大学经济与管理学院（中非国际商学院）硕士研究生。

伐。2024年1月31日商务部召开的中非经贸深度合作先行区专题新闻发布会指出，中非贸易规模屡创新高，中国已连续15年保持非洲第一大贸易合作伙伴地位，中非贸易结构持续优化升级，2023年"新三样"产品出口实现较快增长，其中新能源汽车同比增长291%，有力支持了非洲绿色能源的转型[①]，为中非经贸合作持续注入新的活力。2024年初，南非贸易、工业和竞争部（DTIC）发布了《电动汽车白皮书》（初稿），这是南非也是非洲第一份关于电动汽车制造、销售和使用的政策声明，这份白皮书是南非汽车工业转型的决定性一步，也将给中国电动汽车产业出海非洲带来新机遇。[②]

二、中非新能源汽车合作现状

（一）中非新能源汽车合作的特点

1. 地域覆盖渐广

随着中非合作的日益深入，中国已在非洲多个国家开展新能源汽车合作项目，呈现出地域覆盖渐广的特点。目前，中国的多家车企如比亚迪、吉利、东风、长城、上汽、江淮等已经在非洲市场进行了布局。其中比亚迪品牌2004年进入非洲市场，目前的业务范围涵盖北非、西非、南非等地。在埃塞俄比亚，中国制造的大众ID车型已成为当地电动汽车市场的主流产品之一；在加纳，市场在售的有20多款中国制造的电动汽车，包括轿车、SUV和小型货车等车型；在津巴布韦和肯尼亚，比亚迪电动货车被广泛应用于物流和运输行业；在南非，上汽大通eDeliver 3和东风小康EC3是市场上的明星产品，

---

① 高雅. 商务部发布会答一财：中非经贸深度合作先行区助力非洲产业现代化［EB/OL］. 第 1 财经，https：//www.yicai.com/news/101978242.html，2024－01－31.

② 南非发布《电动汽车白皮书》：为南非乃至非洲电动汽车市场铺平道路［EB/OL］. 新华丝路，https：//www.imsilkroad.com/news/p/518833.html. 2024－02－18.

销量逐年增长。①

2. 注重本土运营

由于非洲地域辽阔，各国地理和人文环境迥异，中非新能源汽车合作项目在实施时高度注重适应非洲当地的自然条件和经济情况，加强人才本土化、供应链本土化、产品本土化等属地化运营竞争力。非洲客户比较看重三个汽车特点：一是性能好、油耗低；二是质量可靠；三是售后服务完善，在市场上容易找到配件。多数中国品牌汽车能同时具备这三个特点。② 2024 年，长城汽车继续深耕南非市场，将最先进、最适应当地需求的产品引进当地。以新能源越野 SUV 坦克 300 为头阵，还将陆续推出哈弗 JOLION Pro、坦克 500 等重点车型，来不断丰富产品矩阵。③ 2024 年 5 月，与东风小康合作的南非汽车进口商和经销商 Enviro Automotive 宣布，为了迎合当地民众需求，将在东风小康的厢式货车阵容中新增 EC35 的四座版车型，EC35 四座版车型是南非当地在售的性价比最高的四座电动车型。④

3. 推广方式多样

通过精心组织"中国 - 非洲新能源合作论坛"等国际性论坛和研讨会，双方得以在同一平台上深入交流和探讨合作机会，这不仅推动了多项合作项目的实施，还促进了新能源汽车技术的深入交流。同时，双方也采用一些大众化和贴近人心的方式增强市场认同感，为中国新能源汽车在非洲的广泛推广开辟了多样化的路径。例如，2024 年 3 月，比亚迪在科特迪瓦推出了纯电车型——元 PLUS。发布会特邀了当地知名双胞胎兄弟艺术家，他们在画布上展现了比亚迪品牌与当地文化精髓的深度交融，还邀请与会嘉宾亲自参与创

---

① 中国新能源汽车在海外市场受欢迎 [EB/OL]. 光明网，https：//world. gmw. cn/2024-01/31/content_37124149. htm，2024 - 01 - 31.
② 中国与南非汽车业合作前景广阔 [EB/OL]. 人民网，http：//world. people. com. cn/n1/2024/0122/c1002-40163477. html，2024 - 01 - 22.
③ 长城汽车坦克 300 南非上市引发媒体热赞 开辟豪华越野新品类 [EB/OL]. 坦克 SUV，https：//mp. weixin. qq. com/s/a36m5HqdiEMGXcxpECUKFw，2024 - 03 - 02.
④ Enviro Automotive 在南非推出东风小康和 SRM 鑫源新能源旗下的全新电动车型 [EB/OL]. Marklines，https：//www. marklines. com/cn/news/308151，2024 - 05 - 16.

作，并通过实时直播的方式向全球观众展示。① 长城汽车在南非积极与社会各界互动，进行能源转型的社会教育及科技普及工作，向当地学校捐赠了高效混合动力（HEV）车型的先进 DHT 变速箱和电池组总成，将中国新能源汽车的技术火种扎根当地。②

4. 合作效益明显

中非新能源汽车合作除了传统的直接出口，还包括海外投资建厂、并购等合作模式。在《联合国气候变化框架公约》第二十八次缔约方大会上，中国和非洲探讨了清洁能源领域的创新合作模式，例如，"小而美"项目，这些项目通常规模较小，但聚焦于民生和社区需求，能够更精准地满足当地市场的具体需求，为非洲国家带来了切实的经济、社会和环境效益。例如，在东非国家肯尼亚，中国公司比亚迪与当地新能源汽车公司合作，成功获得了 130 多辆电动大巴的订单。这一项目不仅提升了当地公共交通的环保水平，也为当地居民提供了更便捷的出行选择。③ 中国厦门金龙旅行车有限公司的 216 辆电动小巴通过完全拆卸方式（CKD）出口到埃塞俄比亚，并由当地公司负责组装和销售，买家包括公共交通服务提供商和政府机构等，增加了当地就业机会和司机的收入。④

（二）中非新能源汽车合作的主要内容

1. 矿产资源领域合作

在科技革命和产业变革的推动下，新能源汽车竞争的重心已前移至产业链的上游材料领域。中方与非洲各国开展关键性矿产资源开发合作，切实把

---

① 比亚迪亮相科特迪瓦 开启西非新能源汽车时代［EB/OL］. 比亚迪汽车，https：//mp. weixin. qq. com/s/-U0ze8i68lh9Gkp-AhBs3g，2024 – 03 – 29.
② 欧拉好猫斩获 TopGear 南非 2023 年度大奖［EB/OL］. 长城汽车，https：//www. gwm. com. cn/news/3403169. html，2023 – 12 – 19.
③ 非洲人爱上中国车［EB/OL］. 人民日报海外版，http：//paper. people. com. cn/hwbwap/html/2023-08/23/content_26012831. htm，2023 – 08 – 23.
④ 中国电动小巴驶上 "非洲屋脊"［EB/OL］. 新华网，http：//www. news. cn/silkroad/20240319/9dd392e50ef74b658a36368548ea2310/c. html，2024 – 03 – 17.

资源优势转化为双方汽车产业转型优势。非洲大陆蕴藏着丰富的矿产资源，例如，非洲拥有大量锂、钴、镍、铜等金属矿产资源，这些是新能源汽车生产必需的原材料。中国已经在非洲的钴和铜行业占据主导地位，对锂矿项目的投资也在稳健推进中。中国在非洲多个国家都完成了锂矿项目的建设或投产，在中方企业的主导下，将把2024年非洲开采的锂产量增至去年的三倍。①赣锋锂业在2023年9月发布公告称，将投入1.38亿美元增资非洲马里古拉米纳（Goulamina）锂矿，还与非洲锂资源公司建立了收益均等的合资伙伴关系，共同持有和运营覆盖面积超过2500平方公里的非洲锂产品组合，横跨科特迪瓦、几内亚、马里和津巴布韦。②2024年5月赣锋锂业又发布公告称，拟用3.427亿美元收购马利锂（MaliLithium）剩余股权，全面控股古拉米纳锂矿项目。2024年3月，洛阳钼业作为全球第一大钴生产商及全球领先的铜生产商，持有的刚果金TFM（Tenke Fungurume Mining）混合矿项目铜、钴月产量迎来历史新高，TFM已拥有五条铜钴生产线，跻身全球前十大铜矿山之列，也是全球第二大钴矿山。③2024年4月，中国五矿集团有限公司所属五矿资源在博茨瓦纳举行科马考铜矿接管仪式，标志着中国五矿投资收购这座保有铜资源量超过600万吨的大型铜矿项目圆满完成，提升了新能源汽车战略性资源供应保障能力。④每一个矿产合作项目，中国都进一步深化了与非洲国家的全面战略合作伙伴关系，这对于提升双方在国际舞台上的竞争力也具有积极意义。

2. 动力电池领域合作

动力电池是新能源汽车的核心，占据整车成本的比例很高，也是新能源

---

① 澳大利亚收紧出口，中国在非洲淘到"白金"[EB/OL]. 观察者网，https：//www. guancha. cn/internation/2024_05_04_733660. shtml，2024 - 05 - 04.

② 赣丰锂业在非洲成立合资公司，推进非洲锂矿资源开发 [EB/OL]. 搜狐网，https：//www. sohu. com/a/719879768_120215473，2023 - 09 - 12.

③ TFM 混合矿项目全面达产 年产45万吨铜 [EB/OL]. 洛阳钼业，https：//www. cmoc. com/html/2024/News_0323/265. html，2024 - 03 - 23.

④ 中国五矿圆满完成博茨瓦纳科马考铜矿收购 [EB/OL]. 中国五矿集团有限公司，https：// mp. weixin. qq. com/s/TnpMZ5s6LSHMcbdYzdhDTw，2024 - 04 - 29.

汽车技术突破的关键。中国不断挖掘非洲在动力电池领域的合作潜力，非洲大陆有望成为中国电池产业链关键增值阶段的主要参与者。摩洛哥作为首个签署并实施中国"一带一路"倡议协议的北非国家，依靠当地在地理位置、矿产资源、政策推进等方面的优势，已成为国内电池产业链企业对外投资的热门选地。2023 年以来，已有雅化集团、国轩高科、天赐材料、中伟股份、华友钴业、贝特瑞、中科电气等多家中国锂电企业进军摩洛哥市场（见表1）。例如，2024 年 4 月中科电气发布公告称，以间接投资方式设立摩洛哥项目公司，实施一项年产 10 万吨锂离子电池负极材料一体化基地项目，项目计划总投资金额不超过 50 亿元人民币。据英国基准矿业情报（Benchmark Minerals Intelligence）报道，摩洛哥将巩固其作为全球锂电池部件主产国的地位，中国公司对摩洛哥该行业的投资超过了 7 亿美元。此外，摩洛哥于 2024 年 3 月下旬宣布将建立国内首个专注于电动汽车电池生产的工业区，该工业区占地 283 公顷，初期投资预计 23 亿美元，而且就位于世界最大的磷酸盐出口商和生产商——摩洛哥磷酸盐集团 OCP（Office Chérifien des Phosphates）工业园的附近，为中非锂电池供应链合作带来了新机遇。①

表 1　　　　　　　　中国在摩洛哥的锂电池合作项目

企业名称	项目概况	合作时间
雅化集团	LG 新能源与中国锂化合物制造龙头企业雅化集团达成合作，共同在摩洛哥打造一个高品质的氢氧化锂生产基地	2023 年 4 月
国轩高科	摩洛哥政府与国轩高科达成初步共识，计划在该国投资建设一座规模庞大的电动汽车电池工厂，这项投资可能高达 63 亿美元，产能高达 100 吉瓦时	2023 年 5 月
天赐材料	天赐材料将通过全资子公司设立全资摩洛哥管理公司，专注于锂离子电池材料的生产及销售业务	2023 年 7 月

---

① 50 亿元！又一中国锂电巨头布局摩洛哥［EB/OL］. 深圳市电池行业协会, http://www.szbattery.org/news/market/1208.html, 2024-04-30.

续表

企业名称	项目概况	合作时间
华友钴业	华友钴业与韩国知名化学制造商LG化学联手在摩洛哥建设一座大型的磷酸铁锂工厂，并为其配套打造一座先进的锂精炼厂	2023年8月
中伟股份	中伟股份与摩洛哥皇室旗下的私募基金Al Mada达成战略合作，宣布共同在摩洛哥打造一座大型电池生产基地，建设集三元前驱体、磷酸铁锂以及废旧电池回收的一体化产业基地	2023年9月
贝特瑞	贝特瑞新材料集团宣布计划投资35亿元人民币，在摩洛哥建设一座新型锂离子电池材料工厂	2023年12月
中科电气	中科电气计划通过其控股子公司湖南中科星城石墨有限公司，以间接投资方式设立摩洛哥项目公司，实施一项年产10万吨锂离子电池负极材料一体化基地项目	2024年4月

资料来源：根据各投资企业网址资料整理。

3. 充电设施领域合作

新能源汽车充电桩作为新型基础设施七大领域之一，是新能源汽车产业发展的重要保障。非洲在构建高质量充电基础设施体系过程中，得到了中方的积极参与和支持。2023年11月，南非零碳电荷（Zero Carbon Charge）公司表示已经与中国的能源储备公司上海魔点以及他们在当地的合作伙伴绿能公司签署了备忘录，将会大量进口电车快充装置，并在南非全国推出120个快充电站，在这些电站建设大量的太阳能面板和电池装备，并由中国公司提供总能量为480千瓦的充电能力。[①] 2024年1月17~18日，应科特迪瓦政府邀请，中共中央政治局委员、外交部部长王毅对科特迪瓦进行友好访问，双边会谈结束后，两国外长共同见证签署中国政府为非洲国家杯足球赛向科特迪瓦政府赠送的6辆电动巴士和3个充电桩交接证书。[②] 2024年4月，广汽

[①] 面向普及电车的第一步！南非公司与中方合作引入大量快速充电桩［EB/OL］. 南非侨网，https：//mp. weixin. qq. com/s/tnDVZX93zdgXK_NyTce97g，2024 – 02 – 08.

[②] 中国和科特迪瓦外长联合新闻公报［EB/OL］. 环球网，https：//world. huanqiu. com/article/4GEThyFerD2，2024 – 01 – 19.

集团宣布已与华坚集团正式签署经销合作协议暨 KD 组装谅解备忘录，华坚集团将广汽的汽车销售、充电桩、储能、汽车零部件销售等业务引入位于埃塞俄比亚的华坚国际轻工业城。① 中非在充电基础设施的合作，不仅能保障客户需要从而促进新能源汽车的普及，而且是一种长远的战略投资，非洲大部分国家拥有丰富的可再生能源资源，通过建设充电基础设施，可以更好地利用这些资源，提高能源使用效率，增强能源安全和自给能力。

4. 整车领域合作

随着绿色低碳经济正成为新的经济增长点，中国与非洲国家在新能源汽车整合领域的联系越发紧密。整车出口是新能源汽车企业最直接的出海方式。对于电动汽车刚刚起步的非洲市场来说，低速电动汽车价格低、体积小等特质使其在当地拥有广阔的市场前景。2022 年上半年，中国低速电动汽车龙头企业雷丁与埃塞俄比亚非洲绿色科技集团达成新能源汽车整车销售及售后配套服务合作。比亚迪汽车在津巴布韦的官方授权经销商电动汽车中心也在引入由河南德力新能源汽车有限公司制造的 V7 低速电动汽车，并把它改装成适合当地市场的右舵车。② 不只是"老年代步车"，越来越多的中国新能源汽车品牌整车出口到非洲国家，例如，比亚迪、东风、奇瑞等。2024 年 3 月，比亚迪携纯电车型——元 PLUS 开启西非新能源汽车时代。③ 2024 年 6 月 27 日，哪吒汽车宣布在非洲的首家旗舰店已于 6 月 26 日在肯尼亚首都内罗毕开业。这是哪吒汽车的非洲首店，也是非洲右舵市场造车新势力首店，哪吒汽车全球化布局进一步扩大。④ 中国新能源汽车品牌正重塑非洲汽车市场格局，引领绿色出行新潮流。

---

① 广汽国际与华坚集团签署合作协议 拓展非洲及埃塞俄比亚市场 [EB/OL]. 腾讯网，https://new.qq.com/rain/a/20240412A02ANG00，2024 - 04 - 12.
② 中国低速电动汽车驶向非洲街头：我也希望拥有一辆"老头乐"[EB/OL]. 澎湃网，https://www.thepaper.cn/newsDetail_forward_20909884，2022 - 11 - 26.
③ 比亚迪亮相科特迪瓦 开启西非新能源汽车时代 [EB/OL]. 比亚迪汽车，https://mp.weixin.qq.com/s/-U0ze8i68lh9Gkp-AhBs3g，2024 - 03 - 29.
④ 哪吒汽车非洲战略启航，首战肯尼亚，共绘全球化新蓝图 [EB/OL]. 哪吒汽车，https://mp.weixin.qq.com/s/9Tusfh_lEtNYLntX0T8arA，2024 - 06 - 27.

三、中非新能源汽车合作的机遇

（一）双方绿色发展理念深度契合

借助共建"一带一路"倡议、中非合作论坛、"金砖+"等机制平台，中非不断拓展在新质生产力领域的高质量合作，中国已成为非洲汽车行业绿色转型的重要合作伙伴。2021年，中非合作论坛第八届部长级会议通过《达喀尔行动计划（2022—2024年）》和《中非应对气候变化合作宣言》，指出进一步加强中非应对气候变化南南合作，拓宽合作领域，在清洁能源等领域开展务实合作项目。2023年，中方发布《支持非洲工业化倡议》，强调将有关合作资源向支持非洲工业化项目倾斜，共同推动建设有特色、有产品、有政策保障的区域中心示范园区，支持非洲早日实现绿色、协调和可持续的工业化。2024年2月，中方发布《中非经贸深度合作先行区建设总体方案》，提出要深化重点领域合作，抓住非洲工业化、城镇化加快发展和非洲大陆自贸区建设带来的重大机遇，加快推动中非双方在数字经济、绿色低碳、交通物流等领域合作。2024年3月，中非智库论坛第十三届会议成功举行，双方共同发布"中非达累斯萨拉姆共识"——《中非智库关于深化全球发展合作的共识》，呼吁梯次接续新能源、信息技术、航空航天等高科技产业发展，坚持"共同但有区别的责任原则"应对气候变化，推动绿色发展。[①] 中非合作相关论坛会议以及政策文件，都见证了双方绿色发展理念的深度契合，为双方新能源汽车领域合作向更高水平发展奠定了基石。双方秉持绿色发展理念，深化合作、互利共赢，不断创造新能源汽车领域合作新机遇，落实了汽车产业绿色转型愿景。

---

① 深化全球发展合作——中非达累斯萨拉姆共识（中文）发布［EB/OL］.浙江师范大学非洲研究院，https：//ias.zjnu.edu.cn/2024/0309/c6141a461011/page.htm，2024-03-09.

（二）双方互补性生产要素支撑

生产要素包括自然资源、劳动力、资本、技术、数据五种。相比非洲国家，中国拥有丰富的新能源汽车生产要素，即资本、技术和数据。中国政府在新能源汽车产业发展规划（2021—2035年）中强调，要深化"三纵三横"研发布局，以纯电动汽车、插电式混合动力（含增程式）汽车、燃料电池汽车为"三纵"，布局整车技术创新链，以动力电池与管理系统、驱动电机与电力电子、网联化与智能化技术为"三横"，构建关键零部件技术供给体系。而非洲开展新能源汽车产业初级生产要素相对充裕，即自然资源和劳动力。2023年11月20日发布的《释放非洲在环境产品制造业未开发的潜力》报告显示非洲5个次区域的10个国家确定为环境产品制造中心，由于其可再生能源和关键矿产潜力，这些国家在可再生能源组件、电动汽车方面具有良好的投资前景。① 在双方互补性生产要素支撑下，中非在新能源汽车领域可以开创合作共赢之路。目前，非洲国家发展模式逐渐由原材料直接出口转向建立以原材料为基础的工业体系，从汽车行业转型过程对人力资源的需求来讲，非洲劳动力受教育程度较低，非洲可以充分利用中国先进技术与管理经验，为更可持续和更具竞争力的非洲汽车市场铺平道路。中方也可以充分利用双方合作带来的成本优势，助力中国新能源汽车国际竞争力的提升。

（三）全球汽车产业绿色低碳转型

虽然各国政府在禁售燃油车的问题上持有不同立场，但分歧主要是关于具体的禁售时间，在燃油车向电动化转型的大方向上，各国普遍达成了共识。2023年3月，欧盟达成协议，从2035年起禁售化石燃料新车，允许e-fuels

---

① 把握非洲环境产品制造业发展机遇［EB/OL］．中国贸易新闻网，https：//www.chinatradenews.com.cn/content/202311/23/c153858.html，2023-11-23.

合成燃料汽车在 2035 年后继续销售使用。① 2024 年 2 月，埃塞俄比亚交通和物流部宣布，将禁止燃油车进入该国，只对电动汽车提供豁免。此外，英国、挪威、美国部分州、加拿大、日本、新加坡，以及我国海南等国家或地区也有类似的禁令在筹划。② 除了政府层面出台汽车转型政策外，面对汽车电动化的大潮，越来越多的汽车企业（例如，宝马、大众、雷克萨斯、丰田、通用、比亚迪、北汽、长安等）也开始积极谋求转型，陆续提出停售燃油车的时间。③ 燃油车退出汽车市场是大势所趋，但是需要一个逐步过渡的过程，且高度依赖于技术创新、基础设施的完善、市场接受度等。中国新能源汽车产业的迅猛发展为全球汽车行业树立了绿色转型的典范。非洲国家正积极建设本土新能源汽车产业，尽管非洲汽车行业需要经历漫长的转型过程，但其蕴含的成长空间与合作潜力不容忽视。中非双方可以在新能源汽车领域携手同行，共同突破汽车产业逐步向绿色低碳转型过程中的壁垒，为全球汽车行业的绿色转型合作注入新的活力。

四、中非新能源汽车合作面临的挑战

（一）经济能力有限

可负担性问题是制约新能源汽车在非洲普及的关键因素。尽管中国新能源汽车的性价比高，但非洲多数国家的经济发展水平较低，失业率和贫困率高，对绝大部分消费者来说，一手新能源汽车的价格相对非洲当前主流的一手及二手燃油车而言仍然过高。由于非洲市场需求旺盛且进口限制相对宽松，

---

① 放弃"扼杀"内燃机，欧盟修正 2035 年"禁燃"协议［EB/OL］. 腾讯网，https：//new.qq.com/rain/a/20230330A06RB300，2023－03－30.
② 全球首个！这国宣布全面禁止进口燃油车［EB/OL］. 中国汽车报，https：//mp.weixin.qq.com/s/n7L1wGp1OROA-W18qxYGkQ，2023－02－05.
③ 欧美接连禁令，燃油车谢幕倒计时，新能源汽车"战争"爆发［EB/OL］. 澎湃新闻，https：//www.thepaper.cn/newsDetail_forward_21997917，2023－02－21.

大量二手车流入非洲市场，这些二手车主要来自日本、欧洲和美国。其中尼日利亚是非洲最大的二手车市场，二手车交易占尼日利亚汽车市场的95%以上，每年二手车交易量在70万辆左右，每年进口的二手车超过20万辆。[①] 尼日利亚作为非洲第一产油国，联邦政府对油价进行管制并进行补贴，其汽油价格远远低于全球平均水平，这使得新能源汽车在价格上相较于传统燃油车缺乏竞争优势，从而限制了其市场接受度。此外，对中国新能源汽车企业来说，海运问题很大程度影响新能源汽车在非洲国家的高性价比。目前中国拥有33艘汽车运输船，船队规模为世界第八位，当前的跨洋运输能力尚未能完全满足中国新能源汽车出口的巨大需要和潜力。[②] 中国新能源汽车海运线还面临复杂地缘政治问题影响，海运价格波动幅度大，严重影响中国新能源汽车企业出口成本和效能。

（二）基础设施薄弱

汽车产业的绿色低碳转型需要相应的高质量基础设施，二者是相辅相成的双向互动关系。电力供应是非洲大陆基础设施赤字最严重的部门，超过6亿人未获得电力供应。非洲制造企业的平均电力成本约为世界其他地区的4倍，接近60%的企业将基础设施落后视为其日常运营的最大障碍。[③] 非洲国家发电量不足且供电不稳定，而新能源汽车领域的发展高度依赖电力供应，这将加剧非洲的电力短缺问题。同时，大多数非洲国家的新能源汽车充电基础设施严重不足。这些充电设施主要由私营企业运营，地区分布不均，运营效率不高。此外，非洲很多地区终年炎热，地形以高原为主，荒漠化问题严重，恶劣的气候条件和复杂的地形也进一步增加了完善基础设施的难度，使得中非在新能源汽车领域合作中需要克服更多挑战。

[①] 非洲二手车"金矿"，尼日利亚［EB/OL］. 搜狐网，https：//www.sohu.com/a/776820266_139023，2024 - 05 - 07.

[②] 集装箱短缺、海运运费飙升，车企滚装船作用显现［EB/OL］. 观察者网，https：//www.guancha.cn/qiche/20240528736240.shtml，2024 - 06 - 07.

[③] 朴英姬. 经济自主之路：走向转型和一体化［J］. 世界知识，2024（3）：17 - 21.

（三）融资环境不佳

目前，非洲经济发展的各个领域普遍存在资金不足的现象，在绿色低碳转型领域尤为突出。非洲国家缺乏独立进行绿色低碳发展的能力，所需资金主要依赖外部供给。2023 年 5 月，总部位于南非的标准银行集团指出，在未来 10 年里，非洲将需要大约 7000 亿美元的融资，以扩大绿色能源开发和钴、铜和锂等关键能源转型金属的开采。然而，非洲银行无法提供所有的绿色能源开发转型所需的贷款，需要公共和私营部门全员参与，非洲当地和国际机构协调配合，才能填补绿色融资缺口。[①] 此外，据荷兰开发银行（FMO）风险投资项目技术援助基金出版的一份非洲和中东地区交通行业的报告，到 2040 年，非洲的公路运输资金缺口将达到 50% 左右。对新能源汽车运输系统详尽数据的掌握，可以吸引金融机构对新能源汽车领域进行投资。然而，目前非洲国家新能源汽车的运营往往缺乏规范的监管，大多数非洲国家政府缺少关于新能源汽车交通系统的全面数据，导致非洲新能源汽车领域的融资渠道相对不足，制约了整个行业的健康发展，从而阻碍中非双方新能源汽车领域合作项目的顺利开展。

（四）政治风险外溢

安全是高质量发展的基石。目前，非洲仍是充满高风险地缘政治事件地区。众多非洲国家将在 2024 年举行总统和立法选举，包括阿尔及利亚、博茨瓦纳、加纳等，选举周期会加剧政治风险是全球性现象。除了选举带来的不确定性，2020 年以来非洲地区军事政变的频率和成功率显著抬头，马里、几内亚、苏丹等国先后发生军事政变。[②] 此外，非洲国家执政党政策的延续性

---

① 非洲需要 7000 亿美元融资来扩大绿色能源开发［EB/OL］. 中国石化新闻网，http：//www. sinopecnews. com. cn/xnews/content/2023 – 05/12/content_7065750. html，2023 – 05 – 12.

② 非洲发展振兴呈现更多希望［EB/OL］. 光明日报，https：//news. gmw. cn/2024-02/03/content_37129370. htm，2024 – 02 – 03.

差也会导致其外资政策不稳定。非洲政治风险的严峻性将使其市场稳定性受损，影响投资者的信心。在此背景下，中国新能源汽车企业在非洲的投资和运营可能会遇到政治不稳定和安全问题，这些因素会影响中非新能源汽车合作项目的顺利开展和长远发展。

五、促进中非新能源汽车高质量合作建议

（一）强化政策前瞻引领

首先，非洲国家需要引导消费者对新能源汽车用车成本形成正确认知。随着新能源汽车的普及和全球禁售燃油汽车措施的推进，新能源汽车的购买和使用成本有望进一步降低。从长远发展来看，新能源汽车相对燃油车综合使用成本更低。其次，非洲国家政府要认识到新能源汽车的市场潜力，前瞻性地制定行业政策。例如，在二手燃油汽车进口方面，非洲国家政府可以通过二手汽车车龄和关税的限制，促进汽车行业的绿色低碳转型。在提高市场接受度方面，非洲国家政府可以鼓励新能源汽车企业采用分期付款、电池租赁以及整车租赁等方式提高消费者的经济负担能力。再其次，中方应修订援外人才待遇的管理规定，鼓励更多的专家团队对非提供技术支持和培训，助力非洲国家实现降低新能源汽车产业成本、增加本土就业机会等多重目标，促进绿色低碳经济发展。最后，中方政府应积极推动自主船舶运输的发展，在保障安全的前提下，逐渐放宽运输标准，鼓励中国新能源汽车企业与大型船厂和托运商合作，或者组建自营船队，以降低运输成本，助力中国新能源汽车加速出海。

（二）深化基础设施合作

中非新能源汽车合作离不开完善的配套基础设施。首先，中国作为非洲最大的基础设施投资来源国，要充分利用好已有的合作项目，动员多方主体

参与非洲交通基础设施和电力建设。其次，中国政府要采取有效的激励政策，鼓励有实力的中国企业充分发挥自身在快速充电技术、无线充电技术、智能调度技术等方面的优势，以非洲国家的实际情况和切实需要为出发点，建设更多能够为非洲绿色低碳发展提供驱动力的充电基础设施。最后，在全球绿色低碳发展的大背景下，中非双方要加强互联互通。中方要重点关注非洲国家在新能源汽车领域基础设施的近期和长期规划，更准确地把握双方的合作方向，确保非洲新能源汽车领域基础设施不仅能实现量的增长，而且实现质的飞跃，建设高质量基础设施体系。

（三）构建稳健金融生态

稳健的金融生态系统能够源源不断地为中非新能源汽车合作提供动力。《中非合作论坛——达喀尔行动计划（2022—2024）》强调了中非金融合作的重要性，并鼓励双方金融机构、投资基金等加强合作，支持非洲工业化进程。首先，中非双方可以设计能够吸纳外部公共资金和私人部门资金的新型金融产品，例如，探索利用绿色信贷、绿色债券、绿色基金等，来培育更加繁荣的本土资本市场，从而有效弥补非洲新能源汽车领域在资金方面的不足。其次，在发挥传统金融优势助力非洲新能源汽车产业发展的同时，双方也应依托数字经济合作优势，运用大数据、云计算、互联网等技术为中非新能源汽车合作提供数字金融服务。此外，中国新能源汽车发展的智能化趋势已经是产业发展最大的趋势之一，国内企业如华为、百度、小米等纷纷推动了新能源汽车从智能硬件到软件及服务的全链条协同发展。[1] 中方可以通过助力非洲新能源汽车产业智能化，更好地跟踪和了解新能源汽车用户的行为。依托新能源汽车智能化，提升非洲在数据管理与智能应用方面的能力，吸引多元主体对新能源汽车领域的投资。

---

[1] 向"智"向"新"加速布局 新能源车产业链升级提质［EB/OL］. 新华网，http：//www. news. cn/fortune/20240506/8720ea2c243c4ad992881ec0a2250423/c. html，2024 - 05 - 06.

（四）加强政治安全保障

中非新能源汽车合作以政治安全为前提。首先，非洲各国政府应积极行动，致力于维护本国政治局势的安全稳定。通过深化国家间的政治交流合作，提升非盟在冲突预防管理、冲突后重建以及和平建设等方面的能力，减少潜在的争议与分歧。其次，中非双方需进一步加强安全领域合作，构建高水平的中非命运共同体。双方政府要更为积极主动利用如中非和平安全论坛等双边或多边平台，为中国新能源汽车企业投资非洲提供更为详细和明确的政策指导和外交保障。最后，中国新能源汽车企业也应该向在非大型跨国企业学习经验，充分利用当地的资源，通过东道国的社交媒体、本地员工和社会组织等，深入了解当地的政治安全状况，加强风险预防和管理能力，助力中非新能源汽车合作高质量发展。

·案例篇·

国际小水电中心：小水电促进非洲可持续发展

黄 燕　董国锋[*]

摘　要：小水电是一种简单、分布式、成本低的清洁能源发电技术，中国通过开发小水电，解决3亿无电人口的用电，促进了农村地区可持续发展，中国小水电开发的政策技术经验为广大发展中国家提供了示范。非洲国家可以通过发展小水电，提供稳定及廉价的电力，助于解决其电力短缺问题，为当地提供更多就业机会，促进当地经济社会发展。国际小水电中心长期在非洲开展小水电国际合作，为非洲可持续发展提出了"中国方案"。

关键词：小水电；可持续发展；气候变化

---

[*] 作者简介：黄燕，国际小水电中心副主任；董国锋，国际小水电中心南南合作处处长，东南部非洲共同体市场（COMESA）访问学者。

一、引言

国际小水电中心成立于1994年，是水利部直属事业单位，联合国工业发展组织咨询机构和国际小水电联合会总部机构。中心积极响应联合国2030可持续发展目标，服务国家"一带一路"发展倡议，通过南南及三方合作，推动全球小水电发展。三十年来，国际小水电中心已为80多个国家提供了小水电技术咨询、可行性研究、设计、设备供货以及安装服务。通过举办"今日水电论坛"、发布《世界小水电发展报告》，编制国际标准等，有力推动了小水电实用技术和经验推广。2022年ISO技术管理局批准成立国际标准化组织小水电技术委员会（ISO/TC339），国际小水电中心作为秘书处承担单位及国内技术对口单位，开展相关工作。

（一）中国农村电气化的成功经验

小水电是一种国际公认的清洁可再生能源。中国水电发展是从小水电开始的，最早的水电站是1912年投产发电的云南石龙坝水电站（480千瓦）。中国小水电资源丰富，技术可开发1.28亿千瓦，广泛分布在全国1700多个县。小水电在中国农村电气化中发挥了重要作用，20世纪90年代，中国通过开发小水电解决了中国1/3的县、1/4的国土面积上的3亿无电人口用电（见表1）。[1] 全国建成小水电站4.1万多座，装机超过8200万千瓦，居世界首位。[2]

清洁、廉价和稳定的小水电有助于提高当地的社会、经济发展和环境保护（见表2）。除了发电外，小水电还具备灌溉、防洪、供水等多种功能，与风、光多能互补，能提高电力质量。

---

[1] 水利部农村水电及电气化发展局. 中国小水电60年[M]. 北京：中国水利出版社，2009.
[2] 徐锦才. 基于水利新质生产力的小水电绿色发展[J]. 中国水利，2024（3）：11-13.

表1　　　　　　　　　　　中国小水电发展大致特点

阶段	时间	特点	成果
第一阶段	新中国成立到20世纪70年代末	规模较小，发展缓慢，以分散独立供电为主	解决农村无电地区电力供应，使得1.5亿人告别了无电历史
第二阶段	从实行改革开放到20世纪末	国家鼓励地方政府和当地农民自力更生兴办小水电。激励措施如以电养电、农村电气化以及电力的自建、自管、自用等	解决了中国3亿无电人口用电，山区农村用电得到基本解决，为经济建设作出贡献，开创了中国特色农村电气化道路
第三阶段	进入21世纪以来前10年	发展思路和目标向可持续发展转变。在国家投资体制和电力体制改革的推动下，小水电得到了快速发展	实现跨越式发展，促进了地方经济发展和生态环境保护
第四阶段	党的十八大以来	重点转向提高小水电质量和效益，大力推进民生、平安、绿色、和谐的小水电建设	开展了小水电的技术改造，实施了小水电安全生产标准化建设、绿色小水电创建、小水电现代化提升等

资料来源：水利部农村水电及电气化发展局. 中国小水电60年 [M]. 北京：中国水利出版社，2009。

表2　　　　　　　　　　　小水电的主要作用

维度	内容
经济效益	· 对于偏远的离网地区，特别是降水较多的山区，是一种成本较低的发电方式 · 小水电的建设及后续运营提供了工作岗位，增加了当地居民的收入 · 小水电企业运行成本低，售电收入及缴纳税金提高了当地的财政收入 · 稳定、廉价的电力供应促进当地工业发展。原有的企业扩大生产规模，吸引开办更多的新企业，既增加了当地的就业机会，也为当地带来了税收
社会效益	· 解决偏远地区电力供应和农村居民生活用能问题 · 水电站的建设，给当地带来了新的基础设施。比如，提升了道路、建造了灌溉饮水系统、水渠等其他相关设施 · 由于电站提高了当地政府的公共收入，可用于提高当地的基础设施及公共服务
环境效益	· 小水电是国际公认的清洁能源，是一种基于自然的发电方式 · 小水电可以替代其他化石燃料或木材的使用，对减少森林砍伐、碳排放有积极作用

资料来源：笔者自制。

尽管小水电有上述的积极作用，我们仍应看到随着气候变化给所有能源系统带来了重大挑战，对水电造成最大的困难在于异常的气候变化使得水量变得难以预测。小水电开发涉及移民及征地等问题，即便实际上小水电本身对环境的影响不大，但是如果开发和管理不当，也会对环境和生态带来负面影响。

中国利用清洁能源解决农村电气化问题，为广大发展中国家提供了实际可行的方案。由于中国小水电取得的经验对发展中国家具有借鉴意义，早在20世纪80年代，联合国开发计划署、联合国工业发展组织等机构举办国际培训班、研讨会，向其他发展中国家推广中国经验，并通过在发展中国家开展示范项目等方式，推动中国小水电国际合作，传播中国农村电气化经验。1994年在联合国机构和中国政府部门的倡议下，20多个国家的政府部门和国际组织在中国杭州成立了国际小水电网（2007年以国际小水电联合会名称在民政部注册），国际小水电中心为其总部机构。

（二）打造全球小水电交流合作平台

世界不同区域，水能资源禀赋不同、经济社会条件不同，因此，小水电开发技术、管理水平存在很大差异。以中国为代表的先发国家小水电资源丰富，开发较快，在小水电技术、管理等方面积累了许多经验，为小水电后发国家提供了参考。对于相当多的后发国家，缺乏完整可靠信息、技术、设备、政策成为阻碍小水电发展的瓶颈。为此，2013年国际小水电中心与联合国工业发展组织共同编制发布了全球首部小水电行业的权威报告——《世界小水电发展报告》，报告每三年更新一次，通过持续收集、更新、整理、汇总世界小水电相关信息，包括小水电发展的最新状况、潜力、特点及成功经验，为更多发展国家提供参考范本，服务和引领全球小水电的发展。2022年版报告包含了166个国家报告、区域报告以及案例研究报告。报告的多语言版本在联合国工发组织网站上供全球免费下载。[1]

---

[1] UNIDO. World Small Hydropower Development Report（WSHPDR）2022 [R/OL]. https：//www.unido.org/WSHPDR2022，2022.

为了推动各国小水电政策技术交流及知识共享，自2005年起举办今日水电论坛系列会议，至2024年已成功举办十届，来自全球的上千位专家参加会议。其中，2008年第四届今日水电论坛在尼日利亚首都阿布贾举行，主题为"非洲小水电开发"，2018年第八届今日水电论坛在赞比亚首都卢萨卡举行，主题是"水电促进非洲工业发展"，并发布了《卢萨卡宣言》。

（三）促进中非小水电合作

国际小水电中心在亚洲、非洲、拉丁美洲开展了大量的小水电技术合作，特别是在非洲偏远离网地区发展小水电，既满足了当地照明需求，也为小规模生产提供了廉价稳定的电力供应。除了为非洲30多个国家的学员提供过小水电技术培训，国际小水电中心还在20多个非洲国家开展过小水电示范项目的技术合作，比较有代表性的工作有以下几项。

1. "点亮非洲"项目

2007年在联合国工业发展组织的支持下，国际小水电中心提出了旨在促进当地小水电开发的"点亮非洲"项目计划。该倡议包括两个方面的活动：第一，在喀麦隆、埃塞俄比亚、肯尼亚、利比里亚、马里、尼日利亚、塞拉利昂、乌干达、津巴布韦、赞比亚10个非洲国家边远农村地区建设村级微型水电站，促进非洲国家通过分散开发微小水电的方式实现初级农村电气化；第二，在塞拉利昂、赞比亚、津巴布韦、喀麦隆和尼日利亚5个小水电资源开发前景广阔、对水电发展态度积极的非洲国家建设示范性小水电站，为电力的生产性应用创造条件，促进当地社会经济发展。

在有关部委、国际组织和非洲有关国家政府部门支持下，国际小水电中心牵头在肯尼亚、尼日利亚和坦桑尼亚等国投产了14个100千瓦以下的微型水电项目，并在赞比亚、坦桑尼亚及尼日利亚实施了示范项目。在配合"点亮非洲"项目实施的同时，每年组织面向非洲国家的小水电技术、管理和在职培训，先后为非洲能源、水利等政府部门培训了200多名项目管理人员和工程师。在该项目倡议下，非洲多个国家开启了小水电发展之路。

2. 发展中国家成片开发小水电项目

"成片开发小水电项目"是在联合国工发组织包容和可持续工业发展（ISID）框架下，通过为埃塞俄比亚、尼日利亚、吉尔吉斯斯坦、缅甸和秘鲁等5个国家提供技术帮助，推动相关国家小水电技术及投资等工作。国际小水电中心组织专家在上述国家开展小水电技术咨询、可行性研究，并制订投资计划。2016年该项目在杭州召开了启动会，2017年起，中国专家组对尼日利亚、埃塞俄比亚、吉尔吉斯斯坦、缅甸等开展选点、测量和地勘工作，2020年完成所有工作，并提交项目成果。

3. 中国－赞比亚/加纳可再生能源技术转移项目[①]

中国－加纳/赞比亚可再生能源技术转移项目（RETT）是在联合国开发计划署（UNDP）框架下开展的可再生能源技术转移合作交流与能力建设，旨在提升非洲地区可再生能源使用率，响应"人人享有可再生能源"（SE4ALL）的倡议。该项目由丹麦政府资助，旨在通过向加纳和赞比亚等非洲发展中国家转移推广可再生能源技术，发展当地清洁能源产业，助力联合国2030年可持续发展目标的实现，由中国科技部21世纪议程管理中心、加纳能源委员会、赞比亚矿业能源与水利发展部共同实施。国际小水电中心牵头实施小水电技术转移示范及有关活动。项目期间（2015~2019年），中国专家赴赞比亚、加纳，进行小水电项目站址考察、可行性研究和现场教学，举办在华的小水电政策、技术、管理相关培训及研讨活动。完成了赞比亚小水电示范项目的可研工作，为加纳小水电示范项目供货。2019年加纳示范电站投入运营，加纳能源部部长亲临现场给予了高度评价。

（四）推动小水电标准联通工作

标准是国际公认的需共同遵守的准则和依据，在保障国家产品质量、促进商品流通、维护公平竞争等各方面都发挥着重要作用。中国小水电行业已

[①] 中国21世纪议程管理中心. 南南合作可再生能源技术转移模式探索［M］. 北京：科学出版社，2020.

形成比较完整的标准体系，然而国际上并没有形成统一的小水电国际标准。世界部分国家或地区小水电资料信息库不够完善，已有的小水电报告资料尚停留在地方层面，缺乏全国性或区域性的统计数据，特别是大小水电划分标准不清，大多数发展中国家尚未制定小水电标准。小水电技术标准还存在着发展不均衡、不协调、不统一等方面的问题，和小水电相关的标准和管理规定都分散在能源、水电厂、电力系统等有关标准中，而且一般都属于适用各类水电的通用标准，致使各国家和地区未能有效指导开展小水电规划和建设工作，在一定程度上阻碍了小水电的发展。根据世界小水电发展现状和需求，制定统一的标准，将有助于降低包括非洲在内的小水电后发国家的开发成本，开展小水电国际标准编制工作十分迫切。

2017年在联合国工业发展组织、中国水利部及国家标准委支持下，国际小水电中心正式启动了小水电国际标准工作，成立了国际标准编制委员会及国内外专家团队。2019年在第二届"一带一路"国际合作高峰论坛期间，联合国工发组织、中国水利部及中国国家标准委三方在北京签订的《关于协同推进小水电国际标准的合作谅解备忘录》①，极大促进国际标准工作。国际小水电中心与联合国工业发展组织一起，组织近200名专家编制了全球首部《小水电技术导则》②，共5卷26个分册。在此基础上，组织编制了3份ISO/IWA33国际标准：术语、选点规划、设计原则和要求，均由国际标准化组织（ISO）发布，这是中国首次通过国际研讨会（IWA）方式制定国际标准。

在国家标准委支持下，向国际标准化组织技术管理局（ISO/TMB）提交成立小水电技术委员会的提案，历经国际标准化组织成员国投票和技术管理局成员两轮投票，提案顺利通过。2022年5月底，正式获批成立国际标准化组织小水电技术委员会ISO/TC339。现有14个正式成员、15个观察员国家，

---

① 第二届"一带一路"国际合作高峰论坛成果清单 [EB/OL]. https://www.yidaiyilu.gov.cn/p/88219.html，2019.

② UNIDO, INSHP. Technical Guidelines for the Development of Small Hydropower Plants [EB/OL]. https://www.unido.org/our-focus-safeguarding-environment-clean-energy-access-productive-use-renewable-energy-focus-areas-small-hydro-power/shp-technical-guidelines，2019.

其中非洲国家有卢旺达、苏丹、乌干达、肯尼亚、尼日利亚及埃及。

二、非洲小水电发展

电力是现代社会发展的基石，电力有助于提高乡村教育水平、改善医疗保健、增强粮食安全并创造商业机会和就业机会，对于落实联合国2030年可持续发展议程具有重要意义。2022年全球有6.85亿无电人口，约80%生活在农村，一些国家的农村电气化进展落后于人口增长，形势不容乐观。据预测，2030年仍有6.6亿人无法用电，其中85%的人生活在撒哈拉以南非洲。[1]随着经济和人口的快速发展，非洲对电力的需求也在迅速增加，到2030年，非洲人口将占到世界人口的20%，非洲地区大力发展清洁能源刻不容缓。

（一）非洲需要能源转型

非洲包括小水电在内的可再生能源资源丰富，在全球气候变化的背景下，大力发展清洁可再生能源，提高电力普及，在促进经济发展的同时减少温室气体（GHG）排放，对实现生态环境保护和经济发展和谐统一有着重要意义。

根据国际能源总署的报告，当前非洲人口40%以上、约6亿人缺乏电力。尽管非洲各国都制定了本国的电力发展目标，但是目前只有科特迪瓦、肯尼亚、加纳和塞内加尔等国家达到或非常接近其目标，其他非洲国家，由于人口迅速增长，电力发展缓慢等因素，无电人口的数量继续上升。根据2023年《跟踪可持续发展目标7：能源进展报告》（SDG7），全球20个通电率最低的国家，有17个在非洲。因此，必须大力推动可再生能源发展，以实现全球可持续发展目标。

当农村社区电力供应得到保障后，当地工业及企业得以发展，为年轻人

---

[1] IEA, IRENA, UNSD, World Bank, WHO. Tracking SDG 7: The Energy Progress Report [R]. Washington DC, 2024.

提供了更多的就业机会。在促进经济社会发展的同时，为适应和减缓气候变化作出了贡献。除了解决无电人口用电外，农村电气化促进以电代燃料，为农村地区生产生活提供清洁燃料，减少由于不清洁的炊具给妇女儿童等脆弱群体带来的健康风险。2023年《跟踪可持续发展目标7：能源进展报告》（SDG7）指出，全球多达21亿人仍使用有污染性的燃料和技术进行烹饪，主要集中在撒哈拉以南非洲和亚洲。非洲70%的人口近9.9亿人缺乏清洁的炊事。撒哈拉以南非洲12%的家庭（主要集中在农村地区），通过使用电实现清洁炊事。中国的经验表明，开发小水电资源，解决生活燃料问题，既可以减少温室气体的排放又可以减少木柴砍伐，以及燃料进口。

因此，开发水电等可再生能源实现农村电气化非常重要，2013年非盟《2063年议程》提出发展愿景，包括了发展可再生能源、应对气候变化、提高农业生产、发展当地经济、减少贫困等目标，非洲各国为此制定了具体的政策目标（见表3）。

表3　　　　　　　　　　　　非洲各国的政策目标

政策	内容
公正能源转型伙伴关系（JETP）	塞内加尔、南非的JETP项目加速其电力领域中的可再生能源发展
对二手轻型车辆的监管	28个国家已经对欧Ⅲ及以上排放标准的二手轻型车辆进口采取了限制，并设置了8年及以下的年限（UNEP，2021）
清洁炊事政策	8个非洲国家已经设置了官方的目标，到2030年全面实现清洁炊事，23个国家也设置了相关的目标
电力可及政策	22个非洲国家设置了到2030年全面实现电力可及的目标，19个国家设置了相关目标
净零排放	15个非洲国家实现了到2030年的净零排放

资料来源：国际能源总署. 世界能源展望2023［R］. 2023：222。

(二) 非洲小水电发展现状

小水电是一项利用自然资源，简单、实用、低成本的清洁可再生能源解决方案。根据联合国工业发展组织发布的《世界小水电发展报告（2022）》，全球 10 兆瓦以下小水电的已知潜力（包括已开发容量）估计为 221.7 吉瓦，已开发小水电装机容量估计约为 79.0 吉瓦，占总量不到 50%。中国的小水电潜力占世界总潜力的约 29%，小水电装机占全球 53%，居世界第一。中国、美国、意大利、日本和挪威这五大小水电装机最多的国家的总和占世界总量的 71%。

电气化率较低的非洲，小水电潜力约为 15714 兆瓦，目前开发不到 5%，装机总量仅为 729 吉瓦。非洲大陆的气候和地形特征差异很大，北部和南部的小水电潜力差别很大（见图 1）。非洲现有小水电装机容量相对较低，但发展潜力巨大。小水电开发潜力受气候和地形影响较大，总体而言，东部和西部潜力巨大；东非的小水电装机容量为非洲最高（占非洲装机总量的 53%），仅开发不到 5%；南部非洲小水电潜力最小（见图 2）。

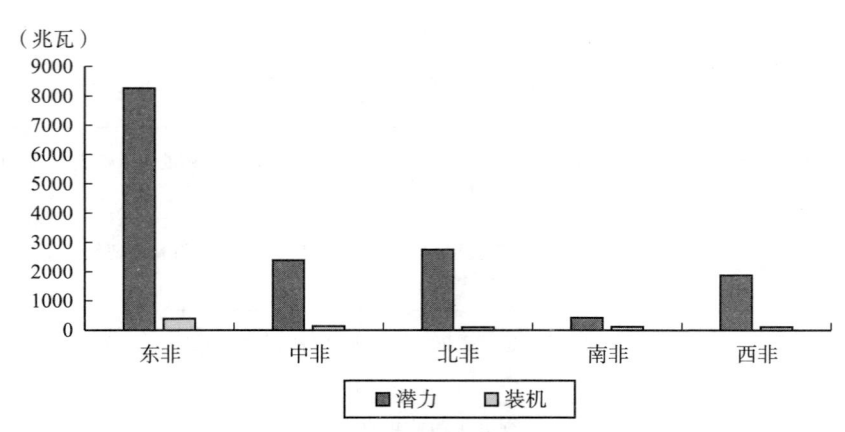

图 1　非洲各区域小水电开发情况（10 兆瓦以下）

资料来源：《世界小水电发展报告（2022）》。

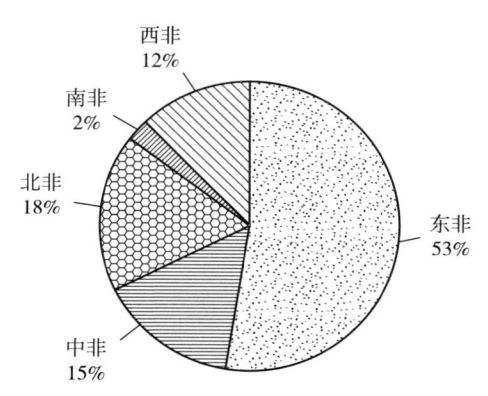

图 2　非洲各区域小水电未开发量（10 兆瓦以下）

资料来源：《世界小水电发展报告（2022）》。

根据《世界小水电发展报告（2022）》数据显示，非洲有46个国家有小水电资源。乌干达的小水电装机容量最高，为108兆瓦，肯尼亚的小水电潜力最高，为3000兆瓦。乌干达小水电开发非常迅速，根据《世界小水电发展报告（2022）》数据显示，20兆瓦及以下的小水电装机容量为186兆瓦，占可开发量的47%，该国小水电装机容量在东非地区遥遥领先。至2022年，有17个小水电项目正在建设中，此外还确定了20个潜在的小水电站址。2008年实施上网电价政策后，肯尼亚的小水电发展加速，但仍然有近25%的人口缺乏电力供应。肯尼亚茶叶发展局（KTDA）建造投产了20座小水电站，用于茶叶工厂的生产性应用，除降低茶叶工厂的成本外，多余电力出售给国家电网又增加了收入。至2019年，肯尼亚装机容量为10兆瓦以下的小水电总装机容量为66.26兆瓦，仅占可开发量的2%。

（三）非洲小水电发展的政策环境

非洲高度重视可再生能源的发展，在大陆层面、次区域层面、国家层面均制定了相应目标，并通过减少化石燃料补贴、抑制对化石燃料技术的新投资、促进可再生能源投资、提高能源利用效率等方式促进这些目标的实现（见表4）。

表 4　　　　　　　　　　　非洲可再生能源发展目标

层面	内容
在大陆层面	非洲发展银行提出关于非洲能源新政（New Deal on Energy for Africa），即利用上网和离网解决方案，到 2025 年实现 100% 的城市电力接入和 95% 的农村电力接入
	通过非洲可再生能源倡议、非洲电力愿景促进可再生能源的部署
在地区层面	非洲区域组织通过与成员国政府、多双边发展援助机构和其他国际机构协调，成立了专门负责协调能源计划和路线图发展的区域中心，支持可再生能源发展和能源效率提高
	西非可再生能源和能源效率区域中心提出，到 2030 年把可再生能源的比重提高至 48%。在南部非洲，这一比例为 39%。北部非洲国家则和阿拉伯国家联盟的其他成员国一起，设定了 12% 的可再生能源电力份额目标
在国家层面	非洲各国对可再生能源和能源效率的承诺体现在国家自主贡献（NDCs）文件、国家能源计划等设定的目标当中
	已有 53 个非洲国家提交了 NDCs 文件；在提交 NDCs 的国家中，约 40 个国家的文件包括了可再生能源目标

资料来源：武芳. 非洲可再生能源的发展与中非可再生能源合作［J］. 对外经贸实务，2022（6）：4-8。

然而非洲全面电气化还存在相当多的障碍，包括：缺乏对私人投资的激励措施、不适当的技术标准、普遍缺乏能力、行政障碍，增加了投资的风险（见表 5）。①②

表 5　　　　　　　　　　　非洲全面电气化的风险

类别	内容
政策风险	• 政策变动，缺少连贯一致 • 营商环境不佳，相关机制与监管框架缺失

---

① OECD. Linking Renewable Energy to Rural Development. OECD Green Growth Studies，OECD Publishing，2012.

② 王卫权. 中非可再生能源合作现状与建议［J］. 中国能源，2019（2）：44-47.

续表

类别	内容
社会风险	· 族群纠纷、治安问题 · 缺少相应专业人才，特别是工程的建设及运营管理需要专业人才 · 信息缺失，社会文化及政策障碍
市场风险	· 汇率大幅波动和货币不可兑换 · 电力购买者信用风险，可再生能源市场成熟度低
融资风险	· 财政资金缺乏，或者外债过高，无法获得外部融资 · 交易费用过高 · 国家缺乏有效激励措施，吸引私人投资
经济风险	· 缺乏建筑原材料和设备制造能力，导致建设成本增加 · 电网等基础设施建设严重滞后 · 高连接费用、向农村地区供电的高成本

资料来源：笔者自制。

三、非洲小水电发展案例

一个世纪以来，开发小水电与偏远山区农村电气化发展紧密相关。作为一个成熟的技术，小水电提供稳定廉价的电力，促进能源绿色转型，助力乡村可持续发展。根据世界银行的统计，2022年全球有43%的人口生活在农村，中低收入国家有48%的人口在农村，低收入国家达到65%。农村地区的繁荣需要持续、稳定、清洁、价廉的电力供应，水电等可再生能源能帮助发展中国家降低对化石燃料的依赖，实现能源转型。就地开发可再生能源，解决农业工业化过程中的电力供应，为年轻人创造就业机会，吸纳农业转移人口，就近就地城镇化。

中国继续引领世界小水电开发，开发量占全球总装机容量（10兆瓦以下）的53%，中国正在推动小水电绿色转型和现代化提升，助力乡村振兴和"双碳"目标实现。由联合国工业发展组织援助、中方机构执行的赞比亚西瓦安度小水电典型项目和尼日利亚塔拉巴州高山茶厂小水电典型项目，在促进当地经济社会全面发展和生产性应用方面发挥了不可替代的巨大作用，深受当地政府和百姓欢迎。

(一) 小水电推动当地社会经济发展

赞比亚西瓦安度 (Shiwangandu) 小水电站项目由国际小水电中心负责实施，于 2012 年 12 月投产发电，装机规模 1 兆瓦，电站地处赞比亚穆钦加 (Muchinga) 省的偏远农村地区，采用孤网的方式为该地区商户和居民供电。项目作为联合国应对全球气候变化、减少二氧化碳排放的示范项目，是"点亮非洲"首批示范项目之一，也是中国实施"点亮非洲"援助工程的第一个小水电站项目。联合国工发组织代表称赞该项目为"三方合作"和"南南合作"的典范。

该项目的实施，促进了当地社会经济发展。对该项目案例开展了多目标、多维度数据调查研究、比较分析，选取竣工发电年份 2012 年，以及生产活动较为活跃 2019 年两个时间节点，对西瓦安度区水电站周边地区植被覆盖度和人类活动（荒地开垦、新增定居点和城镇扩张）等方面变化进行分析，展现小水电的建设给当地经济社会发展带来的巨大变化。

项目竣工发电时有效负荷仅为 25 千瓦（2012 年底），至 2023 年 3 月，当地有效负荷约 800 千瓦，增加 30 余倍，项目对当地经济社会带动作用非常明显。通过遥感影像分析，水电站周边地区植被覆盖度和人类活动明显，该项目的建设大大促进了电站周边生态保护和经济社会发展，减贫减碳作用显著。

西瓦安度等示范项目的开展有利于中国与非洲国家间的水利合作，提高了中国的国际影响力，将中国小水电多年发展的成果和经验与广大发展中国家共享，用中国方案帮助其提高技术水平、管理理念及能力建设，从而更好地推动发展中国家小水电成片开发，为促进全球水利事业的和谐发展提供中国智慧。

(二) 生产性应用促进小水电开发

1. 坦桑尼亚 Kiliflora 小水电站项目

Kiliflora 农场位于坦桑尼亚北部阿鲁沙 (Arusha) 行政区，是坦桑尼亚最大的玫瑰种植园，每天该农场收割下来的玫瑰经过粗加工运往世界各地。该农场目前有 50 公顷土地用于种植玫瑰及辅助填充植物，雇佣来自周边村落约 1100 多名的劳动力，从事种植及鲜花加工。坦桑尼亚阿鲁沙地区电网电压不稳定且经常断电，严重影响了农场的日常生产用电和周边居民的生活用电，为此农场生产严重依赖自备柴油发电设备。

农场附近有一条小河，具备建设小水电站的条件。在联合国工业发展组织的推动下，实施了 Kiliflora 农场小水电项目。电站装机规模 230 千瓦，2016 年国际小水电中心专家多次前往现场进行咨询，并组织中国制造厂家提供设备及指导当地土建，2017 年 1 月项目投产发电。

电站发电以后，主要给该农场里的玫瑰保鲜加工车间供电，确保农场稳定生产外，可为农场每年节约大约 25 万美元的柴油发电费用，有效提高了农场的经济效应，还向周边社区居民生活用电，使当地居民减少对木柴的依赖，保护当地原始森林。

2. 尼日利亚塔拉巴州高山茶厂小水电项目

尼日利亚塔拉巴州高山茶厂小水电项目坐落于尼日利亚东部塔拉巴州（Taraba State）蒙贝拉（Mambilla）高原地区卡卡纳（Kakara）镇，东面与喀麦隆接壤，电站利用已有灌溉水库改造发电，装机容量 400 千瓦。该电站由国际机构与尼日利亚塔拉巴州政府共同出资建设，国际小水电中心承担水电设备供货与安装调试等工作，电站投产后主要向当地国有茶叶加工厂（Mambilla Beverages Nigeria Limited）供电。

电站建成前茶厂每天运行 18 小时，使用柴油发电，每小时柴油 50 升。2014 年 3 月电站投产发电，为当地茶叶工厂提供生产性用电和社区生活用电。由于有了稳定的电力保障（水电站 24 小时运行），促进了茶叶加工扩大生产规模（电站建成前平均每天生产 15~20 吨高山茶，电站建成后每天生产 30~37 吨高山茶），带动附近更多的喀麦隆难民和无业人口实现就业（2022 年茶厂雇工比 2014 年增加了 80%），电站职工工资不再有拖欠情况。因此，该项目经济社会效益和环境效益亦十分明显。

(三) 小水电减缓气候变化

1. 小水电在减缓碳排放中的作用

小水电是一种清洁、可再生，且对环境友好的能源。人类活动导致的温室气体排放正改变着全球能源和气候模式，小水电作为一种重要的可再生能源，对于减少温室气体排放和减缓全球变暖作出重要贡献，对于保障能源供应尤其是农村地区能源安全不可或缺。根据世界能源理事会（WEC）的数据，径流式和水库式水力发电每百万度电，分别产生 3~4 吨和 10~33 吨的二氧化碳排放量，比传统火力发电的二氧化碳排放量少近 100 倍。[①] 而小水电项目更具有分布广泛、分散开发、就地成网、就近供电、发供电成本低等特点，是大网的有益补充，为地方经济的发展提供了安全可靠的能源基础，在推动实现减排等方面，发挥了独特的作用。

小水电具有一定调节能力，其定位从传统的发电为主，转向发电与调节并重，实施多能互补与储能改造，可获得调节电网、消纳新能源的能力，目前正在得到越来越多国家政府和国际机构的重视。要增强小水电的调节能力，支持小流域风光水蓄储多能互补，利用当地新能源资源，建设分布式光伏、风电系统，充分发挥小水电快速调节、储能优势和现有电力输出通道能力，推进区域电网光伏、风电等新能源开发和应用，进一步提高电网调节能力和新能源消纳能力。国际小水电联合会总干事、国际小水电中心主任徐锦才认为，小型水电站的更新改造将为小水电深度参与风、光等可再生能源多能互补，推进农村能源革命，助力我国"双碳"目标的实现发挥更大的作用。[②]

2. 小水电在应对气候变化中的作用

全球变暖表现在空气温度升高使得大气持水能力增加，降雨模式发生变化，降水概率增大、强度增强，暴雨发生概率加大，极端强降雨气候事件发

[①] World Energy Council. Comparison of Energy Systems Using Life Cycle Assessment：A Special Report of the World Energy Council [R]. London：World Energy Council, 2004.

[②] 徐锦才. 基于水利新质生产力的小水电绿色发展 [J]. 中国水利, 2024（8）：11-13.

生呈频率增加强度增大趋势。创纪录的干旱和洪水正在严重威胁着世界各地。近几年里，这种现象以 2021 年 7 月郑州暴雨、2023 年 8 月初的京津冀暴雨，2024 年 4~5 月肯尼亚、坦桑尼亚、巴西、巴基斯坦等多国暴雨等为典型。具有调节能力的小水电通过水库提前放空或降低水库水位等措施，让水库的蓄水作为气候变化的缓冲器，可有效应对洪水危害，发挥防汛、防洪作用，防止下游出现洪灾，保障人民生命财产安全。

全球变暖也同样表现在地表潜热增加导致蒸散发加强，使得高温热浪及干旱事件频次增加、范围扩大。近年来，全球的极端天气频发，2024 年 4 月以来，创纪录的热浪席卷南亚和东南亚，印度和缅甸局部地区气温超过 47℃，在赞比亚、津巴布韦等国家，2024 年的雨季并未如期有效降雨，造成了区域严重干旱和农作物减产。具有调节能力的小水电在抗旱储水、水源涵养和保障饮水安全等方面具有明显优势，对于应对气候危机造成的人畜饮水挑战和粮食减产具有积极的减缓作用。

极端气候的发生进一步凸显了小水电的气候适应能力，也挖掘了小水电应对气候变化的潜力，水电、风电和太阳能发电将产生重要的协同效益，充分发挥具备一定调节能力的小水电在电力系统中调节电源作用，为小水电融入光伏、风电等可再生能源多能互补，促进更多清洁能源一体化利用提供了更多理想场景。

四、中非小水电合作的建议

综上所述，小水电对于促进发展中国家民生改善和经济社会可持续发展具有重要作用，小水电的可持续开发利用对于联合国 2030 年可持续发展议程 SDG7 经济适用的清洁能源目标的实现提供了重要支持，分布式的面向生产性应用的小水电开发值得大力推广。

但也应该看到，我国在非洲的可再生能源合作也面临自身的投融资能力欠缺、政策促进与支持力度不足、设备和技术标准认可度不高等问题，在与欧美发达国家的市场竞争中已显滞后。

（一）资金支持方面

大多数非洲国家基础设施薄弱、电力短缺、经济实力基础差、能力建设相对落后，完全依靠自身力量开展小水电建设还远远不够，且大多数发展中国家的融资能力较差，需要通过相关政府部门、国际组织或我国的援外渠道给予资金上的大力支持，尤其是水电工程项目前期投入较大，在没有专项援助经费的情况下，相当一部分合作项目的开展受到制约。

（二）技术推动方面

大多数发展中国家普遍技术水平不高，设备制造水平落后，从水能资源规划、选点勘测、可行性研究、设计施工、运行管理等各环节均缺乏技术力量，尤其是缺乏相关技术标准，相当一部分国家生硬套用欧美标准，不符合当地实际情况，成为合作过程中的一大阻碍，亟须以"一带一路"水利合作为契机推动我国参与国际标准制定工作，推动水利标准"走出去"。

（三）人才建设方面

加大对非人才培养力度，在《中非人才培养合作计划》指导下，面向非洲国家治理能力现代化、面向经济社会发展、面向科技创新增效、面向民生福祉改善，加强小水电和可再生能源领域技术转移、教育培训等能力建设合作，继续开展好商务部援外人力资源培训项目，结合中非双方在小水电和可再生能源等方面合作项目契机实施管理方面培训、技术转移以及职业技能方面培训活动，开拓中非双方合作单位商业培训项目策划和实施。加强双方人员交流，继续开展有关高校对非学历教育合作，不断输送中方专家到非洲有关国际机构或高校开展访学或项目交流，促进中非双方国际人才培养双向互动发展。

最后，展望未来小水电开发，在发展模式上除了发挥小水电发电作用外，还需要大力研究和利用小水电的调节功能开展基于小水电的水光互补等多能互补研究和实践，研究和开展以小水电为中心的"水－能源－粮食"纽带关系项目示范，扩大区域可再生能源稳定供给，为非洲当地经济社会可持续发展、为保障当地农业生产和促进粮食生产提供优质清洁高效的可再生能源支撑。

让"小而美"的小水电不断点亮非洲，造福非洲！

浙非风能合作：浙江振石埃及生产基地

周宇欣　朱荣军[*]

摘　要：在全球各国不断加快可再生能源发展的有利局面推动下，浙江的新能源企业加快了"走出去"的步伐，为浙非的能源乃至经贸合作提供了重要的动力。浙江振石新材料股份有限公司基于"靠近客户、贴近市场、以外供外"的战略思想，在埃及开罗苏伊士经贸合作区的泰达工业园区内投资设立了恒石埃及纤维织物股份有限公司，主要用于生产风电叶片所需要的玻璃纤维织物，产能已达4万吨。作为非洲地区最重要的玻璃纤维生产基地，为中东地区、欧洲地区以及埃及的风电发展提供了重要的原材料支持，有效地助推了埃及地区的能源绿色低碳转型。本文梳理了埃及的风电发展现状与现实需求，分析了恒石埃及生产基地的发展历程与发展战略，指出了该生产基地作为"浙江振石"连接浙江与非洲地区的重要桥梁作用，最后结合埃及的可再生能源发展需求提出了进一步加强"浙非能源合作"的经验与建议。"浙江振石"坚持以自身市场需求与发展需要为战略导向，明确"走出去"的战略目标，在助力非洲

---

[*] 作者简介：周宇欣，浙江师范大学经济与管理学院（中非国际商学院）应用经济学硕士研究生；朱荣军，浙江师范大学经济与管理学院（中非国际商学院）讲师。

能源绿色低碳转型的同时，不断加强自身的发展，为浙非能源合作提供了健康持续的动力。

关键词：风能；浙江振石；玻纤织物；绿色低碳转型；浙非能源合作

一、引言

为有效应对气候变化，全球各国政府不断加快能源系统的转型升级，提升终端能源消费的电气化水平成为了关键手段。根据英国石油公司（BP）发布的《2023年世界能源展望》预测，电力在终端能源消费总量中的占比将从2019年的20%左右提升至2050年的33%~50%。[1] 丰裕的风能资源以及风能领域的快速技术革新，使得风电的成本优势日益凸显，风电成为了全球电力发展的重要组成部分。当前，全球风能装机容量的增长与风电消费占比的上升主要由中国与发达国家主导，其中又以中国的作用最为显著。中国在风电发展领域拥有完整的产业链，不仅为国内的新能源产业发展提供了重要动力，而且通过积极的"走出去"战略为全球其他国家的新能源发展提供了重要的经验借鉴。浙江振石新材料股份有限公司（"浙江振石"）作为风电产业链前端的玻璃纤维织物制造龙头企业，在埃及开罗苏伊士经贸合作区的泰达工业园区内投资设立了恒石埃及纤维织物股份有限公司（"恒石埃及"），积极助力非洲地区的风能产业链发展。本文以"浙江振石"的埃及生产基地为例，分析浙非能源合作的新模式，为浙江新能源产业"走出去"，助推非洲新能源产业发展提供宝贵经验。

---

[1] Bp. Energy Outlook 2023［EB/OL］. BP，https：//www.bp.com/en/global/corporate/energy-economics/energy-outlook.html?_ga = 2.153555640.1276197318.1720147237-1229512931.1720147237，2023 – 07 – 05.

二、浙江振石新材料股份有限公司概况

"浙江振石"成立于 2000 年 9 月 7 日，注册地位于浙江省嘉兴市桐乡经济开发区，注册资本为 14.79 亿元，是振石集团旗下专业从事新能源高性能复合材料研发与生产的高技术企业。经过多年的发展与多元化战略的快速实施，"浙江振石"在"风、光、电"等多个细分赛道实现行业领先，风电基材生产居行业首位，全球市场占有率位列第一，是国家高新技术企业、国家知识产权优势企业以及制造业单项冠军。[①] 中国国际金融股份有限公司于 2023 年 7 月 13 日向中国证券监督管理委员会浙江监管局提交《关于浙江振石新材料股份有限公司首次公开发行股票并上市辅导备案》，并在 2023 年 7 月 17 日获得辅导备案受理，公司申请上市所属行业为"C3061 玻璃纤维及制品制造"。

（一）公司发展历程

按照"靠近客户、贴近市场、以外供外"的战略思想，"浙江振石"先后在埃及、土耳其投建高性能复合材料生产基地。截至目前，公司拥有浙江桐乡、河南信阳、埃及苏伊士以及土耳其泰基尔达等 7 个生产基地，产品远销全球 30 多个国家与地区，在国内外市场上都享有较高的信誉度。目前，公司与国际上包括维斯塔斯、西门子以及歌美萨等在内的多家知名风力发电设备制造企业建立了良好的业务合作关系（见表 1）。

"浙江振石"始终坚持以"成为全球风能基材制造的领军企业"为目标，深耕于风力发电叶片的玻璃纤维织物与复合材料研发与生产。2022 年，"浙江振石"的风能用玻璃纤维增强材料产品占全球的市场份额达到了 37%，国内市场排名第一。

---

① 浙江振石新材料股份有限公司官网［EB/OL］，https：//www.zhenshi.com，2024。

表 1　　　　　　　　　浙江振石新材料股份有限公司的发展历程

时间	主要内容
2000 年	桐乡恒石纤维基业有限公司成立，专业从事风电用增强玻纤织物的研发、生产和销售
2004 年	振石控股集团收购了恒石，成立中美合资企业——恒石纤维基业有限公司
2014 年	恒石进军埃及，投资建设恒石埃及苏伊士工厂
2015 年	中国恒石基业有限公司成功在香港联交所主板挂牌上市（01197.HK）
2016 年	恒石进军美国，投资建设恒石美国南卡工厂
2018 年	恒石进军土耳其，投资建设土耳其泰基尔达工厂
2019 年	中国恒石基业有限公司私有化计划生效，自香港联交所退市
2020 年	收购华美厂房

资料来源：浙江振石新材料股份有限公司发展历程［EB/OL］. 浙江振石新材料股份有限公司官网，https：//www.zhenshi.com/about#development-history，2024。

（二）技术实力与创新能力

"浙江振石"拥有单轴向织物系列、双轴向织物系列、三轴向织物系列、四轴向织物系列以及碳纤维织物系列等全系列产品，主要应用于风力发电叶片基材的制作。经过 20 多年的发展，"浙江振石"在"超高模量单轴向织物研制开发，实现叶片 100 米长度突破""玻璃纤维织物快速导流""开发聚酯和聚氨酯体系织物"方面具有技术和工艺上的国际领先地位。[①] 拥有专业从事玻璃纤维、玻璃纤维织物、复合材料检测的测试机构。该中心先后通过中国合格评定国家认可委员会（CNAS）的认可以及全球风电行业权威认证机构 DNV-GL 的权威认证，拥有自主专利技术 150 余项，专业的技术团队多达 300 余人，实验室的占地面积 5000 多平方米，各类仪器设备多达 200 余套，设备总值高达 5000 多万元。[②]

---

① 浙江振石新材料股份有限公司 2023 年度绿色低碳发展报告［R/OL］. 浙江振石新材料股份有限公司官网，https：//www.zhenshi.com，2023.
② 浙江振石新材料股份有限公司官网［EB/OL］. https：//www.zhenshi.com，2024.

（三）市场地位与影响力

"浙江振石"研发与布局玻纤拉挤板的市场相对较早，截至目前已经在生产规模、技术研发、工艺装备以及产品质量等方面建立了核心优势，相比于行业内的同类产品，这些产品具有高性能、低载荷、高发电量以及低成本等显著优势，获得了国内外诸多大型风电厂商的广泛认可。目前已为我国最长的陆上风电叶片制造厂商持续提供产品，产品的规模与销量已经连续两年被中国复合材料协会认定为行业第一。2020年，"浙江振石"的风电基材业务成功地规避了欧盟实施的双反制裁，反而在当年实现了产能、销量以及收入的同比翻番增长。目前，"浙江振石"的风电基材全球产能超过了50万吨，在全球范围内稳居行业第一。

三、埃及的风能发展现状

在经济增长的推动下，埃及的能源消费量保持持续增长的态势，一次能源消费量由2013年的3.50艾焦稳步地增加到了2023年的3.94艾焦，仅次于南非的4.85艾焦，年均增长率达到了1.2%。[①] 但是，埃及的能源消费结构以天然气与石油为主，可再生能源的消费量尚处于较低的水平。2023年，天然气与石油的消费量分别为2.16艾焦与1.49艾焦，水电的消费量为0.13艾焦，煤炭的消费量为0.05艾焦，可再生能源（不包括水电）的消费量仅为0.10艾焦。[②]

为优化国内能源结构，推动能源消费结构的绿色低碳转型，同时有效地解决电力短缺问题，埃及政府不断加大对可再生能源发展的支持力度，从资金、政策等诸多方面全面推动可再生能源的开发与使用。在过去的十几年，埃及的可再生能源发展取得了长足的进步。可再生能源消费量（包括水电的

[①②] Statistical Review of World Energy 2024 [R/OL]. The Energy Institute, https://www.energyinst.org/statistical-review, 2024-06-19.

消费量）由 2013 年的 0.15 艾焦稳步地增加到了 2022 年的 0.23 艾焦，年均增长率为 4.8%。可再生能源的装机容量快速增加，其中风能的装机容量更是由 2013 年的 555 兆瓦增加到了 2023 年的 1890 兆瓦。[①] 根据埃及政府在 2020 年发布的《2035 年综合可持续能源战略》，到 2035 年，埃及政府计划将可再生能源的装机容量达到 61 吉瓦的水平，其中风能的装机容量将达到 18 吉瓦，42% 的电力将由可再生能源提供。[②] 未来十年，埃及的风能行业将迎来黄金发展机遇。

埃及的风能资源非常丰富，尤其是苏伊士湾，是全球最大的风能积聚地区之一。《埃及风图集》指出，苏伊士湾西部、尼罗河两岸以及西奈半岛部分地区存在风速较高的地区，能够建设诸多大型的风力发电场。但是，埃及的风能产业链发展相对较为落后，为促进风力发电的快速发展，埃及政府与相关机构颁布了各类支持政策。一方面，埃及政府颁布实施了多项旨在促进可再生能源发展的法律，包括 2014 年颁布的《可再生能源法》，2015 年颁布的新《电力法》以及 2017 年颁布的《投资法》等。在这些法律的指导下，埃及政府积极引入了包括上网电价、竞争性投标等在内的多种发展计划，为可再生能源的发电提供了非常重要的支持。另外，埃及政府也推出了多项旨在促进可再生能源发展的制度安排，如可再生能源电力的上网电价与上网电价补贴制度等，并允许可再生能源电力按照定价获取卖电的收入。可再生能源的发电项目可以享受减税政策，可再生能源项目的资本组成部分只需要缴纳 5% 的增值税等。埃及政府还开放了部分国有土地，并专门划拨了一部分土地用于可再生能源项目的建设。根据签订的土地用益权协议，向投资者划拨对应的土地，风电相关项目的土地用益权协议期限为 20 年。

---

① Statistical Review of World Energy 2024 [EB/OL]. The Energy Institute，https：//www.energyinst.org/statistical-review，2024 – 06 – 19.

② 对外投资合作国别（地区）指南 [EB/OL]. https：//www.mofcom.gov.cn/dl/gbdqzn/upload/aiji.pdf，2023.

2023年6月6日，阿布扎比未来能源公司（PJSC-Masdar）携手非洲最大的可再生能源开发商无限功率公司（Infinity Power）与致力于可持续基础设施投资业务的哈桑·阿拉姆建筑公司（Hassan Allam Utilities），与埃及新能源和可再生能源管理局签署了一项在埃及建造10千兆瓦的陆上风电场建设项目的协议，该风电场将成为世界上最大的项目之一，项目价值超过了100亿美元。[①] 埃及政府不断加大对风电发展的投入，在非洲大陆的大型风电场开发与建设中发挥着重要的领航作用。

四、"恒石埃及"生产基地

2014年，"浙江振石"在埃及苏伊士经贸合作区的泰达工业园内启动了10000吨的玻纤织物生产线建设项目，计划的总投资金额大约为3500万美元。2015年6月，该项目顺利投产，共建成了包括单轴向织物与多轴向织物等在内的生产车间以及30余条生产线，开启了"浙江振石"的玻纤织物"以外供外"的全新格局，生产基地的产品主要销往中东地区与欧洲，被广泛应用于风电的叶片生产。与此同时，借助埃及丰富的风能资源，为埃及苏伊士地区大型风电项目的建设提供了重要的原材料支持。

（一）项目背景

1. 全球风电发展不断提速，对玻纤织物的需求量大幅度上升

为有效应对气候变化，全球各国不断加大对可再生能源发展的支持力度，风电成为了各国发展的重点。从表2可以看出，2013～2023年，全球风电装机容量增加了239.16%，年均增速达到了13%。其中亚太地区的风电装机容量最高，在2023年占全球风电装机容量的比例高达51.2%。欧洲地区与非洲地区的风电装机容量在2023年分别达到了268708兆瓦和8654兆瓦，占全

[①] 阿联酋和埃及推进非洲最大风电场的开发［EB/OL］. https://www.wam.ae/zh-CN/details/1395303166192，2023–06–07.

球的比例分别为 26.4% 与 0.9%，是亚洲地区之外非常重要的两个增长点。

表 2　　　　　　　全球各国与地区的风电装机容量　　　　　　单位：兆瓦

国家（地区）	2013年	2014年	2015年	2016年	2017年	2018年	2019年	2020年	2021年	2022年	2023年
埃及	555	555	755	755	755	1130	1132	1380	1640	1643	1890
摩洛哥	495	797	797	902	1022	1225	1225	1435	1471	1558	1858
南非	257	569	1079	1473	2094	2094	2094	2516	2495	3163	3442
突尼斯	200	233	240	240	240	245	245	245	245	245	245
其他非洲国家	235	245	449	461	467	777	832	938	1058	1136	1219
非洲地区	1742	2399	3320	3831	4578	5471	5528	6514	6909	7745	8654
北美地区	70121	76693	87252	97526	104261	111662	123597	139394	154433	164257	172327
欧洲地区	120927	133819	147496	161436	177068	188721	203610	216638	232034	251575	268708
亚太地区	103438	128868	166727	189211	211165	236246	266294	342892	396278	437956	520912
全球	299914	349417	416335	466956	515045	563840	622773	733719	824602	901231	1017199

资料来源：Statistical Review of World Energy 2024 ［EB/OL］. The Energy Institute，https：//www.energyinst. org/statistical-review，2024 - 06 - 19。

从图 1 可以看出，风力发电的产业链主要包括材料端、制造端与投资运营端三个方面。在整个产业链中，风轮叶片不仅是总装机成本中最高的部件，更是风能转化为电能的关键部件，风力发电机的功率与风电叶片长度的二次方成正比。[①] 因此，叶片的直径越大，风电的发电效率也越高。随着全球陆上大型风电场建设不断推进与海上风电的快速发展，风电叶片的长度不断打破纪录。

---

① 鲁晓锋，刘宇轩，翟佳琪，等. 大型复合材料风电叶片吊装过程受力与失效分析［J］. 复合材料科学与工程，2024（5）：1 - 9.

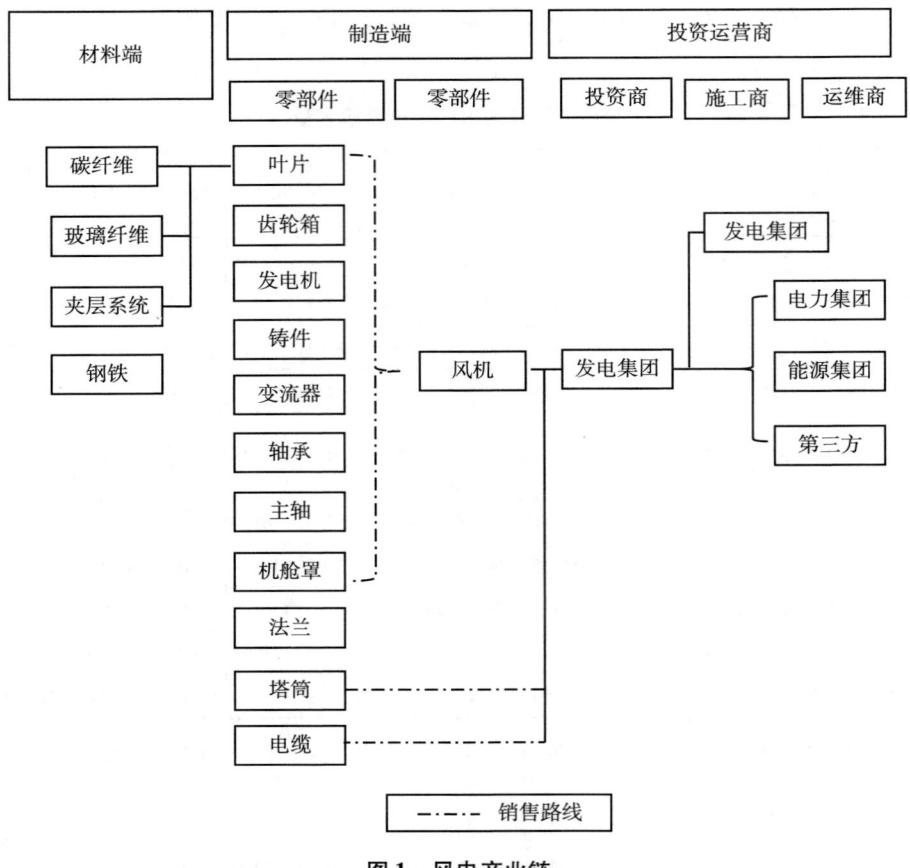

图 1　风电产业链

资料来源：Wind，华创证券。

整个风电叶片中，增强纤维材料的成本占比约为21%。[1] 以玻璃纤维织物为代表的增强纤维材料是最重要的原材料，是确保叶片结构刚度与强度的关键。[2] 因此，随着全球风电装机容量水平的不断攀升，玻纤织物的需求量

---

[1] 李成良，杨超，倪爱清，等. 复合材料在大型风电叶片上的应用与发展［J］. 复合材料学报，2023，40（3）：1274-1284.

[2] 全球的风电装机容量包括陆上与海上风力发电，其中陆上风力发电的叶片的主要原材料是玻璃纤维，而海上风力发电的叶片的原材料除了玻璃纤维以外，还会使用碳纤维复合材料。

也随之大幅度提升。

2. 埃及能源转型导致风电发展不断提速，对玻璃纤维织物的需求势必会大幅增加

在非洲地区，埃及是推动能源转型、提倡能源绿色低碳化发展的"旗手"。但是，埃及的能源供给过于依赖石油与天然气，2023年，埃及的电力供给量为220.1太瓦时，其中，原油发电为16.6太瓦时、天然气发电为178.7太瓦时、水电为13.8太瓦时、可再生能源为11.0太瓦时。① 为了有效解决国内能源结构过于依赖石油与天然气的问题，埃及政府大力推动可再生能源的发展，希望将电力中的可再生能源电力供给的占比提升至40%以上。截至2023年，埃及的风电装机容量仅为1890兆瓦。而按照埃及政府的宏大计划，在2035年，风电的装机容量将达到18吉瓦，是2023年的9.52倍。因此，在未来数十年，埃及对玻璃纤维织物的需求量会大幅度上升。②

3. 中埃两国在埃及苏伊士经贸合作区泰达工业园的成功合作经验

中埃·泰达苏伊士经贸合作区（泰达合作区）在2008年成立，位于"一带一路"与"苏伊士运河走廊经济带"的重要交汇点之上，是埃及国内唯一一个完成全方位配套设施建设，让企业可以直接入驻的工业园区，经过多年的发展，已经初步形成了以石油装备、机械制造、新型建材和高低压设备为代表的四大主导产业。截至2023年底，泰达合作区一共吸引了160家企业入驻，实际投资额超过了19亿美元，累计销售额将近46亿美元，缴纳税费超过了2.5亿美元，直接解决就业将近6000人，相关产业带动了就业约5万人。③ 巨石、西电、大运、美的、牧羊以及万和等多家中国各行业龙头企

---

① Statistical Review of World Energy 2024［EB/OL］. The Energy Institute，https：//www.energyinst.org/statistical-review，2024 – 06 – 19.
② 需要注意的是，随着风电叶片的长度不断变长，以及海上风电对风电叶片的要求不同于陆上风电，有部分风电叶片的纤维织物增强材料开始采用碳纤维来代替玻璃纤维。
③ 泰达合作区如何成"埃及工业园区典范"［EB/OL］. 南方财经网，https：//m.sfccn.com/2024/3-1/zNMDE0NzFfMTkwMTAzNA.html，2024 – 03 – 01.

业在这里蓬勃发展。① 值得注意的是，中国巨石集团自 2012 年开始在泰达合作区建立生产基地，主要用于玻璃纤维及其制品的生产，到了 2022 年 12 月 15 日，中国巨石集团的埃及公司年产 12 万吨玻璃纤维的生产线点火成功，使得中国巨石集团在埃及生产基地的年产能达到了 34 万吨，已经成为了非洲地区的最大玻璃纤维生产基地。"浙江振石"在 2001 年持有中国巨石集团 22.26% 的股权，是第二大股东。② 截至 2023 年底，"浙江振石"仍然持有 15.59% 的股权。③ "浙江振石"主营产品的重要原材料正是中国巨石集团生产的玻璃纤维，这使得"浙江振石"的产品生产得到了重要的保障。

4. 埃及用于制造玻璃纤维的原材料丰富，但未得到充分的开发与利用

埃及的石英石、高岭土与石灰石等矿产资源非常丰富，这些矿产都是生产玻璃纤维的重要原材料。但是，埃及国内缺乏开发与利用这些矿产资源的技术与设备，使得这些优质的矿产资源未得到充分的利用。其中，红海沿岸、卡拉布沙与西奈半岛这三个地区的高岭土储量非常丰富，红海地区、东部沙漠与西奈半岛这三个地区的石英石储量较大，而石灰石储量则主要集中在尼罗河谷与西部沙漠地区。中国巨石集团在埃及的深耕与快速发展，不仅有效利用了埃及国内的丰富矿产资源，也通过积极的属地化管理极大促进了埃及国内的玻璃纤维发展，开发这些矿资源的技术、设备与人才等诸多方面都得到了极大的提升。"浙江振石"通过持股中国巨石集团，也能对这些原材料进行间接的开发与利用。

（二）项目介绍

按照"靠近客户、贴近市场、以外供外"的战略思路，"浙江振石"于 2014 年在埃及苏伊士经贸合作区的泰达工业园内投资建设了玻纤织物的埃及

---

① 中埃·泰达苏伊士经贸合作区 ［EB/OL］. 中国－阿拉伯国家博览会，https：//www.cas-expo.org.cn/zh/newsDet.html?id=1510，2023－09－11.
② 中国巨石在 2001 年的公司名称为"中国化学建材股份有限公司"。
③ 《中国巨石 2023 年年度报告》。

生产基地，成立了"恒石埃及"。2015年6月，"恒石埃及"生产基地完成了一期项目，玻璃纤维织物的年产量达到了10000吨。至2018年上半年，"恒石埃及"生产基地的三期项目正式投产，形成了年产玻璃纤维织物40000吨的规模。[①] 伴随着全球范围内风能市场的高速发展以及埃及政府对可再生能源行业发展的大力支持，"恒石埃及"保持了非常好的发展态势，生产基地建立短短几年，"恒石埃及"就发展成为了埃及玻纤织物产业链中的重要一环，为风力发电机叶片的生产提供了原材料的支持。

公司的地理位置优越，处于交通便利的苏伊士省，使得产品能够以较低的成本销往中东地区与欧洲地区，为"浙江振石"的国际化进程提供了重要的窗口。随着全球"双碳"目标的持续推进与强化，全球的风电行业进入了快速发展的轨道，大兆瓦级的风机与海上风电的发展速度不断加快，这对风电叶片的长度与硬度提出了更高的要求，风电叶片的长度朝着百米级的方向快速跃进，"恒石埃及"研发生产的E系列高模织物产品为这些高要求的风电叶片生产提供了支持。

此外，"恒石埃及"所产生的利润也为"浙江振石"的发展提供了帮助，部分利润返回国内为振石华风（浙江）碳纤维材料有限公司的设立提供了重要的资金支持。2023年4月15日，由华风拉挤板作为重要原材料的陆上超大型风电叶片成功下线，216米的叶轮直径长度刷新了全球陆上叶片叶轮直径长度的新纪录，单台机组每年可输出超过2500千瓦时的清洁能源。这种"以走出去推动带进来"的模式，书写了"一带一路"绿色合作的佳话。

五、案例经验

"恒石埃及"自2014年成立以来至今已有10年之久，它深耕于埃及大陆，并以埃及地区为重要的生产基地，在中国与中东地区、欧洲地区架起了

[①] 扩大"一带一路"朋友圈　桐乡国际营商环境再优化［EB/OL］. 新蓝网，http：//n.cztv.com/news/12985082.html，2018-08-29.

非常重要的桥梁。为埃及地区的风能产业链发展提供了持续的动力，有效助推了埃及的可再生能源发展，也为中非新能源合作提供了样板。

（一）牢牢把握新能源发展趋势，坚持以市场资源为导向

以可再生能源为代表的新能源发展成为了埃及等非洲国家的重要目标，"浙江振石"以自身优势产品为基础，牢牢把握住风能发展的新动向，在风电叶片的原材料上精耕细作，研发生产出大兆瓦级别与大型风电项目所需的大直径叶片材料。为了贴近欧洲与中东市场并有效挖掘埃及市场，"浙江振石"在埃及苏伊士地区成立了生产基地，有效满足了欧洲与中东的风能市场需求，成为了行业里的龙头。与此同时，生产玻璃纤维织物的原材料在埃及国内的储量非常丰富，为"恒石埃及"生产基地的发展壮大提供了有效支撑。

（二）充分调动埃及员工的生产积极性，坚持属地化管理

在"恒石埃及"生产基地，95%以上的员工为本土员工，真正做到了属地化管理，这充分调动了本土员工的积极性。"恒石埃及"为埃及本土员工提供了丰富的资源，建立了完善的员工培训制度，中国员工通过类似"学徒制"的方式给埃及本土员工传授玻璃纤维等专业知识与管理经验。大部分本土生产员工能熟练地操作生产机器，部分本土管理人员逐渐成为了公司管理层的主力。在此基础上，"恒石埃及"还会定期派遣本土员工赴中国学习，形成了双向的交流与沟通机制。埃及本土员工从中学到了中国技术、中国经验与中国管理，一方面能更好地助推"恒石埃及"的发展；另一方面也能通过溢出效应，推动埃及国内的风能行业技术水平提升。

（三）明确"走出去"目标，坚持以自我发展需要为中心

"浙江振石"根据自身的产品特点，结合全球风能市场的发展动向与埃及地区的丰富矿产资源明确了"走出去"的目标，始终坚持以企业自身发展

需要为中心，避免了盲目"走出去"、跟风"走出去"等错误的做法，能有效地规避潜在的市场风险。欧洲地区的风电行业发展较快，海上风电的规模快速扩大，对风电叶片的需求增幅明显。"浙江振石"与国际国内风电大型厂商均建立了紧密的联系，但产品与市场距离较远。泰达合作区的建成，以及埃及政府给予的诸多优惠，加之埃及国内丰富的资源储量，为"浙江振石"在埃及建立生产基地提供了多方位的支持。"浙江振石"基于自身发展的需要，为有效争夺欧洲市场与中东市场，以"恒石埃及"生产基地为抓手，主动"走出去"，开启全球化征程，抢占全球市场。

（四）注重强强联手，有效应对海外市场风险

泰达合作区的建成为中资企业在埃及的落地生根提供了保障，但"浙江振石"面对非洲市场尚存在经验不足等问题，盲目的"走出去"，以及"单打独斗"面临着诸多的风险。"浙江振石"的玻纤织物生产对原材料的要求高，其生产也可能会导致环境污染问题，这些问题都会导致"浙江振石"的"走出去"战略受挫。对此，"浙江振石"与中国巨石集团强强联合，与同处于泰达合作区内的巨石埃及玻璃纤维有限公司开展合作，减少了"走出去"面临的诸多风险。巨石埃及玻璃纤维有限公司是巨石集团于2012年在泰达合作区内成立的公司，早于"恒石埃及"的设立时间。并且，巨石集团是全球最大的玻纤生产商，巨石埃及玻璃纤维有限公司所生产的产品能为"恒石埃及"提供重要的原材料支持，这些都使得"浙江振石"设立的恒石埃及生产基地避免了诸多潜在的海外市场风险。

六、结语

推动可再生能源的快速发展是我国政府的重要战略部署，不仅有助于国内能源结构的绿色低碳转型，也能通过"走出去"战略助推全球可再生能源的发展与壮大。"浙江振石"基于"靠近客户、贴近市场、以外供外"的战

略思想，在泰达合作区内投资建设了玻璃纤维织物的埃及生产基地，成立了"恒石埃及"。"恒石埃及"不仅架起了中国与中东地区、欧洲地区之间的风电市场桥梁，也为埃及地区的大型风电建设与风电产业链发展提供了技术基础与原材料支持，有效地助推了埃及的能源转型，书写了"浙非合作"的华丽篇章。未来，"恒石埃及"将以埃及地区丰富的资源为基础，以埃及能源转型与能源安全保障为导向，持续发力风电产业链前端的风电叶片生产与研发，为埃及地区的风电发展提供全新的动力，书写"浙非能源合作"的新篇章。

华东勘测设计研究院有限公司：为非洲企业提供水电再制造解决方案

杨景添　黄玉沛[*]

摘　要：非洲的水力资源非常丰富，但是由于基础设施、技术和融资等难题，水力资源无法得到充分开发。随着人口的增长和经济转型的需要，非洲国家对能源的需求不断攀升，各国也逐渐重视对水力资源的开发与利用。华东勘测设计研究院积极响应国家"走出去"战略和"一带一路"倡议，参与非洲的水力基础设施建设，为非洲相关国家提供水电再制造的解决方案，有效帮助多个非洲国家解决能源短缺问题。本文以华东院在尼日利亚的凯恩吉项目为例，分析了建设过程中存在的挑战，梳理了凯恩吉项目的具体发展历程，并从技术、融资、环境评估和区域合作等方面总结出中国企业与非洲国家相关方在可再生能源合作领域的有益经验。

关键词：华东勘测设计研究院；非洲；水力发电；基础设施；凯恩吉项目

---

[*] 作者简介：杨景添，浙江师范大学《中非产能合作发展报告（2023—2024）》编写组科研助理；黄玉沛，浙江师范大学经济与管理学院（中非国际商学院）副教授，中非经贸研究中心主任，南非斯坦陵布什大学访问学者。

一、引言

"水电再制造"（hydropower remanufacturing）是一个系统化的概念，是一种高效、经济和环保的设备管理方式，通过对现有水电设备进行修复、升级和改造，可以显著延长设备寿命、提高性能和减少环境影响，对于实现水电站的可持续发展具有重要意义。再制造的概念最早可以追溯到20世纪早期，主要应用于汽车和飞机等工业领域。[①] 随着环境保护和资源节约意识的增强，再制造逐渐扩展到更多的工业领域，包括水力发电设备。在水电领域，水电站设备的维护、修复和升级一直是行业的重点工作之一。近年来，随着技术的进步和对可持续发展的重视，水电设备的再制造逐渐成为一个重要的议题。

自20世纪中期以来，非洲国家开始推广水电，通过建设小型和大型水电项目来提高电力供应。然而，随着时间的推移，非洲的原有水电基础设施逐渐暴露出设备老化和运作效率低下等问题，难以满足经济转型和人口增长的需要。为了提高水电的供应，缓解电力短缺，非洲相关国家政府或企业开始通过各种方式加强与外界的合作。本文以中国电建集团华东勘测设计研究院在尼日利亚的凯恩吉水电项目（KAINJI）为例，详细分析华东院为当地提供水电再制造解决方案以及所承担的企业社会责任。

二、中国电建集团华东勘测设计研究院有限公司概况

中国电建集团华东勘测设计研究院有限公司（华东院）建立于1954年，总部设立在杭州，是中国电建集团旗下的特级企业，是中国最早成立的勘测设计院之一，为国家大型综合性甲级勘测设计研究单位，深耕于水电与新能源、城乡建设、生态与环境等领域，致力于打造具有工程全过程智慧化服务

[①] Hydraulic Components, Remanufacturing. A Brief Overview of the History of Remanufacturing [M]. U.S: Jason Fillbach, 2022-04-16.

能力的一流国际工程公司。

经过不断地发展，华东院在国内设立了东南、华南、西南、华东、华北和东北等区域总部，并在亚太、欧亚、非洲、美洲和中东北非设有五大区域总部，覆盖了 70 多个国家和地区。华东院注重通过信息化推动技术和管理创新，拥有国际一流的工程数字化业务能力。自 2004 年率先开展三维数字化设计研究和应用以来，研制开发了国内首个专业齐全、功能完备、应用成熟、覆盖基础设施建设全过程的《工程数字化解决方案》，并达到国际领先水平。该方案涵盖工程三维数字化设计、工程设计施工一体化管理和工程全生命周期管理三大平台，实现了全专业、全过程的工程三维数字化设计与应用，是中国工程设计行业从二维 CAD 向三维数字化协同设计与应用整体跨越的典范。2013 年，华东院被工信部授予"国家级两化融合示范企业"称号。[①]

华东院也是我国最早从事水电开发利用的单位之一，先后承担了国内外 300 余项大中型水电水利工程的规划、勘测、设计、咨询等工作，总装机规模超过 8500 万千瓦，占全国水电站总装机容量的 21%。在非洲著名的项目有凯恩吉水电改造项目以及商务部首个援外试点 EPC 水电站项目——埃塞俄比亚阿巴 – 萨姆尔（Abbay-Samr）水电站 EPC 合同。[②]

三、非洲水力发电的增长潜力

非洲的水力资源位居全球前列，国际学术期刊《自然水》（*Nature Water*）最新发表一项环境研究的全球评估显示，2023 年非洲未利用的水力潜能位列世界第二，尚未开发的水能经济潜力为每年 0.60 万亿度。[③] 但是，由于气

[①] 中国电建集团华东勘测设计研究院有限公司：企业简介［EB/OL］. 华东勘测设计研究院，https://www.hdec.com/cn/introduction.aspx, 2021.

[②] 中国电建集团华东勘测设计研究院有限公司：水电与新能源［EB/OL］. 华东勘测设计研究院，https://www.hdec.com/cn/energy.aspx, 2021.

[③] China-Africa Friendly Economic and Trade Development Foundation ［EB/OL］. China-Africa Friendly Economic and Trade Development Foundation, http://www.cnafrica.org/cn/zfxw/21948.html, 2023 – 02 – 09.

候、地形等因素，非洲的水力发电因国家和区域差异性而不同，其实际开发和利用程度不高，水电也只在非洲发电主要依靠的能源中占据了约18%，天然气和煤炭的占比高达67%（见图1）。

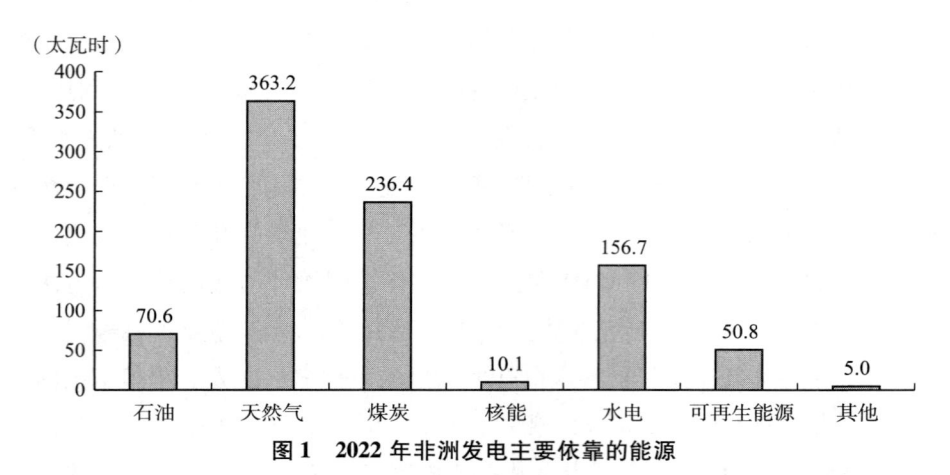

能源	发电量（太瓦时）
石油	70.6
天然气	363.2
煤炭	236.4
核能	10.1
水电	156.7
可再生能源	50.8
其他	5.0

图1　2022年非洲发电主要依靠的能源

资料来源：Energy Institute. 2023 Statistical Review of World Energy ［EB/OL］. Energy institute，https：//www.energyinst.org/__data/assets/pdf_file/0004/1055542/EI_Stat_Review_PDF_single_3.pdf?ref = raufusman.com，2023。

非洲巨大的水力发电潜力主要受河流资源，降水和地形三个要素的影响。

第一，非洲大陆丰富的河流资源为水力发电提供了稳定的水力供应。非洲大陆的河流系统，例如，尼罗河、刚果河、赞比西河、尼日尔河和奥兰治河，具有巨大的流量（见表1），不仅支撑着区域的生态系统和农业，还具有巨大的水力发电潜力。这些河流提供了稳定的水流资源，非常适合用于发展水力发电。尤其是像尼罗河和刚果河这样的大河，其强劲的水流能够支持大规模的水电站建设，为周边国家提供清洁能源，带动经济增长，并促进可持续发展。通过有效利用这些河流资源，非洲可以减少对化石燃料的依赖，增强能源安全，为应对全球气候变化贡献力量。

表1　　　　　　　　　　　非洲主要河流的流量与长度

河流名称	流量（平方米/秒）	河流长度（千米）
刚果河	41200	4500
尼日尔河	9570	4200
赞比西河	3400	2660
尼罗河	2830	6670
奥兰治河	365	2160

资料来源：Center for Sustainability and the Global Environment. Global River Discharge Database [EB/OL]. Center for Sustainability and the Global Environment, https: //sage. nelson. wisc. edu/riverdata/index. php, 2021。

第二，非洲地区降水的空间差异非常显著，部分地区降水量极为丰富，提供了充足的水力资源。整个非洲大陆的年平均降水总量约为20万亿立方米，其中中部地区的降水占比接近40%。中部非洲位于热带雨林气候区，终年多雨，水量丰富，形成了包括刚果河、尼罗河、尼日尔河等众多重要水系。[1] 西部非洲沿海，例如，尼日利亚南部，由于受季风气候的影响，年降水量可超过2000毫米，加纳和科特迪瓦的沿海地区年降水量通常也在1500毫米以上，利比里亚和塞拉利昂的沿海地区在雨季的降水量更是可以超过3000毫米。东非高原地区也因地形和季风的双重影响，拥有较高的降水量。乌干达特别是维多利亚湖周边地区的年降水量在1000~1500毫米。肯尼亚的西部和中部高原以及卢旺达和布隆迪的年降水量也都在1200~1600毫米。此外，非洲东南部地区受印度洋暖湿气流的影响，降水量同样充沛，形成了赞比西河和奥兰治河等主要水系。马达加斯加的东部沿海地区则因受东南信风的影响，年降水量在1500~3000毫米，降水量同样极为丰富。[2]

---

[1] 全球能源互联网发展组合作组织. 非洲能源互联网研究与展望：清洁能源资源开发布局 [M]. 北京：中国电力出版社，2019.

[2] World Bank. Average precipitation in depth (mm-per year)-Sub-Saharan African [EB/OL]. World Bank, https: //data. worldbank. org/indicator/AG. LND. PRCP. MM? end = 2020&locations = ZG&start = 2020&view = map&year = 2020, 2020.

第三，非洲地形的多样性为水电站建设提供便利，为水力发电造就高度差。非洲的地形多样，地势起伏大。埃塞俄比亚的大裂谷等特殊地形，为建造水坝和水库提供了极为有利的条件。这种地形多样性不仅为水力发电项目的设计和建设提供了多种可能性，还有助于实现更高效的水资源管理和能源生产。

此外，高度差作为影响水力发电效率的关键因素，在非洲的一些地区表现尤为突出。例如，赞比亚和津巴布韦的维多利亚瀑布（Victoria Falls），以及刚果河的英加瀑布（Inga Falls），都拥有显著的高度差，这使得这些地点成为水力发电的理想场所。特别是英加瀑布，其巨大的水流量和高落差，为建设世界级的水电站提供了天然条件。利用这些独特的地理和地形优势，非洲可以更有效地开发水力发电，增加地区的电力供应，降低能源成本，促进当地经济发展和环境保护。

四、华东院在非洲水力发电的实践

华东院在非洲的业务非常广泛，涉及水电、光伏发电、生态与环境治理等众多领域。中国政府发表第二份《中国对非洲政策文件》指出，"全面参与非洲基础设施建设。鼓励和支持中国企业和金融机构扩大参与非洲基础设施建设⋯⋯坚持市场运作为主、点面结合、注重效益的原则，鼓励和支持中国企业采取多种模式参与非洲铁路、公路、通信、电力、区域航空、港口以及水资源开发保护、水利等基础设施建设，参与项目投资、运营和管理。"① 华东院响应国家号召，参与非洲的水利基础设施建设，承揽多项水电站现代化改造项目，加强与非洲高校的合作。表 2 是 2010~2022 年华东院在非洲承接的水电建设项目情况。

---

① 中国对非洲政策文件（全文）[EB/OL]. 中华人民共和国外交部，https://www.mfa.gov.cn/ziliao_674904/zt_674979/ywzt_675099/2015nzt/xzxffgcxqhbh_684980/zxxx_684982/201512/t20151205_9281983.shtml，2015-12-05.

| | 案例篇 |

表2　　　　　　　　2010~2022年华东院在非的水电项目

时间	项目
2010年	商务部和华东院正式签订了"援中非共和国博阿利（Bangui）3号水电站及其配套输变电工程项目考察、勘察设计工程内部总承包合同"
2011年	华东院通过竞标方式获得承担凯恩吉水电站现代化升级改造项目
2012年	华东院与尼日利亚国家电力控股公司（PHCN）下属杰巴水电厂（Jebba）顺利签署了"杰巴水电厂（Jebba）桥机修复工程"合同
2013年	尼日利亚达丁卡瓦（Dadin Kowa）水电站机电续建总承包合同签约仪式在首都阿布贾举行尼日利亚奥瓜什乌库水电站（Ogwashi-Uku Hydroelectric Power Plant）机电设备成套项目签订合同
2014年	华东院签下援助埃塞俄比亚阿巴-萨姆尔水电站EPC项目对外合同华东院与埃塞俄比亚水工设计院合作框架协议签订仪式在埃塞俄比亚首都亚的斯亚贝巴市友谊宾馆隆重举行
2022年	华东院总承包的尼日利亚凯恩吉水电站3号、4号机续建项目及9号机修复项目在电站现场举行开工仪式

资料来源：笔者根据公开资料整理。

从2010年起，华东院正式承接中非共和国博阿利3号水电站项目，标志着其进入非洲的水电市场。在此之前，华东院海外事业管理部经过两次重要的现场考察和资料收集，通过团队的不懈努力，成功获得了这一工程。这个项目也是中国近年来的一项大型单项援外项目，在中国政府高层的密切关注下进行。该工程的顺利承建不仅提高了华东院在商务部的知名度，而且为其在非洲市场上开拓了新局面。[1]

这些年来，华东院秉承"负责、高效、最好"的企业精神和"服务工

---

[1] 中国电建集团华东勘测设计研究院有限公司：华东院正式签订援中非博阿利水电项目考察、勘察设计合同［EB/OL］．华东勘测设计研究院，https：//www.hdec.com/cn/search.aspx?keyword=%e9%9d%9e%e6%b4%b2&page=6，2010-11-10．

程，促进人与自然和谐发展"的企业使命。① 在项目实施过程中，华东院团队应用先进设计理念和高效施工技术，提高项目效率和质量。注重环境保护和可持续发展，实施多项环保措施。推动本地化合作与能力建设，培养大量当地技术和管理人才。综合利用水资源，实现了发电、灌溉、供水和防洪的多重效益。这一系列显著的经济和社会效益，提升了当地居民生活水平，并增强了中非合作关系，树立了国际合作的典范。

五、案例分析：尼日利亚凯恩吉项目

华东院尼日利亚凯恩吉水电站现代化升级改造设备成套项目是浙江省与非洲产能合作的一个典型案例，荣获"2019 年浙非经贸合作十佳案例"奖，展示了中非合作在能源和基础设施领域的成功模式。该项目涵盖了水电站的设计、供货及安装，对非洲国家的能源安全和经济发展产生了深远影响。

（一）项目的背景

尼日利亚凯恩吉水电站建于 1968 年，是尼日利亚目前最大的水电站，总装机容量 760 兆瓦。水电站厂房共装设有 8 台机组，在现代化升级改造之前仅有 3 台可以运转，且均不能满负荷运行、经常故障停机、发电效率低下。尼日利亚在当时约有 1.8 亿人口，电力供应普遍不足。2014 年，尼日利亚的水电站拥有 13308 兆瓦，但只有 6158 兆瓦在运行，再加上运行与电网的限制，实际发电量只有 3000～4500 兆瓦。② 为了恢复电站发电能力，电站业主尼日利亚国家电力公司（Power Holding Company of Nigeria）向世界银行申请贷款用于部分机组修复并获得批准公开招标。

---

① 人民网－国际频道．中企尼日利亚凯恩吉水电站机组续建及修复项目举行开工仪式［EB/OL］．http：//world．people．com．cn/n1/2022/0611/c1002-32443933．html，2022－06－11．

② African Development Bank Group. Nigeria Kainji and Jebba Hydro Power Plant Rehabilitation Project ESIA Summary ［EB/OL］. African Development Bank Group，https：//www. afdb. org/en/documents/document/nigeria-kainji-and-jebba-hydro-power-plant-rehabilitation-project-esia-summary-92103，2016－10－14．

（二）面临的挑战

在项目建设过程中，华东院团队面临着原有图纸丢失、技术不足、传染病肆虐等挑战。这一系列难题增加了工程建设的难度，延长了施工周期。

第一，凯恩吉水电站原有的工程图纸和技术文件往往保存不全或完全丢失，极大增加了旧有设施改造和升级的设计难度。缺少详细的原始设计资料，华东院团队无法准确了解设备的具体参数和历史性能，这使得他们在设计新机组或改进项目时，不得不采用更为保守的设计策略。此外，这种信息的缺失也加剧了对新技术适配性的不确定性，从而导致设计过程中的重复试验和错误修改，进而影响整个项目的进度和质量。

第二，尼日利亚由于工业基础薄弱，本地缺乏足够的机械加工能力，直接影响到原有设备的维护和修理工作。特别是对于一些技术复杂或要求精密加工的部件，当地没有完全适配的加工设施。这种情况下，维修工作往往需要将设备部件运回原生产国家进行修理，这不仅增加了修理成本，也延长了设备的停机时间。此外，频繁的国际运输还增加了设备损坏的风险，进一步复杂化了维护流程。

第三，设备改造项目通常需要在已经运行的厂房内进行，对项目的干预和隔离提出了较高的要求。由于必须将对生产影响降至最低，通常只能同时对一台机器进行施工。这种单点施工的方式意味着整个项目的工期会相对较长。此外，现场的空间限制和运行中的设备安全问题也会给施工安全和效率带来额外挑战。

第四，尼日利亚的基础设施和物流体系相对不发达，直接影响了建筑材料和机械设备的供应。特别是一些特殊的工程材料和高端机械设备，往往需要从国外进口，而进口过程中常常遭遇延误和额外成本。此外，由于当地供电和供水服务的不稳定，华东院团队经常面临电力和水资源的供应中断，这对施工作业和工人的日常生活造成了严重影响。这种情况迫使华东院团队设计并实施各种应急措施，例如，搭建临时发电设施和水净化系统，以确保项目的连续性和团队的生活质量。

第五，传染病流行，阻碍凯恩吉项目的正常施工。特别是在 2014 年，当埃博拉疫情在西非地区暴发时，该地区的社会经济结构和日常运营受到了极大的冲击。对凯恩吉项目的各方面都造成了严重影响。

（三）项目的进展

凯恩吉项目历时长久，凝聚了华东院团队多年的心血。项目经历了复杂的前期开发阶段和艰难的施工阶段。团队克服了技术和管理上的挑战，展现了坚韧性和专业性。在运营维护阶段，团队注重质量控制，确保项目的长期稳定运营。在项目实施过程中，华东院团队展现出了特有的智慧、毅力和专业素养。以下是凯恩吉项目发展的时间线（见表3）。

表 3　　　　　　　　　　　凯恩项目发展时间线

阶段	内容
项目开发阶段	·2011 年，华东院通过竞标方式获得承担凯恩吉水电站现代化升级改造项目 ·2011 年 11 月 23 日，世界银行董事会正式批准提供贷款 ·2012 年 9 月，水轮机模型的效率、飞逸、空化等试验均符合要求
工程建设阶段	·2014 年 10 月，5 号机组转子顺利吊装成功 ·2015 年 1 月，5 号机组安装完工 ·2015 年 5 月，5 号机组成功并入电网 ·2015 年 8 月，6 号机组顺利通过 72 小时试运行 ·2016 年 5 月，12 号机组顺利通过 72 小时试运行
续建与修复阶段	·2022 年 6 月，3 号、4 号机续建项目及 9 号机修复项目开工

资料来源：笔者根据公开资料整理。

1. 项目开发阶段（2011 年 ~2012 年 9 月）

2011 年，华东院通过竞标方式获得承担凯恩吉水电站现代化升级改造项目。同年 6 月，由华东院与哈尔滨电机厂有限责任公司组成的联营体与尼日利亚电力公司签订合同，合同范围包括对 5 号、6 号（单机 120 兆瓦）和 12 号（100 兆瓦）三台机组及公用部分的改造，工作内容包括设计、供货及安装、调试。2012 年起，世界银行正式为该项目提供贷款。

2012 年 9 月 21 日~28 日，尼日利亚凯恩吉项目业主和监理一行 8 人在华东院凯恩吉项目相关人员的陪同下，在哈尔滨电机厂有限责任公司进行了水轮机模型试验验收。验收过程中，业主和监理见证了水轮机模型的效率、飞逸、空化等试验，试验结果均满足合同要求。模型试验顺利通过业主验收标志着项目一个重要里程碑的完成。①

2. 工程建设阶段（2013 年~2016 年 5 月）

自 2013 年起，凯恩吉项目正式进入工程建设阶段。尼日利亚当地时间 2014 年 10 月 30 日，在华东院凯恩吉项目部、哈尔滨电机厂以及安装单位中国水利水电第八工程局的通力配合下，凯恩吉项目 5 号机组转子顺利吊装成功，标志着离 2014 年 12 月 31 日前发电的目标又近了一大步。2015 年 1 月 24 日，尼日利亚凯恩吉项目 5 号机组安装完工，业主正式签发了安装完工证书。尼日利亚当地时间 2015 年 5 月 18 日 12 时 13 分，凯恩吉项目首台机组（5 号机组）成功并入电网，迎来了发电的胜利时刻。

2015 年 8 月 31 日，尼日利亚凯恩吉项目 6 号机组顺利通过 72 小时试运行，试运行期间，机组运行稳定，运行参数符合合同和技术规范要求。同年 11 月，由华东院承接的尼日利亚凯恩吉改造项目 5 号、6 号机组，取得 OAC 运行验收证书，②标志凯恩吉改造项目 5 号、6 号机组将正式投入商业运行。2016 年 5 月 13 日，尼日利亚凯恩吉项目 12 号机组顺利通过 72 小时试运行，试运行期间，机组运行稳定，各项运行参数均符合合同和技术规范要求。至此，凯恩吉项目正式结束。

3. 续建与修复阶段（2022 年 6 月至今）

在过去的几年里，改建的机组都一直可靠运行，贡献了该站一半以上的

---

① 中国电建集团华东勘测设计研究院有限公司：尼日利亚 KAINJI 项目顺利通过水轮机模型试验验收［EB/OL］．华东勘测设计研究院，https://www.hdec.com/cn/search.aspx?keyword=%e5%b0%bc%e6%97%a5%e5%88%a9%a9%e4%ba%9a&page=2，2012-10-11．

② OAC 运行验收证书：是一个在项目管理和工程中使用的术语。它通常用于描述在项目完成后，由承包方提交给业主方的文件，以确认项目已经按照合同要求完成，并且各个系统和组件可以正常运行。OAC 标志着项目从建设阶段进入运营阶段，业主方正式接收项目并开始其正常运行和维护。

电力输出。2022年6月13日，由华东院总承包的尼日利亚凯恩吉水电站3号、4号机续建项目及9号机修复项目在电站现场举行开工仪式。此次是华东院第二次为凯恩吉水电站提供水电站改造服务。面对尼日利亚人口日益增长的情况，该项目的实施对于缓解尼日利亚电力需求缺口、推动清洁能源转型都具有十分重要的意义。①

六、经验与启示

华东院在助力非洲水力发电方面积累了丰富的经验，展示了负责任国企的应有形象，为进一步促进非洲可再生能源开发和区域合作提供了有益借鉴。

（一）技术的可靠性与可持续性

非洲拥有丰富的可再生资源，然而，技术问题在很大程度上限制了非洲对这些资源的充分利用与开发。解决这些技术问题往往涉及两个方面：一是如何实现技术在各种运行条件下能够稳定高效地工作，确保系统的持续运行和预期的性能输出，保证电力供应的稳定性和安全性。二是如何让技术方案在长期使用中对环境的影响最小，同时能够适应未来的技术革新和需求变化。因此，在协助非洲开发可再生能源的过程中，如何平衡解决技术问题的可靠性和长期可持续性成为了关键挑战。

对于技术发展的可靠性，在技术应用上，华东院团队使用了三维建模和仿真技术，对大坝和发电设施进行精确设计和优化。项目中安装的高效水轮发电机组，都经过了严格的质量控制和性能测试。在技术监测上，华东院团队引入了智能化监控系统，对大坝和电站的各个关键部位进行实时监控，涉及检测水位、流量、设备运行状态等多种参数，并通过大数据分析和预警机

---

① 中国电建集团华东勘测设计研究院有限公司，华东院总包的尼日利亚最大水电工程机组续建及修复项目开工［EB/OL］. 华东勘测设计研究院，https：//www.hdec.com/cn/search.aspx?keyword =%e5%b0%bc%e6%97%a5%e5%88%a9%e4%ba%9a&page=2，2022-06-14.

制，及时发现并解决潜在问题，确保整个系统的安全稳定运行。在施工质保上，华东院团队对当地技术人员进行了全面的培训，确保他们能够掌握和运用先进的技术和设备。同时，华东院还建立了一个技术支持和服务体系，提供长期的技术支持和维护服务，以应对未来可能出现的技术问题。

对于技术发展的可持续性，在环境效益上，华东院在设计阶段引入绿色建筑理念，采用节能、环保的材料和技术，以减少对环境的影响。在施工过程中，严格遵守环保标准，注重水资源的合理利用和管理，控制污水排放，确保施工过程中的废物处理和资源利用符合可持续发展的要求。同时，华东院团队通过引进先进的能源管理系统，提高能源使用效率，降低碳排放。在社会经济效益上，华东院注重与当地社区的沟通与合作，听取社区意见，通过雇佣当地劳动力和使用当地材料，促进当地经济和社会的可持续发展。此外，华东院还重视员工的培训和能力建设，通过开展各种专业培训和教育项目，提高员工的环保意识和技术水平，确保可持续发展理念贯穿项目的每一个环节。

（二）融资与投资模式创新

凯恩吉项目的融资采用公私合作模式（public-private partnerships）。[①] 2011年，主流能源解决方案有限公司（Mainstream Energy Solutions Limited）注册成立并获得发电公司许可；同年11月，通过与尼日利亚联邦政府的特许协议承接了凯恩吉水电站。[②] 同时期，尼日利亚国家电力公司向世界银行申请贷款用于部分机组修复并获得批准公开招标。2011年11月23日，世界银行通过董事会决议，正式批准提供贷款。截至项目结束，世界银行共提供

[①] 公私合作模式（public-private partnerships），是一种政府利用私营部门资源和专业知识来采购和实施公共基础设施和/或服务的机制。当政府面临老化或缺乏基础设施并需要更高效的服务时，与私营部门的合作可以帮助推动建立新的解决方案并带来资金支持。World Bank. What are PPPs？［EB/OL］. World Bank, https：//ppp.worldbank.org/public-private-partnership/about-us/about-public-private-partnerships, 2022.

[②] Mainstream Energy Solutions Limited. Company Profile, Mainstream Energy Solutions Limited［EB/OL］. Mainstream Energy Solutions Limited, https：//www.mainstream.com.ng/index.html, 2024.

1383万美元（见图2）。

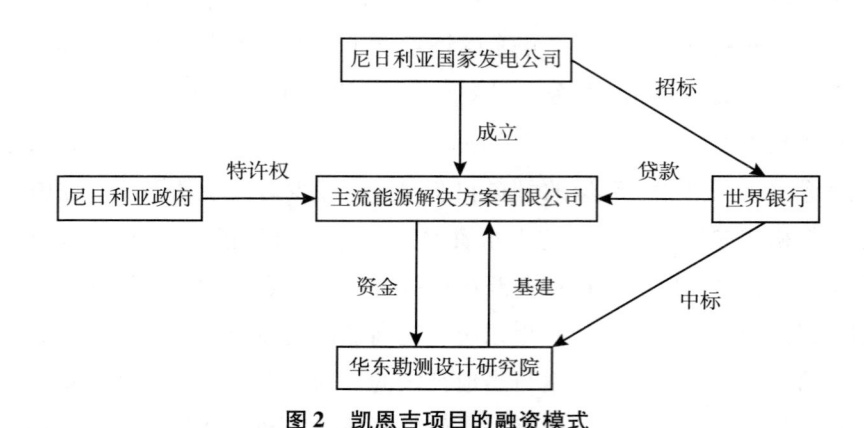

图 2　凯恩吉项目的融资模式

资料来源：笔者自制。

世界银行的融资为凯恩吉项目提供资金支持，实现了风险的分散，是凯恩吉项目成功实施和可持续发展的重要保障。尼日利亚政府将特许权交给主流能源解决方案有限公司，既减轻了政府的财政负担，又能够更快地动员资金和资源，极大地缩短了建设周期。非洲各国政府或企业在与其他企业进行合作时，可以采用多样化的融资策略，以适应项目需求和当地经济环境的多样性。这些融资方式包括国家开发银行贷款、商业银行的直接贷款、公私合作模式，以及工程采购施工加融资（EPC＋F）。通过这些多元化的融资方式，合作项目能够得到必要的资金支持，从而加速开发进程。

融资创新的实施有助于吸引更多的投资进入非洲水电开发领域，推动当地能源基础设施的建设和经济发展。然而，也需要注意，项目的贷款条件必须与当地的经济和社会环境相适应。这意味着贷款的利率、还款期限以及其他条件需要充分考虑当地的支付能力和经济承受力，以避免造成债务负担过重，确保投资的长期可持续性和项目的成功。这种负责任的融资策略不仅有助于保护投资方的利益，也符合非洲国家的发展需要，从而能够达到双赢的效果。

(三) 环境与社会影响评估

规范的环境与社会影响评估（environmental and social impact assessment，ESIA）是确保项目可持续运营的关键环节，特别是在清洁能源开发领域。凯恩吉项目的环境与社会影响评估严格按照联邦环境管理制度框架（federal environmental management institutional framework）执行，符合国际准则与标准。在进行评估时，华东院团队综合考虑了物理环境、生态环境以及社会经济环境（见图3）。

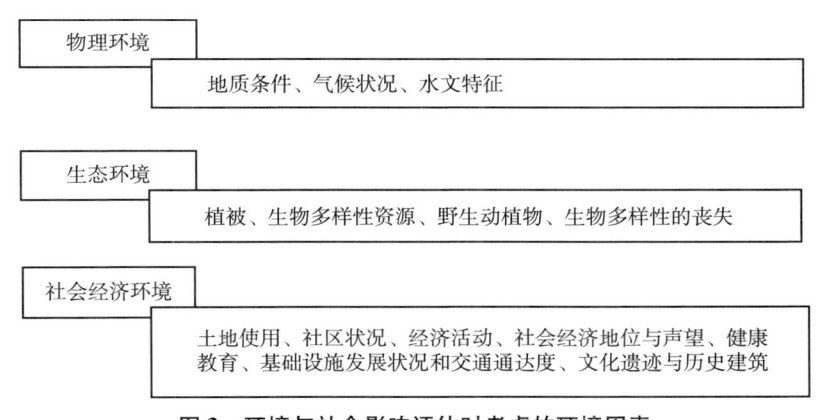

```
物理环境 ── 地质条件、气候状况、水文特征

生态环境 ── 植被、生物多样性资源、野生动植物、生物多样性的丧失

社会经济环境 ── 土地使用、社区状况、经济活动、社会经济地位与声望、健康
                教育、基础设施发展状况和交通通达度、文化遗迹与历史建筑
```

图3　环境与社会影响评估时考虑的环境因素

资料来源：African Development Bank Group. Nigeria Kainji and Jebba Hydro Power Plant Rehabilitation Project ESIA Summary［EB/OL］. African Development Bank Group, https：//www.afdb.org/en/documents/document/nigeria-kainji-and-jebba-hydro-power-plant-rehabilitation-project-esia-summary-92103, 2016 – 10 – 14。

华东院在实施各项水力发电项目时都会提前前往当地调研，勘测环境以及做出一些相应的评估等。这一过程不仅有助于识别和预测项目实施可能对环境和社区造成的负面影响，还能提出相应的缓解措施，从而保护自然资源和社区的根本利益。通过这种方式，华东院可以在早期阶段规避潜在的环境和社会风险，减少对生态系统和居民生活的干扰。

进行彻底的环境与社会影响评估还可以增强项目的公众透明度和社区参

与。在凯恩吉项目规划和执行过程中，华东院团队与当地社区进行有效沟通，确保他们的意见和关切被充分考虑。这种互动不仅建立信任，还可能带来额外的社区支持，提高项目的接受度和成功率。规范的环境与社会影响评估也是实现国际可持续发展目标的一个重要手段。它确保项目运营符合国家和国际环保法规，遵守社会责任标准。因此，这不仅是项目成功的保障，也是企业社会责任实践和全球可持续发展努力的一部分。在全球气候变化和环境退化日益严峻的今天，开展严格的环境与社会影响评估是每一个负责任企业的必要选择。

（四）区域合作和多边协调

华东院在非洲的水电项目投资和建设，不仅集中于单一国家的水电开发，而且还包括区域性跨境水电合作项目。这种区域合作模式有助于共同开发和利用跨国水源，提高水电资源的整体利用效率，同时促进区域电力池的建设和发展。通过这些跨境水电项目，不仅可以加强各国之间的能源互联互通，还可以增强电力供应的稳定性和安全性，支持区域经济的持续增长和社会发展。

在开发共享水力资源的过程中，跨境合作和多边协调显得尤为重要。这要求参与国家不仅要考虑各自的国家利益，还需要在更广泛的区域框架内寻求合作和共赢。加强与国际机构如非洲联盟（AU）和非洲开发银行（AFDB）等的协调合作。通过非洲联盟推进区域水力资源的政策制定和战略规划，减少不必要的冲突与矛盾。通过向非洲开发银行贷款，为项目提供充足资金。此外，非洲联盟和非洲开发银行也是讨论和解决共享水源管理和开发问题的论坛，可以提供技术支持和咨询服务，帮助成员国克服技术障碍，提高项目设计和执行的质量。

总体而言，华东院助力非洲水力发电项目的经验表明，结合技术、资金、合作策略和监管标准的整体方案，是推动非洲可再生能源开发的重要路径。在此过程中，应始终关注环境与社会责任，实现真正的合作共赢。

七、结语

非洲的水力资源非常丰富，却因为技术难题，融资困难等原因，没能被充分开发利用。非洲水力的可开发潜力被世界各方高度肯定。非洲各国自身也在加强对水力资源的开发力度。中国政府提出"一带一路"倡议，在多次重要会议上鼓励中国企业走进非洲，为非洲发展作出贡献。非洲各国也积极抓住这一历史机遇，进一步扩大和加深与中国的合作。作为中国的领军企业，华东院响应国家号召，积极投身非洲基础设施建设，践行央企责任与担当。在项目实施过程中，华东院遵循系统化、专业化、整体化等原则，一方面注重项目的实际成效，另一方面又关注于项目的社会与环境影响，为我们展示了真正的样板式案例。

展望未来，随着中非合作的不断深化，华东院也将继续发挥自身的技术和管理优势，助力非洲水力资源的开发与利用，推动当地经济社会的可持续发展。这不仅将为非洲带来更多的能源保障，也将为全球能源结构优化做出积极贡献。

浙非新能源合作样板：正泰新能源埃及本班光伏项目

陈奕希　黄玉沛　刘霄露*

摘　要：为开启高质量共建"一带一路"新征程，浙江民企紧抓对非经贸投资合作新机遇。浙江正泰新能源开发有限公司在清洁能源领域，积极开展对非产业布局，有效拓展对非市场。该公司中标的埃及本班（Benban）165.5兆瓦光伏EPC项目是一项集成开发、建设、运营和服务的海外光伏总承包项目，开辟了正泰海外EPC项目新版图。位于埃及本班的光伏园区是目前非洲最大的太阳能光电群之一，该园区的建设启动了埃及可再生能源的区域性变革，具有显著的社会、经济和生态效益。本文对浙江正泰新能源开发有限公司以及埃及光伏市场现状进行了简要概述，梳理了正泰新能源埃及本班光伏项目的建设历程，分析了设计理念并评估了项目成效，对双方在此次合作中积累的宝贵经验进行了提炼与总结。浙江正泰新能源开发有限公司向世界擦亮了"浙江企业"的金名片，在助力

---

* 作者简介：陈奕希，浙江师范大学《中非产能合作发展报告（2023—2024）》编写组科研助理；黄玉沛，浙江师范大学经济与管理学院（中非国际商学院）副教授，中非经贸研究中心主任，南非斯坦陵布什大学访问学者；刘霄露，正泰集团股份有限公司战略投资部总监。

埃及清洁化与工业化进程的同时有力推进浙非能源合作。

关键词：新能源；光伏；正泰新能源；埃及；中非能源合作

一、引言

据国际能源署（IEA）最新发布的《2023 年世界能源展望》报告指出，"2023 年全球将新增超过 500 吉瓦的可再生能源装机容量，而在现有政策和市场条件下，预测在 2023～2028 年，全球可再生能源装机容量可能增长至 7300 吉瓦。至 2025 年初，可再生能源有望成为全球最主要的电力来源。"①中国有着完整先进的新能源产业链，在可再生能源领域合作优势明显。为加快"走出去"的步伐，浙企聚焦绿色发展，拓展中非能源合作新领域。浙江正泰新能源开发有限公司（简称"正泰新能源"）作为光伏产业的行业引领者，参与了埃及第二轮国家 FIT 光伏电站招标，并中标参与了本班（Benban）② 165.5 兆瓦光伏项目建设。本文以埃及本班光伏项目为例，希冀为浙非双方在新能源领域的合作提供借鉴和参考。

二、浙江正泰新能源开发有限公司概况

浙江正泰新能源开发有限公司成立于 2009 年，注册资金 93.8 亿元，是正泰集团旗下的清洁能源解决方案提供商。公司专注于光伏电站的开发、建设、运营与服务，并具备电站设计、采购、施工、调试并网以及运营维护的总承包能力。

---

① IEA. World Energy Outlook 2023 [EB/OL]. IEA, https://www.iea.org/reports/world-energy-outlook-2023?wpisrc = nl_climate202&language = zh，2023 - 10.

② "Benban"是埃及阿斯旺省的地名，建有全球最大的光伏产业园。为了行文需要，后文统一使用中文译称"本班"。

（一）公司发展历程

截至 2019 年底，中国可再生能源发电总装机容量达 7.9 亿千瓦，约占全球可再生能源发电总装机的 30%。其中，光伏发电装机容量达 2.04 亿千瓦，位居世界首位。[1] 浙江正泰新能源开发有限公司把握新能源发展契机，凭借自身强大的技术创新能力与品牌优势，成为光伏行业领军企业。

正泰新能源将"让电力能源更绿色、更安全、更便捷、更便宜"作为自己的使命，深耕绿色能源产业 15 年，表 1 简述了正泰绿色能源产业发展历程（见表 1）。

表 1　正泰绿色能源产业发展历程

时间	内容
2009 年	浙江正泰新能源开发有限公司成立，专注于光伏电站开发、建设、运营与服务
2010 年	国内首批大型地面电站宁夏石嘴山 10 兆瓦光伏电站并网发电
2015 年	浙江正泰安能电力系统工程有限公司成立，专注于户用光伏产业
2016 年	浙江正泰新能源开发有限公司正式并入正泰电器上市公司
2019 年	浙江正泰智维能源服务有限公司，专注于第三方电力运维
2022 年	浙江正泰新能科技有限公司成立，ASTRON 系列组件全球首发

资料来源：正泰绿色能源产业发展历程［EB/OL］.浙江正泰新能源开发有限公司官网，https：//energy.chint.com/about/index.html，2024。

（二）技术实力与创新能力

正泰新能源将技术创新作为企业发展的核心驱动力，在多地设立科研机构，为产业提供全方位的基础支持。截至 2023 年，浙江正泰新能源开发有限公司已拥有光伏行业全产业链产品，并拥有丰富的光伏电站投资建设经验，全球累计投建光伏电站超过 12 吉瓦。通过持续的技术创新和研发投入，正泰

---

[1]　国务院新闻办公室.新时代的中国能源发展［R］.北京：国务院新闻办公室，2020 - 12 - 21.

新能源实现了产品由机械化向智能化、模块化的转变，生产也由劳动密集型向技术密集型转变。这些技术创新成果，不仅提升了正泰产品的市场竞争力，也为企业的发展注入了新的动力。

（三）市场地位与影响力

正泰新能源是全球领先的清洁能源解决方案提供商，专注于光伏电站的开发、建设、运营与服务。在国内，正泰新能源创新性地探索光伏电站建设模式，拥有农光、沙光、渔光与牧光等"光伏+"电站建设经验。放眼全球，正泰新能源积极参与"一带一路"共建，在多个国家开展光伏电站建设与EPC服务，让世界共享绿色能源。同时，该公司入选首批工信部智能光伏示范企业，在可再生能源领域有一定的行业地位以及影响力。2021年，正泰成功通过联合国全球契约组织（UNGC）评审，入选"实现可持续发展目标2021企业最佳实践"的"全球伙伴关系""'一带一路'沿线国家可持续发展"两项荣誉。[①]

三、埃及光伏市场发展现状

随着工业化与城市化的进程，过去十几年埃及能源需求快速增长，能源供需格局已由供大于求转变为供不应求，供需缺口扩大，供需矛盾愈演愈烈。本部分将从埃及能源结构的不可持续性和埃及的可再生能源政策两个视角，对埃及光伏市场发展现状进行分析。

（一）埃及以化石能源作为主要能源的能源结构亟须改变

埃及是非洲最大的石油和天然气用户，两大能源约占自身能源消耗总量的95%。[②] 由于石油和天然气产量的逐年递减以及消费量的急剧增加，埃及

---

① 浙江正泰电器股份有限公司. 正泰获联合国双项殊荣［J］. 现代建筑电气，2022，13（12）：62.
② IEA. Energy Statistics Data Browser［EB/OL］. IEA, https：//www.iea.org/data-and-statistics/data-tools/energy-statistics-data-browser, 2023-12-21.

的能源供需状况正在发生不可避免的变革。自21世纪10年代以来，国内的石油和天然气已供不应求，电力危机频发，严重影响民众的生产生活。2014年，埃及开始依赖从中东各国进口大量化石资源。[①] 政府还通过进口液化天然气（LNG）和建造新发电厂等方式，成功地缩小了天然气资源产出和消费之间的差距。化石能源与其他能源相比仍占据压倒性地位，其他能源如水电、太阳能、生物质能等在埃及能源消费百分比中合计占比不到10%（见图1）。若埃及政府仍使用传统的发电技术来满足不断增长的能源需求，二氧化碳排放量预计将从2012年的约8亿吨增加到2035年的18亿吨以上。[②]

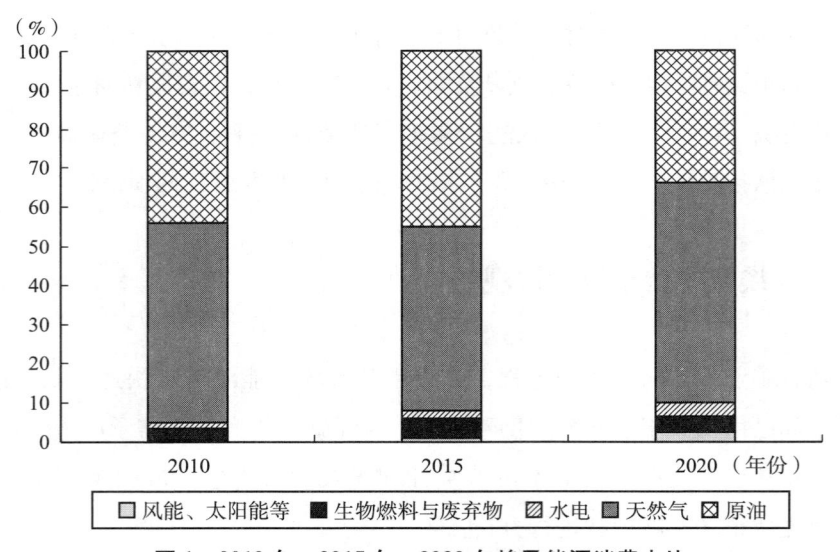

图1 2010年、2015年、2020年埃及能源消费占比

资料来源：IEA. Energy Statistics Data Browser [EB/OL]. IEA, https://www.iea.org/data-and-statistics/data-tools/energy-statistics-data-browser, 2023 – 12 – 21。

[①] CEIC. 埃及天然气：进口 [EB/OL]. CEIC, https://www.ceicdata.com.cn/zh-hans/indicator/egypt/natural-gas-imports, 2022 – 12 – 01.

[②] Blanco J, Palenzuela P, Alarcón-Padilla D, et al. Preliminary Thermos Economic Analysis of Combined Parabolic Trough Solar Power and Desalination Plant in Port Safaga (Egypt) [J]. Desalination and Water Treatment, 2012, 51 (7–9): 1887–1899.

(二) 埃及开发可再生能源的政策支持

在协整检验与运用自回归分布滞后模型（ARDL）分析下，有研究结果表明，发展可再生能源对促进经济增长和实现可持续发展目标至关重要。[①] 埃及政府积极推动能源结构多样化，可再生能源的发展成为了埃及的重要战略选择。

2018 年，国际可再生能源署（IRENA）与埃及新能源和可再生能源管理局共同开展研究，认为埃及可以实现到 2030 年可再生能源发电占比达到 53% 的指标，[②] 埃及地理位置优越，日照时间长，光照强度高，为太阳能的开发利用提供了良好的自然条件。在《埃及 2030 年愿景》报告中，能源变革被列为可持续发展方向最重要的基石。报告建议，若要使能源资源得到有效利用，发电结构应足够多样化，其中包括可再生资源和替代化石燃料，可再生能源占比在 2035 年提高到 42%，其中风能占 14%，水电占 2%，太阳能占可再生能源发电总量的 25%。[③] 除此之外，埃及政府还出台了一系列支持可再生能源发展的政策，例如，创建国家并网小型光伏系统项目（Egypt-PV）、采用"建设－拥有－运营"（BOO）模式竞争投标、对可再生能源的资本组成提供增值税优惠与实施"上网电价"（feed-in tariffs，FiT）支持计划。其中并网小型光伏系统还被联合国开发计划署与工业现代化中心评定为"在技术和财政上支持的太阳能系统项目成功案例"。[④]

[①] Abdou D M S, Amr N. The Nexus between Egyptian Renewable Energy Resources and Economic Growth for Achieving Sustainable Development Goals [J]. Future Business Journal, 2021, 7 (1): 47.

[②] IRENA. Renewable Energy Outlook: Egypt [EB/OL]. IRENA, https://www.irena.org/publications/2018/Oct/Renewable-Energy-Outlook-Egypt, 2018-10-30.

[③] Ministry of Planning. Monitoring and Administrative Reform, Egypt's Vision 2030 [EB/OL]. Ministry of planning, https://mped.gov.eg/EgyptVision?lang=en, 2016-02-25.

[④] UNDP. Egypt-PV: Success Stories [EB/OL]. UNDP, https://www.undp.org/egypt/publications/egypt-pv-success-stories, 2020-10-21.

四、正泰新能源埃及本班光伏项目

2018 年，本班光伏产业园的第一座光伏电站投产，埃及计划将可再生能源在电力结构中的份额提高到 42%。[①] 浙江正泰新能源开发有限公司在埃及本班 165.5 兆瓦光伏 EPC 项目是该公司目前在非洲地区装机量最大的项目，是正泰新能源"走出去"的重要一步。

（一）项目背景

第一，全球能源转型趋势明显。以光伏产业为主导的清洁能源经济，积极适应全球碳中和目标，已然成为未来世界能源发展的重要方向。全球光伏产业发展势头良好，在国内外市场需求快速增长的驱使下，太阳能光伏发电应用领域的全球影响力迅速提升，光伏能源有望成为未来主导的电力来源之一。

第二，中埃能源合作深入。中国与埃及的能源合作在 20 世纪 90 年代末有了良好的开端，近年来中埃双方政治互信不断加深，为中国企业在埃及开展能源合作提供了良好环境。2014 年 12 月，埃及总统塞西访问中国，两国发表联合声明，宣布将双边关系提升为全面战略伙伴关系，并在"一带一路"倡议框架下加强合作。[②] 中埃能源合作有助于双方在全球能源市场中取得更大话语权，共同应对国际能源市场的挑战。

第三，应对埃及能源结构改革需求。为应对能源结构单一问题，埃及政府不断加大对可再生能源开发的支持力度。国际可再生能源署的公开数据显示，2023 年埃及可再生能源装机规模已达 6709 兆瓦，10 年内增长近 95%（见图 2），约占非洲可再生能源总装机规模的 10.8%。埃及可再生能源发展

[①] 黄培昭. 埃及发展新能源有雄心 [N]. 中国能源报，2024-02-26（12）.
[②] 朱雄关. "一带一路"背景下中国与沿线国家能源合作问题研究 [D]. 云南：云南大学，2016：167-169.

进入"快车道"。①

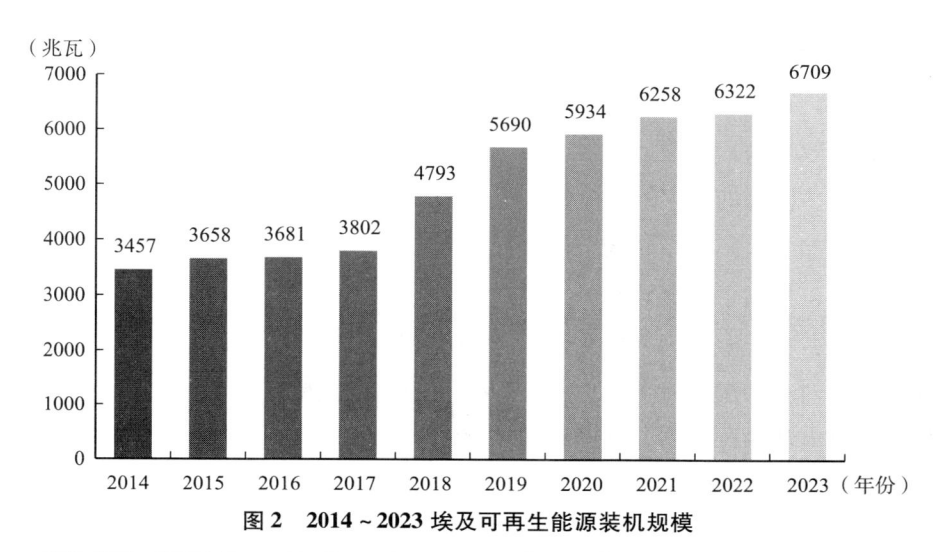

图2　2014～2023埃及可再生能源装机规模

年份	装机（兆瓦）
2014	3457
2015	3658
2016	3681
2017	3802
2018	4793
2019	5690
2020	5934
2021	6258
2022	6322
2023	6709

资料来源：IRENA. Renewable Energy Statistics 2024 ［EB/OL］. The International Renewable Energy Agency，https：//www. irena. org/Publications/2024/Jul/Renewable-energy-statistics-2024，2024 – 07。

（二）项目设计

1. 选址设计

本班光伏电站的选址充分考虑了当地的自然环境和气候条件。项目经纬坐标范围为：东经32°41'～32°45'，北纬24°24'～24°27'，② 位于阿斯旺沙漠地区，阳光充足，年均日照时数高达4000小时，太阳辐射量普遍超过6千瓦时/平方米/日。这样优越的光照条件确保了光伏电站的高效运行。

此外，光伏电站的选址还考虑了电站建设所需的土地资源和交通条件。阿斯旺沙漠区域土地资源丰富，为光伏电站提供了充足的建设用地。建设地

---

① 乔苏杰，陈长. 埃及可再生能源发展现状及中埃合作机会分析［J］. 水力发电，2024，50（5）：88 – 92。
② Mohamed A S A, Maghrabie H M. Techno-Economic Feasibility Analysis of Benban Solar Park ［J］. Alexandria Engineering Journal，2022（61）：12593 – 12607。

周边开阔，道路通畅，交通状况良好，便于电站建设期间的物资运输和后期的运维管理。

2. 技术设计

首先，在光伏面板与跟踪系统方面。埃及本班光伏电站采用的光伏面板光电转换效率高，能够最大限度地吸收太阳能。光伏组串为自动跟踪式的平单轴设计，面板的最大倾角±45°，与固定式的支架相比，优势在于可以追踪阳光，增加了太阳光在光伏组件表面的直射分量，确保面板始终与太阳保持最佳角度，提高了发电效率。

其次，在能源管理系统方面。本班光伏电站配备有智能能源管理系统，能够实时监测和调整电力输出，确保电力的稳定供应。该系统通过并网逆变器将直流电能转化为与电网同频率、同相位的正弦波电流，并入埃及公共电网。此外，系统还具备自动同步、高转换效率、防孤岛保护和最大功率点跟踪等功能，确保电站的稳定高效运行。

最后，在逆变器的选择与配置方面。电站选用了古瑞瓦特（Growatt）CP2000 Station-S 和古瑞瓦特 CP2520 Station-S 两种型号的逆变器。这两种型号的逆变器具有高性能和可靠性，是在考虑电站规模下能够满足其电力转换需求的最优解。[1]

3. 分区设计

为确保全区设备高效运行，以及满足扩展电站总容量到 2000 兆瓦的需求，埃及本班光伏电站共划分了 32 个子系统。每一子系统被分为 4 个分组装置，每个装置具有近 50 兆瓦的交流电力容量（见图 3）。光伏板阵将太阳能转化为直流电能，汇流至子阵逆变器，后转化为交流电。经变压器初步升压，电能集中送至主升压站，最后并入电网系统。多层次设备协同运行，最大程度提高电站的稳定性和运行效率。

---

[1] Mohamed A S A, Maghrabie H M. Techno-Economic Feasibility Analysis of Benban Solar Park [J]. Alexandria Engineering Journal，2022（61）：12593 – 12607.

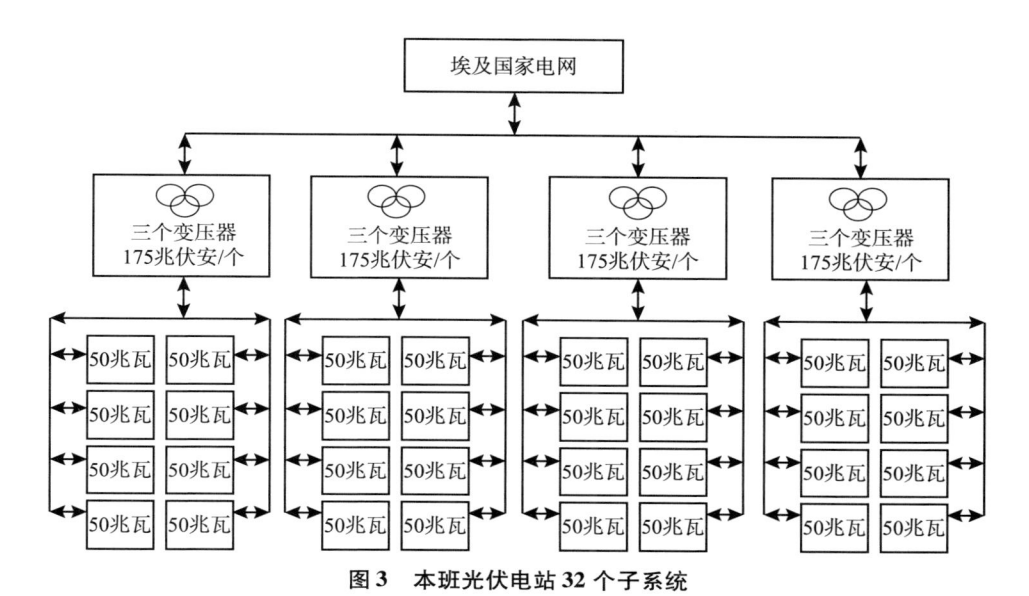

```
                    埃及国家电网
        ┌──────────┬──────────┬──────────┐
     三个变压器   三个变压器   三个变压器   三个变压器
    175兆伏安/个 175兆伏安/个 175兆伏安/个 175兆伏安/个
```

图 3　本班光伏电站 32 个子系统

资料来源：Mohamed A S A, Maghrabie H M. Techno-Economic Feasibility Analysis of Benban Solar Park [J]. Alexandria Engineering Journal, 2022（61）：12593-12607。

（三）项目实施

为推进项目高效执行，正泰新能源特别组建了一支国际化专业团队，并与开发商沙特国际电力和水务公司（ACWA Power）[①] 紧密合作，顺利完成了项目融资，为客户提供全面技术支持与疑难解决方案。项目共分为前期筹备、施工建设和发电运营三个阶段（见表2）。

表 2　正泰新能源本班光伏项目建设历程

建设阶段	具体内容
前期筹备	2016 年，埃及新能源和可再生能源局启动第二轮国家 FiT 光伏电站招标
	2017 年，埃及政府确定由正泰新能源与 ACWA Power 公司合资建设 3 个光伏电站

---

① 沙特国际电力和水务公司成立于 2004 年，是中东最大的电力及海水淡化开发、投资、运营和维护公司。参见 Craft. Acwa Power [EB/OL]. Craft, https：//craft.co/acwa-power, 2024-06-13。

续表

建设阶段	具体内容
施工建设	2018年8月，项目进入建设期
发电运营	2019年8月20日，子项目TK（28兆瓦）投入商业运营
	2019年8月27日，子项目ALCOM（70兆瓦）投入商业运营
	2019年9月8日，子项目ACWA Benban（67.5兆瓦）投入商业运营
	2020年1月，本班光伏项目顺利移交埃及方运营维护

资料来源：笔者根据公开资料汇总。

1. 前期筹备

第一，组建专业团队完成项目融资关闭。2016年，埃及政府启动第二轮国家FiT光伏电站招标。项目方签订埃及购电协议（Power Purchase Agreement，PPA①）期限为25年，所需政府批文完备，获得国家发改委境外投资批复、中国国家外汇管理局货币出入批复、中信保的全面保障。作为埃及政府的特批项目，该项目享受中国对外承包工程保函风险政策、关税优惠政策并且所有项目材料全部免税。在签订PPA购电协议后，正泰新能源组成专门的国际项目团队，包括商务、技术工程、项目融资、工程管理等，与参建单位紧密配合，从促成国际银团的建立，到项目的第三方尽调，再到所有融资前置条件的达成，最终在时间节点前成功完成项目融资。

第二，专家评审团通过技术方案。正泰新能源技术团队致力于为客户提供全面的技术支持和详尽的解决方案。团队充分考虑实际运行中的复杂情况，他们的工作成果在设备性能、系统稳定性及方案创新性等多个维度，均通过了由资深专家和顾问组成的评审团的严格审核，技术方案可行性高。

2. 施工建设

该项目工程规模大，涉及区域广，作业面分散。项目部合理规划，多措

---

① 购电协议通常是从特定的可再生能源发电商（卖方）向可再生能源电力购买者（买方）购买电力和相关可再生能源证书的合同。参见 US EPA. Physical PPA ［EB/OL］. https：//www.epa.gov/green-power-markets/physical-ppa#GeneratedCaptionsTabForHeroSec，2023－10.

并举：召开分工会议，对管理人员进行培训，在施工现场严格管控工程质量安全；定期对工程进度进行评估，确保能在规定工期内完成相应进度。针对不可控的外界因素，例如，埃及的清关效率低、物流成本高等问题，项目部也积极沟通联系埃方，开展专项会议商讨解决方案，尽可能减少对整体工程的影响。正泰集团内部也建有覆盖全集团运营体系的统一智能物流系统，在智能物流系统中，可以统筹规划运输的时间和路线，减少运输上的浪费，同时可以在信息系统上实时查看运输物资的状态和位置。① 在斋月期间，为保证在工人数，团队还增加了保加利亚、中国等非埃方施工队伍，保障项目进展顺利。

3. 发电运营

2019年8月20日、8月27日和9月8日，3个光伏电站前后正式并网投入商业运营，正泰集团在埃及创造了"中国速度"。2020年1月，浙江正泰承建的165.5兆瓦本班光伏项目顺利移交埃方运营维护。此后，中方团队定期通过视频方式为埃方提供技术支持。中方团队精益求精的施工建设、稳定持久的技术服务等，确保了项目平稳运行。光伏产业园经理赫夏姆·马吉德表示，中方团队在系统设计、设备研发组装等方面，为埃及光伏产业发展提供了宝贵经验。②

（四）项目成效分析

1. 发电量评估及环境效益

正泰埃及165.5兆瓦项目建成后，年均发电量约为35504.2万千瓦时，以发电标准煤耗0.36千克/度计算，每年可节约标煤127826吨，相应可减排温室效应气体二氧化碳约309623吨，减排二氧化硫约9338.4吨，减排氮氧

---

① 李欣怡. 基于全价值链的精益成本管理应用研究：以正泰新能源为例 [D]. 杭州：浙江工商大学，2019.

② 周辀，闫韫明，韩硕，等. 凝聚绿色共识　共促绿色发展 [N]. 人民日报，2022 - 02 - 10 (3).

化物约4651.4吨，减排粉尘排放约84507吨，① 环境效益显著。

本班光伏电站于2019年与埃及国家电网相连，为8万户家庭提供足够的电力，减少了42.3万吨二氧化碳排放。欧洲复兴开发银行（EBRD）对埃及本班太阳能设施的估值为40亿美元。表3为本班光伏电站的总体数据概况。

表3　　　　　　　　本班光伏电站的数据概况

电站\数据指标	装机容量（吉瓦）	二氧化碳减排量（吨）	可供电家庭数（户）	面板数量（万块）	应用技术	面积（平方千米）	总成本（亿美元）
本班光伏电站	1.6	423000	80000	720	双面板	37	40

资料来源：AlMallahi M N, et al. A Path to Sustainable Development Goals: A Case Study on the Thirteen Largest Photovoltaic Power Plants ［J］. Energy Conversion and Management：X, 2024（22）：100553；吴越. 我在"一带一路"绿色供电："浙江制造"印上埃及钱币，助力全球碳中和 ［EB/OL］. 潮新闻，https://new.qq.com/rain/a/20231028A018KU00, 2023-10-28。

2. 社会效益

正泰新能源大量使用埃及当地管理人员和劳动力，通过技能培训提升劳动力素质，为当地创造了大量的就业机会，助力缓解当地劳动力市场过载现状，该项目将创造11720个直接就业岗位，实施期间创造23440个间接就业岗位，运营后创造6000个就业岗位，公司利润的10%用于社会责任。② 有效扩大了劳动者就业渠道。在电站的后续发展上，本班当地的工业中学改造为一所专门教授光伏技术应用与创新的学校，将太阳能技术工艺和发电厂运营纳入教学的各个方面，从而提高人岗适配度，确保电站的技术人才供应，推动埃及光伏产业的可持续发展。

---

① 正泰埃及165.5MW项目打造高质量海外样本 ［EB/OL］. 正泰新能源，https://energy.chint.com/news/detail/id/521.html, 2020-03-19.

② "Benban", The Largest Solar Power Plant in Aswan ［EB/OL］. State Information Service, https://www.presidency.eg/en, 2022-09-25.

3. 助力"一带一路"建设

埃及本班光伏电站 165.5 兆瓦光伏项目是正泰新能源在海外 EPC 的重大突破，并体现了其在新业务模式上的创新和探索。浙江正泰新能源开发有限公司凭借卓越技术、优质产品及以客户需求为核心的服务，赢得了广泛赞誉。此项目为正泰与客户和银行建立长期战略合作关系提供了契机，奠定了正泰新能源在非洲市场稳健发展的基础。自"一带一路"倡议提出以来，中埃关系日益密切。浙江作为对非合作的先锋省份，通过加强浙非能源合作，实现了浙江企业"走出去"，携手推动全球能源结构的优化和升级，为实现全球可持续发展目标贡献浙江力量。

五、案例启示

浙江正泰新能源开发有限公司入驻埃及多年，已是有多年浙非能源合作经验的光伏行业龙头企业。本案例研究旨在分析新能源领域中非政企合作路径，希望能丰富日后浙非能源合作的发展思路，达成"双赢"的战略目标。

（一）本土化人才培养，塑造企业良好形象

浙江正泰新能源开发有限公司从上市以来就积极公布社会责任报告，且始终秉承"为客户创造价值，为员工谋求发展，为社会承担责任"的经营理念，将 ESG 理念融入长期发展战略。[①] 无论是在电站的建设还是运营中，浙江正泰新能源开发有限公司均使用了大量的当地劳动力，缓解了当地劳动力过剩的痛点。正泰新能源还定期组织海外员工到中国总部学习培训，推出股权激励计划，启动抗疫物资与光伏电站等公益捐赠项目[②]，在提供全方位人

[①] 张带娣. 社会责任与战略融合视角下企业价值创造研究：以正泰电器为例 [D]. 南昌：江西师范大学，2023：18.

[②] 正泰集团参与的"一带一路"项目 为何被印在埃及钱币上？[EB/OL]. 浙江新闻，https://zjnews.zjol.com.cn/zjnews/202111/t20211119_23382305.shtml，2021 - 11 - 19.

文关怀之外还做到了真正的"授人以渔",缓解了当地就业技能培训需求,增强了埃及的自主建设能力。正泰的本土化人才培养战略有助于加强对"中非命运共同体"外交理念和正确义利观的认同,在树立自身良好形象的同时对外做好国际传播,不仅为他们自身赢得了更多的发展机遇,也拉近浙非人民心与心之间的距离。

(二)加强国际合作,实现互惠共赢管理

浙江正泰新能源开发有限公司创新地实施了"决策管理借鉴中国经验,执行管理融入当地元素"的管理模式。他们没有机械复制国内管理经验,而是依据埃及的实际情况,组建了一支具有多元文化背景的国际化管理团队。该团队对物资采购、工程施工、质量监控甚至安全保障每一环节都实现了精确把控,从而优化资源配置,降低项目风险。正泰集团与埃及本班光伏电站的合作展示出中国企业在国际能源项目中的专业素养和创新合作精神,为后续企业提供了宝贵的经验。本合作项目还对深化浙非能源合作具有重要指导意义,非洲地区的能源开发与利用水平有待提高,浙非能源合作有助于促进非洲能源产业发展,也为浙江企业提供了国际业务,拓展了发展新机遇。

(三)注重环境治理,推进人与自然共生

埃及自然地貌主要是沙漠和半沙漠地区。该项目通过推行沙光互补技术,不仅实现了重大的经济效益和社会效益,还实现了对沙漠的有效治理。据项目运维团队反馈,电站太阳能电池板下的部分地表已经出现了稀疏的小草,这说明电站已经改变了该区域的微生态和局部温度环境,生态逐步改善。该项目还加速了埃及整体能源结构的转型。本班光伏电站的建成和运行预计将为埃及的国家电网提供24亿千瓦时的清洁能源,满足近80000个家庭的用电需求,[①] 从而缓解埃及的能源短缺问题,大幅减少温室气体排放,改善环境

---

① 李慧,董梓童. 埃及光伏产业分析[N]. 中国能源报,2020-12-30(16).

质量，推动埃及能源结构向更加可持续的方向发展。正泰新能源也将这一发展目标贯穿在项目建设中，向世界传播我国的"新发展理念"与绿色低碳的"人类命运共同体"理念，推进国际合作，为人与自然和谐共处提供新方案。

（四）提升社会效益，推动可持续发展合作

埃及本班光伏电站 165.5 兆瓦光伏项目的实施推动了中国先进光伏技术在埃及的应用，为埃及的能源产业带来新机遇。它不仅助力埃及优化能源结构，减少对化石燃料的依赖，还为当地创造了大量就业机会，有效缓解就业压力。该项目既展现了正泰作为新时代浙江民营企业的前瞻视野与责任担当，也进一步提升了其国际形象。埃及电力和可再生能源部副部长穆萨表示，中国在发展清洁能源方面有着先进技术和经验，与中国的合作至关重要。埃及《金字塔报》网站刊文指出，埃中在清洁能源方面的合作取得许多成果。近几年，埃及大力建设电力基础设施，促进经济转型和复苏，中国在这个过程中是重要的合作伙伴。[1] 根据技术、经济、环境和社会标准对埃及五个近零排放能源项目（NZEE）进行优先排序，就社会偏差权重而言，本班的光伏项目排名第一。[2] 概言之，本班的光伏项目实现了经济社会因素的全新赋能，具有坚实的社会基础，助推浙非友好合作可持续发展。

六、结语

新能源产业是保障国家安全、体现国家战略的新兴产业。浙江正泰新能源开发有限公司作为业内同时具备系统集成和技术集成优势的新能源企业，不断推进海外光伏项目属地化管理，实现全球范围的资源配置。通过本次埃

---

[1] 周翀，闫韫明，韩硕，等. 凝聚绿色共识 共促绿色发展［N］. 人民日报，2022-02-10（3）.
[2] Fahmy H, Abdelhady R. Resetting Priorities of Near-Zero Emission Energy Projects: Multi-Criteria Analysis［J］. International Journal of Sustainable Energy, 2023, 42（1）: 1453-71.

及本班光伏电站项目，正泰新能源与客户建立起长期战略合作关系，为埃及能源结构的转型以及可持续发展做出重大贡献。浙非之间的能源合作具有广阔前景与巨大潜力，希望更多企业能迈出国门，实现全球新能源领域的优势互补与互利共赢。未来，浙江正泰新能源开发有限公司将继续助力"一带一路"建设，扩大海外光伏市场，期待正泰新能源赓续书写国际能源合作的新篇章。

· 启示篇 ·

中国将实现"双碳"目标:初步探究非洲国家能向中国学什么?

卡 斯*

  摘 要:气候变化是人类共同面临的问题和严峻挑战。非洲国家普遍经济欠发达,其工业发展程度依然处于初步阶段,二氧化碳排放力度不大。近年来,非洲多国已不断出现洪水、飓风、干旱等极端天气,为其带来了极其严重的负面影响,且大部分非洲国家至今没有有效措施防止极端天气所带来的冲击。[①] 因此,非洲多国已经迫切与国际社会就共同实现"碳中和"目标,积极为《巴黎协定》[②] 与联合国全球零碳竞赛倡议[③]做出自己的贡献。中国已进入减

---

 * 作者简介:[布隆迪] 卡斯 (Kaze Armel),博士,湘潭大学中国 - 非洲经贸法律研究院副研究员。
 ① CBS News. Flooding in Tanzania and Kenya Kills Hundreds as Heavy Rains Continue in Region [EB/OL]. https://www.cbsnews.com/news/tanzania-kenya-heavy-rains-flooding-deaths/,2024 – 04 – 26.
 ② Klein D,Carazo M P,Doelle M,et al. The Paris Agreement on Climate Change:Analysis and Commentary [M]. Oxford University Press,2017:480.
 ③ Jessica F. Green,Raul Salas Reyes. The History of Net Zero:Can We Move from Concepts to Practice? [J]. Climate Policy,2023,23 (7).

污降碳协同增效的高质量发展阶段。中方已表示愿意与非洲国家合作共同实现"碳中和"目标,共促绿色发展,构建人类命运共同体。为了实现"碳中和"目标,非洲国家不仅需要国际社会的广泛支持,更需要与中国加强应对气候变化领域的技术合作,甚至需要学习中国绿色经济发展的成熟经验。

关键词:碳达峰;碳中和;绿色发展;中国;非洲

一、引言

人类最主要的能源,无论是石油还是煤炭,都是由碳元素构成的。工业革命后,由于西方发达国家碳能源的燃烧过度,导致了大量的二氧化碳温室气体的产生。过量排放温室气体导致了气温在短时间内迅速升高,造成像洪水、海啸、严寒、热浪等一系列极端天气,直接影响人类的健康未来。[①] 目前,人类面临着全球气候变暖的严峻挑战。根据联合国政府间气候变化专门委员会(Intergovernmental Panel on Climate Change,IPCC)发布的《气候变化2022年:减缓气候变化》,2010~2019年全球温室气体年平均排放量处于人类历史上最高水平,但增速放缓。世界气象组织(World Meteorological Organization,WMO)于2022年11月6日发布了《2022年全球气候状况》临时报告指出,2022年全球平均气温比工业化前(1850~1900年)的平均气温高出了1.15℃,导致2022年后全球接连发生高温、暴雨、洪水以及旱灾等气候灾害事件。目前,尽管全球以化石能源为主体的能源结构依然没有改变,以二氧化碳和甲烷排放为主体的温室气体结构也没有改观,主要排放国高能源消耗、高温室气体排放的工业结构同样也没有改善,但是,近些年,部分

[①] Kaygusuz K. Renewable Energy Sources: The Key to a Better Future [J]. Energy Sources, 2010, 24 (8): 787.

发展中国家通过减排举措迈出了坚实的步伐。① 其中，中国的主动担当与贡献力度有目共睹，已为广大发展中国家碳达峰、碳中和（简称"双碳"）行动的实施作出了良好国际示范。例如，2021 年 10 月 15 日，中国国家大型风电光伏基地青海海南、海西基地项目开工，通过光伏治沙等模式，有望实现新能源与生态协同共进。

2015 年在巴黎签署的《巴黎协定》呼吁世界各国重视气候变化及其负面影响。《巴黎协定》的重要意义在于其反映并强化了全球气候治理转型的总体趋势。② 气候变化及其负面影响是全人类共同面临的迫切问题和严峻挑战，特别是发展中国家。非洲是发展中国家最集中的大陆，大部分国家由于气候变化不断面临洪水等灾害事件，且只有部分非洲国家具备足够能力应对气候变化带来的负面影响。气候变化是人类面临的全球性挑战，世界各国应该重视绿色发展，构建人类命运共同体。为积极应对全球气候变化带来的严峻挑战，中国提出二氧化碳排放力争 2030 年前达到峰值，努力在 2060 年前实现碳中和。③ 如今，中国已进入减污降碳协同增效的高质量发展阶段。

"双碳"成为破解资源环境约束突出问题、实现可持续发展的迫切需要。在"双碳"政策体系的加快构建下，中国能源、冶金、化工、建筑、交通、农业等行业已编制专项行动方案。该方案指出中国政府对"双碳"目标的重视，也在作出相应努力实现该目标。2030 年前碳达峰，2060 年前碳中和。这不仅是中国政府做出的承诺，更是目前中国政府推进的重点工作。2020 年，中央经济工作会议首次将做好"双碳"工作作为年度重点任务之一。"双碳"目标已成为地方和企业发展的指挥棒，影响着地方决策、产业结构、能源结构、投资结构等。"双碳"目标是中国追求高质量发展、推进中国现代化建设的必然要求，也是中国积极应对全球气候变化，构建人类命运共同体的责

---

① Kong F, Wang Y F, Wang X N. How to Understand Carbon Neutrality in the Context of Climate Change? With Special Reference to China ［J］. Sustainable Development，2022，8（1）：1-14.
② 于宏源. 低碳经济背景下的全球气候治理新趋势 ［N］. 东方早报，2016-12-06（B10）.
③ Yang Z J, Shi D Q. Towards carbon neutrality：The Impact of Innovative City Pilot Policy on Corporate Carbon Intensity in China ［J］. Climate Policy，2021，23（8）.

任担当。① 为应对全球气候变化带来的重大威胁，越来越多的国家已将"碳中和"上升为国家战略，提出了无碳未来的愿景。另外，在中国积极参与和引领全球气候治理的影响下，大部分发展中国家和经济转型国家纷纷跟进，同时也发布了自己的"双碳"时间表。

作为世界上最大的发展中国家，中国基于推动实现可持续发展的内在要求和构建人类命运共同体的责任担当，宣布了"双碳"的目标愿景。② "双碳"中的"碳达峰"是指在某一个时点，二氧化碳的排放不再增长，达到峰值之后逐步回落，而"碳中和"是指一个国家的温室气体排放与大自然所吸收的温室气体相平衡。实现碳中和对世界各国的长期发展至关重要。2020年9月22日，中国国家主席习近平在第75届联合国大会上指出，中国将提高国家自主贡献力度，采取更加有力的政策和措施，二氧化碳排放力争2030年前达到峰值，努力争取2060年前实现碳中和。这是迄今为止世界各国作出的减少全球变暖预期的最大承诺，得到了外界瞩目。③ 实现"双碳"目标是中国深思熟虑作出的重大战略决策，是着力解决资源环境约束的突出问题，是实现中华民族永续发展的必然选择，是构建人类命运共同体的庄严承诺。

近年来，随着非洲国家不断面临极端天气带来的负面影响。为应对气候变化，非洲国家不断向国际社会及其他发展中国家学习新技术。气候变化已成为非洲国家自然生态环境和社会经济发展的重大挑战。非洲作为发展中国家最集中的大陆，在适应气候变化带来的诸多负面影响过程中采取了多种应对措施，付出了巨大努力。非洲国家以每年国内生产总值的5%左右用于支持减缓气候变化的各项措施。在推动全球气候议程方面，54个非洲国家中有53个签署并批准《巴黎协定》，提交了国家自主贡献目标，且在清洁能源、土地利用、森林保护等领域采取了一系列行动。中国与非洲国家在应对气候

---

① 代志新. "双碳"目标下的绿色税制优化建议 [N]. 中国财经报，2024 – 02 – 27 (06).
② Wu Y Q, Yao L X. Carbon Productivity and Economic Growth Patterns in China [J]. Economic Research，2022，36 (1).
③ 卡斯. 绿色发展：非洲国家能向中国学什么？[J]. 中国投资，2024 (C3)：88 – 89.

变化进程中不断加强协调与合作，有效提升了非洲国家应对气候变化的韧性和能力。

二、中国在新能源转型领域的辉煌成就

（一）中国的可再生清洁能源的装机容量越来越大

自中国签署《巴黎协定》以来，其可再生能源领域不断实现新突破。[1]从装机规模来看，2003年中国的前三个季度，全国可再生能源新增装机1.72亿千瓦，同比增长93%，占新增装机的76%。其中，水电新增装机约788万千瓦，风电新增装机约3348万千瓦，光伏发电新增装机约1.2894亿千瓦，生物质发电新增装机约207万千瓦。到2021年，中国新增光伏发电并网装机容量也不断实现新突破，装机容量约为6000万千瓦，连续十余年居世界首位。中国的光伏发电并网装机容量达到3.06亿千瓦，连续十年位居世界第一。随着中国可再生清洁能源的装机容量越来越大，中国部分省份目前正在利用沙漠、戈壁、荒漠等地区加强建设大型光伏和风电基地。同时，中国国家能源局公布了全国600多个县的光伏推进名单。按照中国"碳中和"的行动目标，到2025年可再生能源发电装机占比将超过50%，到2060年非化石能源消费占比将达到80%。可以说，中国发展可再生清洁能源的市场空间广阔。[2] 截至2023年9月底，中国的可再生能源装机同比增长20%，约占中国全国总装机的49.6%，已经超过火电装机。与此同时，可再生能源发电量稳步提升。2023年前三个季度，中国的可再生能源发电量达2.07万亿千瓦时左右，约占全部发电量的31.3%。其中，风电光伏发电量达1.07万亿千瓦时左右，同比增长约22.3%，超过了同期城乡居民生活用电量。近年来，中

---

[1] 金轩. 中国新能源产业发展助力全球绿色低碳转型［J］. 资源再生，2024（5）：21-22.
[2] 王丽敏，王庆丰，刘晓慧. 中国"十四五"时期可再生能源发展预测分析［J］. 科技管理研究，2024，44（5）：209-215.

国可再生能源利用率不断提升。2023 年前三个季度，全国风电平均利用率97.1%，同比增长 0.6 个百分点；光伏发电利用率达到 98.3%，同比提升0.3 个百分点。①

自 2021 年起，中国的可再生能源发电装机继续保持稳步增长，成绩斐然。可再生能源重大工程取得阶段性进展，亮点纷呈。2022 年，装机规模全球第二的白鹤滩水电站 16 台百万千瓦机组全部投产发电，标志着长江干流正式建成。2022 年，世界最大清洁能源走廊，抽水蓄能电站，核准规模超 5000万千瓦，步入快速发展新时代。在该清洁能源走廊里，每滴水能发 6 次电。在长江最上游还能发电 18 次。中国梯级水电站绿色发电世界领先，长江流域水流六座大型水电站，有乌东德、白鹤滩、溪洛渡、向家坝、三峡和葛洲坝，自上而下构建了这条世界最大清洁能源走廊。另外，2022 年，中国国家能源局把以沙漠、戈壁、荒漠地区为重点的大型风电光伏基地稳步推进，建设作为"十四五"新能源发展的重中之重，全力推动以上述地区为重点的大型风光电基地建设。

中国可再生能源的不断发展引起国际社会的关注。在 2021 年 9 月召开的第 76 届联合国大会上，中国承诺，2021 年底之后不再新建境外煤电项目，反而大力支持发展中国家的能源绿色低碳发展。笔者认为，中国的示范和帮助，加上在可再生能源领域经验如此丰富，有利于广大发展中国家借鉴和学习，可以改善能源结构，促进光伏发电、风力发电、水力发电等产业的大力发展，减少全球温室气体的排放。以区域和流域为单元，优化工业结构，可以减少同质化低端竞争，各地区、各行业正积极做好经济增长和减污减排的加减法。在减污降碳协同增效方面，中国同样持续发力。例如，钢铁行业探索利用风力发电和太阳能发电产生的氢气替代焦炭炼钢；中国部分城市已开通了氢能公共汽车，甚至部分县城正在探索将水稻改为旱作稻，减少农业甲烷的排放；中国乡村建筑采用节能和保温改造工程，减少了冬季取暖、夏季

---

① 温源远，蓝艳，于晓龙，等. 可再生能源的发展现状及趋势［J］. 环境保护，2024，52(5)：68 - 72.

制冷的能源消耗和碳排放；赤泥转化为赤泥砖，磷石膏、煤矸石转化为建筑材料和可利用的热能；等等。中国一些地方以前堆积如山的大宗工业固废正在通过综合利用得到消纳。总之，降碳、减排的区域和流域大格局正在建立。一些企业通过技术改造和工艺升级提升了行业的竞争力；一些行业"双碳"的做法上升为全国性标准，成为可复制、可推广的宝贵经验。这对于广大发展中国家来说具有巨大的示范和启迪意义。

（二）中国碳交易市场的运行发展平稳

中国是新兴经济体中最早启动碳交易市场的国家之一。2013年中国碳交易试点启动前，仅有经济合作与发展组织（Organization for Economic Cooperation and Development，OECD）的法国、德国、新西兰、美国、加拿大、日本等在国家层面或省级层面运行碳交易市场。2017年底，中国的碳市场完成总体设计，但到2021年才正式启动。中国全国碳排权交易市场建设方案出台后明确了碳交易市场是控制温室气体排放的政策工具，碳交易市场的建设已以发电行业为突破口，分阶段稳步推进。2021年7月16日，中国碳交易市场上线交易正式启动。中国的碳排放权交易市场的交易中心目前位于上海，碳配额登记系统设在武汉。

近日（上海环境能源交易所数据显示，全国碳市场收盘价格继2024年4月24日首次破百后，25日继续上涨，收盘价为102.41元/吨，这一价格较2021年7月全国碳市场开市时的48元/吨上涨超过100%），中国碳价突破100元/吨，比2021年开市时的48元/吨翻了一番，已达到了欧盟碳市场2018年的水平。虽然和欧洲碳价水平差距较远，但也超过韩国碳价（50元/吨），靠近美国区域温室气体倡议（Regional Greenhouse Gas Initiative，RGGI）的价格（120元/吨）。不断上升的碳价和不断扩大的容量，说明中国政府和市场都认同碳市场在减排和实现"双碳"目标方面的巨大潜力。①

---

① 陈志斌. 中国如何参与塑造全球碳市场？[EB/OL]. Dialogue Earth，https：//mp.weixin.qq.com/s/dIza8yd9Wa3zYJWVPfRP-g，2024-06-25.

在 2021 年 12 月 31 日，中国碳市场碳排放配额累计成交量达 1.79 亿吨，成交额达 76.84 亿元。从目前来看，自 2021 年中国碳排放交易市场正式启动以来，碳排放交易市场运行平稳，碳交易金额是全球第一，为中国绿色低碳发展经济提供了良好条件。中国碳排放交易市场在 2013~2023 年成交额已累计高达 3.8 亿元，居全球第一。到 2024 年，中国碳排放交易市场的交易额不断增加，中国的碳交易市场不断稳步发展。作为世界上最大的碳排放交易市场，全国碳排放交易市场的平稳运行对中国的绿色低碳发展起到了积极的推动作用，值得其他国家学习。在中国碳排放交易市场，其他国家不仅可以了解到碳排放交易的最新动态，还可以学习到中国企业和机构在绿色低碳发展方面的成功案例和经验。另外，中国碳排放交易市场的建立体现了中国应对气候变化的决心，也为国内外的企业和机构提供了一个有效的碳交易平台。①

绿色经济在中国的发展已经势不可当，其中碳排放交易市场是这一进程中的重要力量。从前景来看，中国碳排放交易市场迎来新的发展机遇。随着"双碳"目标的明确，中国碳排放市场逐步扩大了其行业覆盖范围。从最初的电力行业扩展到更多的高排放行业。这不仅为相关企业提供了减排的激励，也为整个经济体系向绿色低碳转型提供了强大的动力。此外，随着中国碳排放权交易市场的重启，更多相关企业已在通过参与碳交易来实现其减排目标，同时也为投资者提供了新的投资渠道。碳定价机制的完善将进一步激励企业积极减排，推动经济绿色转型。电力行业的配套机制研究与电力市场的协同也为碳交易市场的发展提供了宝贵的经验。电力市场的成熟运行为碳交易的稳定运行提供了有力支撑，同时也为其他行业提供了借鉴。未来，随着碳排放交易市场的不断发展和完善，预计中国将成为全球规模最大、影响力最强的碳排放交易市场之一。预计到 2029 年，中国碳市场运行效率还将继续上升。无论是从中国政府对该市场的支持来看，还是从交易的角度来说，中国

---

① 2021 年全国碳排放权市场总成交量 1.79 亿吨 累计成交额 76.61 亿元 [EB/OL]. 新华财经，https：//www.cnfin.com/dz-lb/detail/20211231/3501571_1.html，2021 - 12 - 31.

碳排放交易市场发展都将具有重要地位和意义，可作为广大发展中国家的参考并斟酌学习。

三、非洲国家积极推动能源绿色转型的做法及初步成绩

（一）非洲联盟《2063 年议程》不断推动其能源绿色转型行动

非洲国家的能源转型是全球可持续发展进程的关键议题，关系到 13 亿人口能否享有现代化的生活水平、获得赶超式发展的能力，也关系到全球应对气候变化威胁、实现能源资源永续利用的成败。① 目前，非洲多数国家已经制定了能源转型的战略目标和行动方案，并获得了初步成效。面对全球趋势和非洲各国状况，非洲联盟提倡的《2063 年议程》中，号召所有非洲国家实施能源转型。非洲联盟和超过 45 个非洲国家已经制定了清晰的能源转型目标，非洲政界、产业界等经常使用联合国"可持续发展目标 7：经济适用的清洁能源"表述转型追求的渴望。②

自 20 世纪 90 年代初以来，空气污染是非洲国家严重的健康隐患之一。近年来，非洲空气污染造成的过早死亡人数不断攀升。因此，非洲联盟提倡的《2063 年议程》第二个十年发展规划中号召非洲所有国家重视 2015 年世界大部分国家重视并签署的《巴黎协定》。非洲联盟提倡的《2063 年议程》第二个十年发展规划提出将应对气候变化、实现可持续发展的能力作为重要目标之一。当前，尤其是后疫情期，非洲部分国家正积极推动能源绿色转型和温室气体减排行动，促进整个非洲大陆可持续健康发展。③

---

① 张锐. 非洲能源转型的内涵、进展与挑战 [J]. 西亚非洲, 2022 (1): 51-72, 157-158.
② United Nations. Sustainable Development Goals 7—Ensure Access to Affordable, Reliable, Sustainable and Modern Energy [R/OL]. United Nations, https://www.un.org/sustainabledevelopment/energy/, 2024-06-29.
③ Olatunji O O, Adedeji P A. Reimagine Renewable Energy Exploration in Post-Covid-19 in Africa [J]. Energy Sources, Part A: Recovery, Utilization, and Environmental Effects, 2022, 44 (2): 4275-4295.

2022年9月12日至16日，在非洲塞内加尔召开了第十八届非洲部长级环境会议。此次会议的主题为"确保非洲人民的福祉和确保环境的可持续性"。来自非洲各国的50多名环境部官员在塞内加尔重点讨论非洲大陆塑料污染和垃圾焚烧带来的环境问题。该会议的目的是重新号召非洲国家领导重视大陆的环境污染问题，号召他们引导自己的人民重视环境污染问题。

2020年底，非洲环境问题部长级会议第八届特别会议上，54个非洲国家一致同意实施非洲联盟《2063年议程》所提倡的环保计划，也一致同意实施该议程中的"绿色复苏计划"，致力于推动更低碳、更具韧性、可持续性及包容性的经济发展。在该会议上，来自南非环境、森林及渔业部部长芭芭拉·克里西（Barbar Creecy）表示，针对非洲部分国家每年面临干旱、洪水等极端天气带来的负面影响，非洲国家需要在更大范围内实施环境保护和可持续发展计划，努力推动非洲各国实现绿色复苏。

（二）非洲多国正积极出台发展低碳经济相关措施

非洲大部分国家正努力转向发展有韧性的低碳经济，特别是对于实现非洲联盟推进的《2063年议程》第二个十年的可持续发展目标至关重要。通过逐步淘汰一次能源（如化石燃料）、加大清洁能源方面的投资等措施，非洲国家根据自己的国情背景下，正为全球应对气候变化发挥着不可忽略的作用。因此，近年来，非洲多国所提出的重要政策中有大量关于如何有效应对气候变化之策，也积极出台发展低碳经济的相关措施。目前，超过90%的非洲国家正式批准应对气候变化的《巴黎协定》，许多非洲国家也承诺在相对较短的时间内推动能源绿色转型。除此之外，除非洲联盟在引导非洲国家努力转向发展低碳经济外的同时，非洲开发银行和非洲地区组织和机构也在鼓励非洲国家做出更大的努力实施《巴黎协定》。例如，非洲开发银行在2023年7月批准通过非洲可持续能源基金，向"非洲能源转型催化剂计划"提供788万美元赠款，旨在支持非洲的清洁能源发电项目。另外，非洲联盟发展署和国际可再生能源署2023年9月4日签署协议。该协议将为非洲国家实现非洲联盟《2063年议程》和联合国2030年可持续发展目标提供支持。该合作协议提出，将通过加强非洲可再生能源项目的实施，为项目开发商进入国际可再生能源署气候投资平台和能源转型加速器融资平台提供便利。

近年来，超过70%的非洲国家将发展清洁能源和清洁农业列入应对气候变化的国家自主贡献行动。超过80%的非洲国家为推动低碳经济发展持续出台相关政策措施。[1] 例如，尼日利亚联邦政府支持的国民光伏扶助计划"太阳能家用系统"已于2020年正式实施，主要为尼日利亚国内较偏远地区缺电人口提供清洁电力。据尼日利亚当地媒体报道，该计划已使当地约2500万人口受益。另一个出台发展低碳经济相关措施的非洲国家是南非。不管是南非前总统祖马还是现任总统拉马福萨，都非常重视该措施。拉马福萨总统以及他的团队出台了一系列措施鼓励可再生能源的开发，并提出在2030年前将煤电占比降到约48%，到2050年前努力实现碳中和目标。非洲国家加蓬的做法也值得一提。加蓬为了提高其面临气候变化带来负面的影响的能力，建立了13个国家公园、9个海洋公园和11个水产保护区，保护了11%的国家领土。自2010年以来，加蓬还致力于保护覆盖其89%领土的森林。加蓬的森林每年吸收近2.32亿吨二氧化碳。这一数字超过了加蓬整个国家的总排放量。[2]

非洲部分国家在尝试联手共同推进绿色债权以及相关措施，绿色债权受到全球投资者欢迎。从整个非洲大陆来看，政策制定者已开始采取相关措施尝试进入全球绿色金融市场。部分国家如摩洛哥、埃及、肯尼亚加纳等已在发行绿色主权债权并在推动绿色投资方面进行尝试。非洲国家如卢旺达、中非共和国、乌干达和坦桑尼亚已积极加入该联盟，也在不断推进绿色投资方

---

[1] 王涛，王猛. 非洲低碳发展的现状、机遇及挑战 [J]. 西南石油大学学报（社会科学版），2015（2）：1 – 9.

[2] 最不发达地区如何应对气候变化？必须兼顾人口生存和保护环境 [N]. 南方都市报，2023 – 11 – 14.

面的政策。

四、中国与非洲国家在绿色产业合作：清洁能源和可再生能源

（一）中非的清洁能源合作为非洲国家的可持续发展注入强劲动力

清洁能源对任何国家的长期发展和繁荣至关重要。它能促进经济可持续增长，提高人类福祉，并支持更健康、更富有成效的生活。中国在清洁能源发展方面成绩斐然，是清洁能源领域的冠军。中国在清洁能源领域取得了许多显著成就。[①] 此外，中国的重要贡献体现在降低清洁能源设备的市场价格，这对世界其他国家，尤其是广大发展中国家发展清洁能源给予了帮助。在清洁能源领域，非洲国家属于落后一方。但近些年，非洲国家一直重视清洁能源领域的发展。自2021年中非合作论坛第八届部长级会议通过《中非应对气候变化合作宣言》后，非洲国家逐步重视该领域的开展。因此，中国与部分非洲国家如尼日利亚、坦桑尼亚和肯尼亚已经开始在该领域的合作。按装机容量来看，如果中非在清洁能源领域合作在建的项目顺利投入运行，非洲大陆将拥有超过27千兆瓦的绿色能源产能。这将为非洲国家的可持续发展注入新的动力。

2021年11月，中非合作论坛第八届部长级会议所通过的《中非应对气候变化合作宣言》使中非在清洁能源合作开启新的合作空间。签署该宣言之后，中非在清洁能源领域，尤其是在气候合作方面取得了显著进展。中国已在非洲国家开展气候方面的各种项目，截至2024年5月24日，已签署高达122个。[②] 表1列出了中非在清洁能源合作领域中的基本情况。截

[①] Huang H, Huang H. China's Policies and Plans for Clean Energy Production [J]. Energy Sources, 2017, 12 (12): 1046.

[②] Development Reimagined Data [EB/OL]. https://developmentreimagined.com/expert-view-china-africa-climate-action-tracker-may-2024/, 2024-06-26.

至 2024 年 5 月 24 日，睿纳新国际咨询有限公司（Development Reimagined）出具的新数据显示，在过去 6 个月，中非有达 30 个在建新清洁能源领域的项目。

表 1　　　　　　　2024 年中非清洁能源领域合作情况

项目类别	记录计数（个）	发展占百分比
可再生能源	77	63.1%
气候友好型	30	24.6%
清洁技术	10	8.2%
清洁交通	5	—

资料来源：睿纳新国际咨询有限公司官网［EB/OL］. https：//developmentreimagined.com/expert-view-china-africa-climate-action-tracker-may-2024/，2024。

中国在非洲国家的气候相关项目主要以工程承包为主。最新数据显示，中国在非洲气候相关项目高达 104 个，占比 66%。在这 104 个项目中，有 19 个项目的资金支持，包括投资和贷款，都由中国企业提供。表 2 列出了中国企业在非洲部分国家资助气候相关项目情况。

表 2　　　　中国企业在非洲部分国家资助气候相关项目情况

中资企业名称	承包项目数量（个）
中国电力建设集团	24
中国能源建设股份有限公司	8
中国建筑集团有限公司	5
中国水利水电建设股份有限公司	4
中国土木工程集团有限公司	3
华为技术有限公司	3
中地国际工程有限公司	2
中国水利水电第十一工程局有限公司	2

续表

中资企业名称	承包项目数量
中国葛洲坝集团有限公司	2
中国中铁股份有限公司	2

资料来源：睿纳新国际咨询有限公司官网［EB/OL］．https：//developmentreimagined.com/expert-view-china-africa-climate-action-tracker-may-2024/，2024。

自2000年以来，中国已经为非洲国家提供超过130亿美元的资金，并开发了超过10吉瓦的清洁能源产能。[①] 目前，非洲大陆有部分国家已经开始使用包括太阳能、风电、潮汐能等在内的可再生能源发电，例如，肯尼亚已经有约90%的电力取自可再生能源。这个数字到2030年预计将高达100%。根据国际可再生能源机构的数据显示，到2030年，非洲国家将大规模通过使用本土清洁的可再生能源满足其近1/4的能源需求。

中非在清洁能源领域合作的不断加深，将降低非洲用电的成本。中非在清洁能源领域合作将为非洲国家实现"碳中和"目标提供较好的路径。

（二）中非在可再生能源方面的合作为非洲部分国家解决缺电问题提供了有力支持

随着全球能源结构的转型趋势和近年气候变化带来的紧迫挑战，可持续发展已经成为世界各国努力的共识。在此背景下，非洲国家不断地利用自己的自然优势发展光伏产业。非洲大部分国家拥有充足的阳光优势，使非洲成为世界上阳光最充足的地区，非洲大陆甚至拥有世界60%以上的最佳太阳能资源。但是，超过60%的非洲人民至今无法获得稳定的电力供应，甚至许多非洲国家如布隆迪、苏丹、刚果（金）、尼日尔等国在短期内尚无法提供满足需求的电力基础设施。以尼日尔为例，它是西非地区中的一个国家。该国

---

① 李沫晨，王婷．中非清洁能源经贸合作的发展路径［J］．中国投资（中英文），2024（3）：76–78．

是世界上阳光最充足的国家之一，但只有不到 1/5 的人口可用充足的电。在整个西非地区，大约一半的人口缺电，包括萨赫勒地区在内，只有 3% 的家庭使用太阳能。广阔的日照和无限的天然资源与比较严重的电力短缺现象形成鲜明对比。在非洲大陆利用太阳能潜力，特别是在萨赫勒地区，促进经济活动和确保整个萨赫勒地区的和平安全比以往任何时候都更加紧迫。[1] 因此，建议中国涉及光伏方面的企业，应将非洲作为另一个投资的热土。

2014 年以来，中国光伏技术在非洲大部分国家很受欢迎，特别是自中国提出 2060 年前实现"碳中和"目标之后，中国光伏行业进入了海外高速发展时期。随着中非双方不断地加强各方面的合作，中国的光伏技术已经在改善非洲部分国家的电力供应。另外，随着中非双方商业往来关系的不断发展，非洲已经成为中国企业从事光伏"走出去"的重要市场。投资离网光伏供电有关项目在很多非洲国家已经启动，将解决非洲大部分国家缺电地区民众的基本生产和生活用电需求，也将提高非洲缺电地区的通电率。

非洲大陆的光照辐射较强，非洲国家，特别是北非及西非地区的国家，太阳能辐照资源很丰富，适合使用光伏技术。另外，非洲国家总体光照和土地条件优越，单位千瓦装机平均每天发电量为 4.5~6 度，光伏发电发展潜力巨大。而中国拥有世界上最完整的光伏产业链，包括装备制造、设计建造、运营维护等。中国的光伏技术成本比欧洲国家同样企业同样技术成本要低。因此，非洲当地政府为推动可再生能源的发展，不断探索与中国相关企业（如中国电建集团）合作，甚至对有资金压力的家庭提供补助，并支援安装离网分布式光伏。目前中国部分企业在很多非洲国家已开展安装太阳能，使非洲太阳能发展很快，也引起世界瞩目。非洲太阳能产业协会发布《2023 年展望报告》，该报告显示非洲地区光伏产业正加速发展，使非洲国家（如南非、摩洛哥、埃及等国）在光伏建设领域处于领先地位。除此之外，非洲国家（如佛得角、博茨瓦纳、厄立特里亚等）都在加大光伏产业投资，甚至已

---

[1] Rahut D B, Mottaleb K A, Ali A, et al. The Use and Determinants of Solar Energy by Sub-Sharan African Households [J]. International Journal of Sustainable Energy, 2017, 37 (8): 718.

经在建设运营大型光伏项目。

充足的光照资源和自然条件，传统发电成本的不断上升，以及非洲当地电力缺口和经济发展的需求，都让非洲太阳能光伏的优势越发凸显出来。然而，非洲部分国家由于经济条件的制约，其政府财政上很难迅速让光伏市场呈井喷式发展。非洲国家应更加重视离网光伏发电的使用。离网光伏发电相对于非洲国家普遍使用的柴电机发电具有环境友好、无污染、性能稳定可靠、操作维护简单且发电成本很低等特点。总之，电气和可再生能源的普及即将为非洲各国的首要任务。然而，在10年前，非洲国家实际安装光伏率仍然很低。例如，截至2019年底，非洲光伏装机容量仅为6.6吉瓦，仅占全球光伏装机容量的1%。当光伏技术的使用在全球范围内不断增长时，非洲作为世界上阳光最充足的地区却几乎没有安装任何新的太阳能系统，这将给中国企业从事光伏技术带来投资机遇。将来清洁和可持续的电力是非洲国家领导重视的领域之一，是改善非洲国家经济和社会条件的关键。[①] 当然，如果中国企业要在该领域投资，需要准备更多的交易途径并减少投资风险，包括增加政治风险覆盖面、加强信用评价体系建设等。另外，中非双方普遍存在资金、技术、资源和市场的结构性互补。这种互补性将为中非双方新能源合作提供了广阔的发展空间。

未来数年，非洲大陆这一市场将非常广阔，非洲能源行业将成为最具前景的投资领域之一。非洲部分国家将进一步向风能、太阳能等可再生能源倾斜。目前，中国企业及部分欧洲国家企业的投资，已进一步改善了非洲大陆在该领域的技术。由中国企业及欧洲企业在非洲不同国家新能源领域投资，该领域新技术的开发将不断地降低新能源发电成本，为新能源在非洲大陆的应用开辟广阔前景。展望未来，光伏将在非洲人民通电的进程中扮演着重要角色。中国光伏走进非洲大陆市场，将改变非洲人民未覆盖电网的地区，同时也将点亮非洲人民的生活。

---

① Okoro O I, Madueme T C. Solar Energy：A Necessary Investment in a Developing Economy ［J］. International Journal of Sustainable Energy，2007，25（1）：23-31.

五、非洲国家为将实现"碳中和"目标应该向中国学习的做法

（一）防沙、治沙技术和经验

沙漠化是全球重要的环境问题之一，被称为"地球癌症"的荒漠化，威胁着全球2/3的国家和地区，影响着1/5人口的生存和发展。非洲大陆是受荒漠化影响最严重的地区，占全球荒漠55%。撒哈拉沙漠是全球最大的沙漠，包括了北非、阿尔及利亚、乍得、埃及、利比亚、马里、毛里塔尼亚、摩洛哥、尼日利亚、西撒哈拉、苏丹、突尼斯的大部分。撒哈拉沙漠天气炎热，几乎寸草不生。沙漠以南是荒漠地带，荒漠地带再过渡到稀疏草原地带，荒漠地带并没有完全沙化，但雨水稀少土地干燥，难以形成植被。更加令人担忧的是，过去100年里，撒哈拉沙漠向南部扩张了10%的面积。毫无疑问，如果任由其发展，飞扬的风沙将一路向南，而整个撒哈拉沙漠东西北面临海，只会继续往南扩张，甚至到达非洲中部。目前，撒哈拉沙漠和草原地区中间的荒漠带有1.35亿的人口。预计到2050年，这片区域的人口数量将达3.4亿甚至更多。这里几乎没有可以种植农作物的土地，因为缺少水和食物，这里是世界上最贫穷的地区，而为了水和食物，大动干戈，甚至发生武装冲突，也是时常发生的事情。[①]

2007年，为应对日益严峻的荒漠化危害，非洲撒哈拉沙漠以南的11个国家联合启动"非洲绿色长城"计划，即建立一条横穿非洲大陆的绿化带，来阻止撒哈拉沙漠南移。这条绿化带长4800英里，宽10英里。该项目预估花费80亿美元，预计到2030年完成。虽然计划宏伟、目标清晰，但是该计划因其覆盖面广、工程量大以及区域、技术差异等原因，面临诸多挑战，特别是缺乏成套的技术模式与综合系统方案，其进度很难按照预定计划的时间

---

① Guerilla Operations in Western Sahara: The Polisario versus Morocco and Mauritania [J]. The Quarterly Journal, 2017, 16 (3): 40.

完成。

近几年,在非洲各国联合建设"绿色长城"的同时,中国也在积极地进行"治沙"行动且成果显著。目前,中国已经成功遏制荒漠化扩展态势,荒漠化、沙化、石漠化土地面积近5年持续缩减,沙区和岩溶地区生态状况整体好转,实现了从"沙进人退"到"绿进沙退"的历史性转变。中国荒漠化面积较大、受影响人口多、风沙危害严重。全国荒漠化土地总面积261.16万平方公里,占国土面积的27.2%。岩溶地区石漠化土地面积为1007万公顷。中国坚持治山、治水、治沙相配套,封山、育林、育草相结合,禁牧、休牧、轮牧相统一,全力推进荒漠化防治工作。[①] 中国多年来一直在西部和北部地区推行防沙治沙和退耕还林工程。2013年至今,中国净增长的森林面积总量相当于中国河北省的面积,也接近整个塞内加尔的面积。中国的技术优势在哪里? 值得非洲国家学习的方面或者经验何在? 环境与可持续发展相关专家就表示,中国的技术更注重应用,成本更低,这对非洲国家来说非常理想。因此,埃及、博兹瓦纳、布隆迪、利比里亚等非洲国家的技术人员、记者等不断到中国来参观学习,或借助"一带一路"倡议开展技术合作项目。中国的治沙团队到非洲国家去传授治沙技术和经验。只是,由于"绿色长城"计划需要的资金量巨大,一树一木的种植,需要的人力资源也相当庞大,加上其他原因,这个项目进展缓慢,目前,整体上只完成了15%。但是,在防沙治沙方面的中国经验,无疑是非洲各国联合遏制撒哈拉沙漠扩展、兴建"绿色长城"的"灯塔"。

下文以埃塞俄比亚为例,详细分析中国的防沙、治沙技术和经验如何在埃塞俄比亚落地生根。

埃塞俄比亚位于非洲东北部,境内以山地高原为主,有"非洲屋脊"之称。北部、南部、东北部的沙漠和半沙漠地区约占全国总面积的25%。埃塞俄比亚经济以农牧业为主,过度放牧导致土地荒漠化严重。作为非洲第二人

---

① 我国荒漠化沙化石漠化面积持续缩减[N]. 人民日报,2021 – 06 – 18.

口大国，荒漠化等原因使该国饥荒人口居高不下。因此，埃塞俄比亚希望学习中国治理沙漠的经验，把荒漠化土地变成绿色平原。为此，埃塞俄比亚专门选派研究人员来新疆塔克拉玛干沙漠学习中国治理沙漠的经验。中国科学院新疆生态与地理研究所亲自带领研究人员在塔克拉玛干沙漠学习治理沙漠的技术。学成归国后，2018年埃塞俄比亚发布了第一部全国森林植被恢复潜力报告，报告同时制订了森林植被恢复方案，将1100万公顷土地作为重点恢复地区。2019年，埃塞俄比亚发起绿色遗产倡议，大力推广中国植树造林模式，计划在4年内种植200亿棵树，防止土地荒漠化继续扩大。因为看到中国植树造林取得了巨大成功，埃塞俄比亚当地人相信这种模式切实可行，在发起倡议的第一周，埃塞俄比亚全国各地就栽种了超过3亿棵树。在他们的努力下，埃塞俄比亚很多地区都重新焕发了生机。2021年3月，中国援助埃塞俄比亚启动"河岸绿色发展项目"，实施大规模土地修复工作，遏制土地退化趋势。项目实施以来取得了显著成效，这让当地人看到了希望。2023年4月，埃塞俄比亚再接再厉，已经启动了第五轮绿色遗产倡议活动，计划种植63亿棵树。当前，已对超过86万公顷的退化土地进行修复，为沿线民众提供了粮食安全保障及就业机会，实现了生态和社会治理双重功效。多年前，埃塞俄比亚北部是一片荒地，如今树林不仅在埃塞俄比亚市区很常见，而且在城市四周形成了宽阔的绿化带。这样的变化得益于埃塞俄比亚复制中国植树造林模式，大力实施的大规模生态修复工作。目前，埃塞俄比亚已经在180多公顷的土地上开展了水土保持工作，有关地区生态环境显著改善。

（二）加强环境监管和执法

为保证实现"双碳"目标，各国政府或者相关部门必须保证自己的企业遵守排放量的标准。除此之外，要兑现"双碳"承诺对任何国家而言困难都较大。因此，各国政府应该运用市场化机制和相关政策对碳排放进行全面、严格的管控。中国在这方面领先于其他国家。中国目前运用的最常见方法是市场机制和相关政策对碳排放进行严格的管控。运用市场机制将碳排放指标向先进企业倾斜。中国在环境监管和执法方面的经验已经成熟，中国也已经实施了碳排放水平的综合衡量指标，例如，分行业建立万元 GDP 碳排放量、万元利税碳排放量等。同时，中国根据减碳目标，每年对先进企业标杆值和每年投入的碳排放总量指标进行调整。如果出现某些企业超出先进标杆企业的碳排放量，超排指标要全部从碳交易市场购买碳排放权。

非洲大部分国家目前可以向中国学习这方面的做法并参考中国在这方面的经验。非洲现有的很多企业（如酿酒厂、制药厂等），它们的碳排放量很高，而且很少有非洲国家相关部门进行严格管控。非洲大部分国家不断复发疟疾、霍乱等疾病都是因为当地污染严重和治理被忽视。例如，布隆迪的酒厂布拉鲁迪（BRARUDI），它每年排放的污染至今没有详细数据，国家也难以有效监管。该酒厂的废物料大部分排放在坦葛尼喀湖，严重影响整个国家的生态环境。居住在坦葛尼喀湖附近的老百姓日常用的水都是来自该湖，而该湖每年被布拉鲁迪酒厂的废物料污染严重，导致这些老百姓经常得霍乱等疾病。因此，加强环境监管对非洲国家实现"碳中和"目标至关重要。

2019 年，非洲部分国家如南非、加纳、肯尼亚、卢旺达等国已经开始对本国企业进行环境监管，并已经着手开始征收碳排放税。这使得这些企业更加关注保护环境相关政策，并开始改善自己的技术，保证达到国家对环保的标准。近几年，非洲部分国家企业已经开始增加在环境保护方面的投入，并致力于在企业发展过程中能够达到净零排放。

自 2023 年，非洲联盟召开的会议号召非洲国家领导关注环保，鼓励非洲国家领导出台一些有利于环保的政策，甚至鼓励他们惩罚不遵守环保标准的企业。目前看来，非洲大部分国家在不断加强环保方面的投入，陆续出台一系列政策以引起企业对环保的重视。非洲人民也不断提高了环保意识，很多非洲国家通过媒体报道、路牌等方式，展示了保护环境对人类的身体健康等的影响。非洲部分国家相关部门已经开始号召记者增加与保护环境有关的宣传报道。① 非洲民众普遍觉得国家出台相关环境保护方面的知识十分重要，也认同国家对企业进行严格的监管，保证每家企业能够遵守碳排放量要求或者购买碳排放权。

六、结语

实现"双碳"目标不是一个国家能独自完成的任务，应该是世界各国携手共同努力实现的宏大目标。中国政府加快推进"双碳"目标是推动经济高质量发展，助力实现中国式现代化的内在要求。中国试图实现"双碳"目标等不得也急不得，不可能毕其功于一役，必须坚持稳中求进、逐步实现。多年来，中国聚焦落实"双碳"目标任务，从顶层设计到具体落实，推进"双碳"工作蹄疾步稳，取得了积极进展。中国已经与广大发展中国家，特别是非洲国家，开展在"双碳"领域的合作。只有共同实现"双碳"目标，人类才能不再面临极端天气带来的负面影响。近年来，随着极端天气不断地影响非洲国家，非洲国家也不断向中国学习如何更好地应对气候变化，不断参考中国有效应对气候变化的经验。

气候变化是人类迄今为止面临的最严重、规模最为广泛、影响最为深远的问题之一。应对全球气候变化，促进传统化石能源节约和可持续利用，世界各国应该在《联合国气候变化框架公约》范围内开展协商，结合各自的国情开展"双碳"行动。中国在"双碳"方面的经验对于非洲国家而言，无疑具有重要的参考价值。为了携手实现应对气候变化目标，发展中国家应该积极与中国开展该领域的合作，也应该跟国际社会加强合作。

实现低碳发展已成为非洲部分国家发展的新趋势。非洲部分国家如加纳、南非、阿尔及利亚、摩洛哥等，很重视二氧化碳的排放，也更加重视新能源

---

① Ndabashinze R. Les Journalistes Appeles a Disseminer Des Messages De Prevention Des Catastrophes [EB/OL]. Pulitzer Center, https://www.iwacu-burundi.org/les-journalistes-appeles-a-disseminer-des-messages-de-prevention-des-catastrophes/, 2023-09-28.

的发展。当前，非洲国家在非洲联盟推进的《2063年议程》背景下出台了应对气候变化、推动低碳发展的相应政策。同时也在利用自身的资源禀赋推动清洁能源的开发，利用国际合作积极发展碳金融、碳市场机制等。不过，非洲国家要到2060年前后实现"碳中和"目标需要与国际社会合作，尤其是应积极与中国开展在该方面合作，积极学习中国"双碳"领域和绿色发展的成熟经验。

"源、网、储、荷"视角下的中非能源合作潜力与启示

李一鸣　唐　瑜*

摘　要：中非能源合作是中非战略伙伴关系的核心部分，不仅在经济合作中占据重要地位，也是推动非洲可持续发展的关键因素。随着"一带一路"倡议的推进和非洲经济的快速增长，中非能源合作展现出巨大潜力。非洲拥有丰富的能源资源，如石油、天然气、水力、太阳能和风能，但许多国家面临电力普及率低、能源供应不稳定和能源结构单一的问题，限制了经济和社会发展。中国在电网建设、可再生能源开发和能源效率提升方面积累了丰富经验，可以帮助非洲国家改善能源结构，实现能源自给和可持续发展。本文分析了非洲"源、网、储、荷"的现状和发展潜力，其中"源"指非洲的发电能源、"网"指电网建设、"储"可再生能源发电的能源存储、"荷"指电能的应用。又探讨了中国和非洲在能源资源开发、电力基础设施建设和能源存储技术等领域的合作与挑战。

关键词：电力供给；能源存储；清洁能源；中非能源合作

---

* 作者简介：李一鸣，浙江师范大学经济与管理学院（中非国际商学院）副教授；唐瑜，浙江师范大学经济与管理学院（中非国际商学院）在读硕士研究生。

一、引言

中非能源合作作为中非双方战略伙伴关系的重要组成部分，不仅是双方经济合作的重要支柱，也是推动非洲可持续发展的重要驱动力之一。近年来，随着中国"一带一路"倡议的推进以及非洲大陆经济的快速增长，中非能源合作呈现出前所未有的潜力和机遇。非洲大陆拥有丰富的自然资源和广阔的能源潜力，尤其是在石油、天然气、水力、太阳能和风能等领域。然而，许多非洲国家面临着电力普及率低、能源供应不稳定、能源结构单一及能源供需缺口大等问题，这些问题限制了经济的可持续增长和社会发展的进程。与此同时，中国作为全球第二大经济体和主要能源消耗国，其在建设电网、开发可再生能源、提升能源效率等方面积累了丰富的经验和技术，这些经验不仅可以帮助非洲国家解决能源结构不均衡、能源供应不稳定等问题，还有助于推动非洲国家实现能源自给自足和可持续发展目标。本文旨在深入分析中非能源合作的现状、潜力和未来发展方向，探讨双方在能源资源开发、电力基础设施建设、能源存储和应用技术等领域的合作与挑战，为中非能源合作的深化和可持续发展提供参考。

二、"源"与"网"：非洲能源需求、能源结构和电网建设

（一）非洲经济发展与能源需求情况

21世纪以来，非洲经济增速一直保持中高水平，2014年开始放缓，但仍然高于世界平均水平。然而，非洲经济的结构性矛盾日益凸显。非洲"有增长，无发展"的现象仍在延续。过去10多年来，非洲人均GDP年均增长率仅为0.5%，几乎停滞不前。2019年非洲人均GDP只有2000美元，远远低于世界平均水平的11300美元（发达经济体、发展中经济体人均GDP分别为

47100 美元、5500 美元）。① 一些国家的经济增长依赖于石油、煤炭、天然气、矿产等大宗商品，依赖程度越高，其经济越容易受到大宗商品价格波动的影响。一旦大宗商品价格下降幅度过大，经济复苏难度就越大。例如，作为非洲最大石油生产国的尼日利亚，其他国家通过公共投资和不断增长的服务业成功促进了经济增长，而尼日利亚只是缓慢地摆脱了因为油价下跌和武装冲突导致的生产中断共同引发的经济衰退。

为了减少对传统能源出口的依赖，非洲开始发展工业以促进经济结构的多元化、增加高附加值产品的生产。其次工业的技术进步提高了非洲整体的生产效率和产品质量，增强了在全球市场的竞争力。工业部门负责制造消费品和资本品，这往往会为其他经济部门的发展创造必要的刺。② 目前，非洲只有南非、毛里求斯、肯尼亚、突尼斯等少数几个国家的工业体系初具规模。大部分非洲国家不存在完整的制造业体系，是全球工业化的边缘地区。③

（二）非洲电力现状

工业生产对电力的需求量巨大，而非洲大多数国家经常面临停电和电压波动等问题，严重影响了工业生产的连续性和效率。电力供应不足和不稳定会极大地影响生产链，导致采矿业、制造业和服务业等主要行业急剧萎缩，从而降低经济增长。过去10多年中，在改善全球大部分地区的电力供应方面取得了重大进展，但这并未反映到非洲的大多数国家。2022年，除了北非部分国家（阿尔及利亚、吉布提、埃及、利比亚、摩洛哥和突尼斯）实现了90%以上的人口用电，撒哈拉以南非洲地区多达8个国家的电力接入水平低于20%、通电率约为50%（见图1），这意味着在该地区仍然有6亿人没有电力供应。特别是撒哈拉以南地区人均耗电量仅为482千瓦时，不到世界平

---

① 张忠祥，陶陶. 非洲经济发展的新态势 [J]. 现代国际关系，2020（9）：49，57 – 59.
② Ogunjobi Joseph Olufemi. The Effects of Electricity Consumption on Industrial Growth in Nigeria [J]. Journal of Economics and Sustainable Development，2015（13）：57 – 59.
③ Ateba B B, Prinsloo J J, Gawlik R. The Significance of Electricity Supply Sustainability to Industrial Growth in South Africa [J]. Energy Reports, 2020（5）：1324 – 1338.

均水平的1/5。

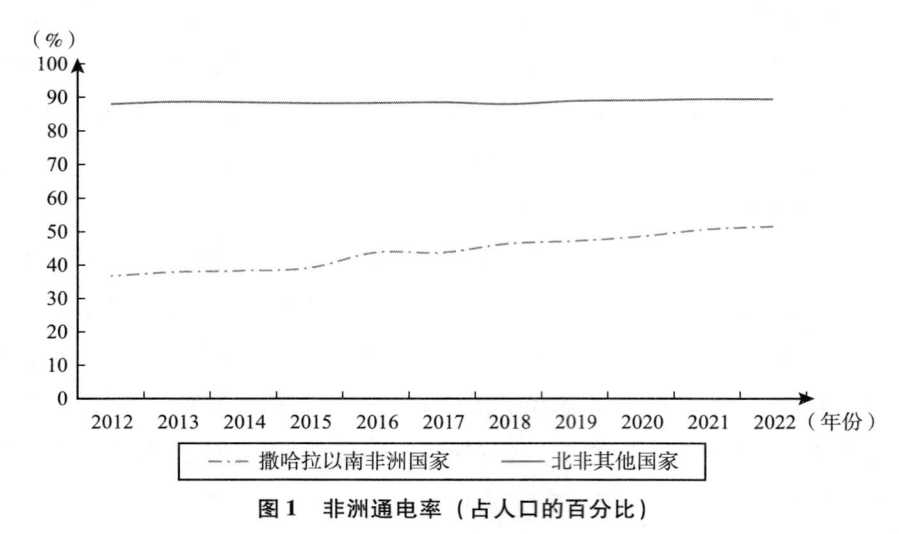

图1 非洲通电率（占人口的百分比）

资料来源：The World Bank [EB/OL]. https：//data.worldbank.org.cn/indicator/EG.ELC.ACCS.ZS?end=2022&locations=ZG&skipRedirection=true&start=2012&view=chart，2024。

2022年非洲共发电892.7亿千瓦时，可再生能源装机量20326兆瓦，同比增长6.99%，其中光伏装机容量占12641兆瓦、风力涡轮机装机容量7685兆瓦。在非洲的电力供给中（见图2）化石燃料占主导地位，占总发电量的75%，其中天然气发电约41%。清洁能源在总发电量的占比接近24%，其中水力发电贡献最大，占到17%左右。风能、核能、太阳在非洲电力结构中较小但是重要的组成部分，约占总发电量的6%，地热能和生物燃料的贡献最小，不到1%。

非洲电力需求正快速增长。首先，作为全球最年轻、人口增长最快的地区，随着城市化加速推进，越来越多的人口向城市地区迁移，对电力的需求也在不断上升。其次，非洲许多国家正处于经济增长和工业化的初级阶段，工业电力供应和消费被认为是一个国家经济发展的瞬时指标。[①] 最后，社会

---

① Zhang Z, Zhou K L, Yang S L. On Electricity Consumption and Economic Growth in China [J]. Renewable & Sustainable Energy Reviews, 2017, 76: 353-368.

发展也推动电力需求增长，教育、医疗、通信等基础设施的运转都离不开电力。据国际能源署估计：到2040年，撒哈拉以南非洲地区（不包括南非）的电力需求就将达到770亿千瓦时，是目前的4倍，人均电力需求将增加到430千瓦时。这意味着非洲亟须解决电力供需缺口大、供电不稳定、基础设施落后等问题来满足日益增长的电力需求。

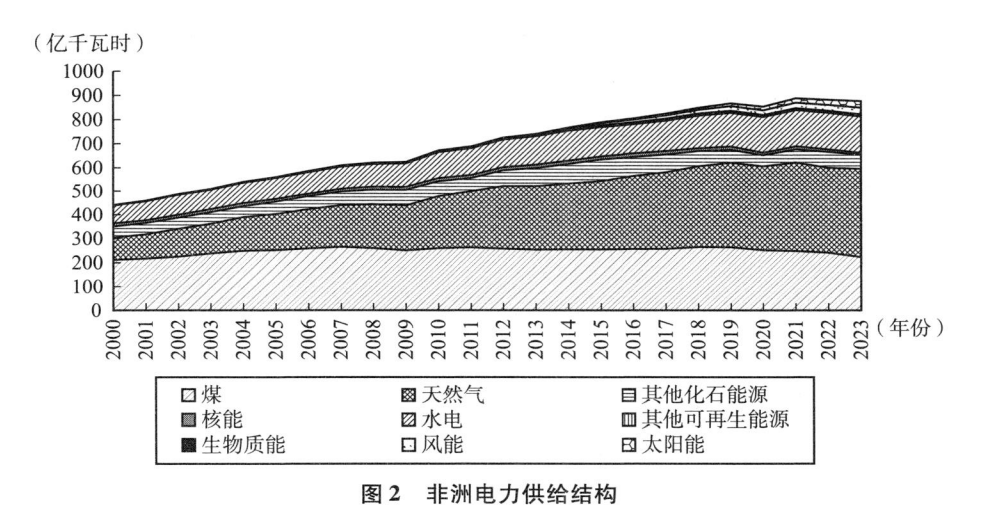

图 2　非洲电力供给结构

资料来源：EMBER. Electricity Access Remains An Urgent Problem Across the Continent ［EB/OL］. https：//ember-climate. org/countries-and-regions/regions/africa/，2024 – 05。

非洲缺乏电力供应主要是由以下几个原因造成的。首先，该地区特别是撒哈拉以南非洲地区的电力增加跟不上人口增长的步伐，导致电力供应紧张。与2012年相比，非洲2022年的发电量增加了24%，而人口增加了28%（见图3）。从图3可以看出，非洲的发电量增长率波动较大，总体呈现下降的趋势，甚至2020年的发电量较上一年下降了1.22%，而人口保持着匀速增长。这种电力供应不足、供电不稳定的情况放大了整个非洲贫困的高发率；其次，与电力部门相关的经济损失、高昂的连接费用和基础设施薄弱阻碍了电网连接、电力供给，被认为是导致非洲电力接入率低下的重要因素。[①] 在撒哈拉以南非洲地区，超过36%的人每天的生活费不足2.15美元，若是支付一些基本电器所需的电费将消耗贫困家庭1/10的收入。对于用户来说，电贵就少用电；而对电力公司来说，前期建设基础设施投入了大量的资本亟待收回，如果电量没有被大量的用户消耗，电力公司只能通过提高电价收回投资。如此就形成了恶性循环。非洲大多数国家拥有丰富的能源资源，如太阳能、风能、水能等，大多数发达国家拥有多种能源发电以满足各个升级部门的需求，但非洲一半以上的国家更依赖于一两种传统的低效率燃料来发电。例如，尼日利亚有煤炭发电、天然发电和水力发电，但煤炭发电量极低，水力发电也仅为天然气发电的1/4。此外，非洲电力部门内低效的运营也导致了与配电和输电相关的重大损失。

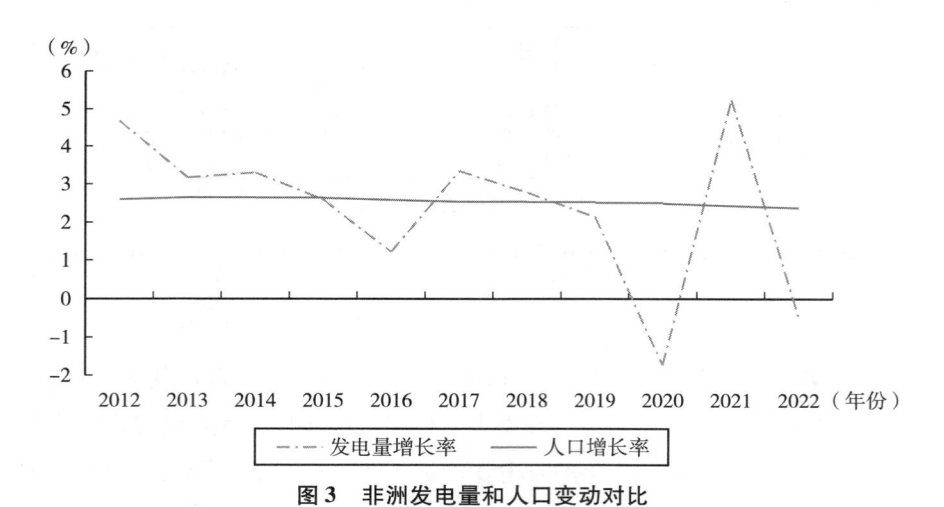

图3　非洲发电量和人口变动对比

资料来源：毕马威. 世界能源统计年鉴［EB/OL］. https://kpmg.com/cn/zh/home/campaigns/2023/10/statistical-review-of-world-energy-2023.html，2023. 联合国经济和社会事务部人口司［EB/OL］. https://population.un.org/wpp/，2023。

[①] Sievert M, Steinbuks J. Willingness to Pay for Electricity Access in Extreme Poverty：Evidence from Sub-Saharan Africa［J］. World Development，2020，128：104859.

（三）中非合作促进非洲"户户通电"

电力是经济社会发展的血脉。2012~2022 年，我国发电装机容量从 11.47 亿千瓦增长到 25.68 亿千瓦，装机增速整体呈波动走势，2015~2019 年逐年下降至最低，2020 年在风电、太阳能发电等新能源新增装机创历史新高的推动下扭转形势，2021~2022 年逐步回升（见图 4）。火电长期为我国主要供给来源，2022 年火电生产电量 5888.8 亿千瓦时，占总发电量的 58.4%，火电发挥了电力供应基础保障作用；新能源发电量（风电和水电）2114.9 亿千瓦时占总发电量的 23.9%。

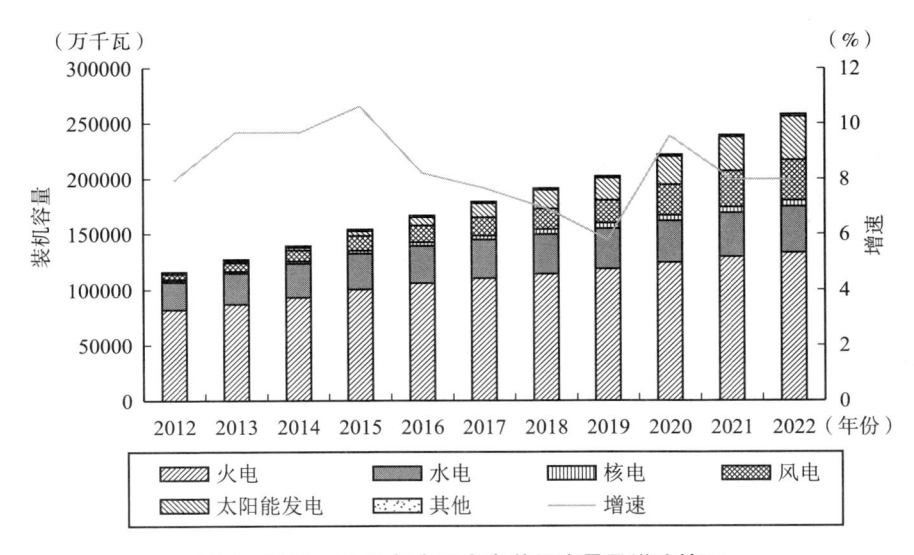

图 4　2012~2022 年全国发电装机容量及增速情况

资料来源：中国统计年鉴（2022）［EB/OL］. 国家统计局，https://www.stats.gov.cn/sj/ndsj/2023/indexch.htm，2023.

新中国成立以来，我国快速的工业化和城市化发展使得对电力需求激增，为应对这一挑战，我国进行了大规模的电网建设并取得了巨大成就：输电线路长度增长 291 倍、变电容量增长 2020 倍、全社会用电量增长 884 倍、人均用电量增长617倍。目前，中国已成为电力装机世界第一大国、电力消费世界第一大国、新能源装机和发电量世界第一大国，国家电网已成为全球并网装机规模最大、电压等级最高、资源配置能力最强、安全水平最好的特大型电网。[1] 这些数据表明我国在电力行业的发展经验和技术积累使我们能够为非洲大陆提供先进的技术解决方案，并显著改善当地的电力供应状况。

非洲大陆在可再生能源的开发利用方面存在一定的挑战和发展空间，而中国通过技术支持、投资合作和经验分享，可以帮助非洲国家提升可再生能源的开发利用水平。例如，中国电建旗下的中国水电和山东电建、中国能建旗下的葛洲坝集团、三峡集团旗下的中国水利电力对外公司以及中机集团旗下的中国电工主导了撒哈拉以南非洲的发电项目。2010~2015年，这5家公司完工的总量是中国公司新增发电装机容量总量的3/4。其中，中国电建在非洲的投资规模最大。截至2018年，中国电建在非洲41个国家设有85个境外机构；在非洲46个国家执行844份工程项目合同，总额约2392亿元。[2] 作为电力建设行业"国家队"，在规划设计、施工建造等领域一直处于领先水平的中国电建，在非洲先后建造了一批极具影响力的工程项目，例如，非洲最长大坝——苏丹麦洛维水电站项目、非洲最大风电项目——埃塞俄比亚阿达玛风电场、非洲最大光伏项目——阿尔及利亚光伏电站、世界最大光热电站——摩洛哥努奥光热电站项目，这为非洲发展和改善当地人民生活作出了积极贡献。在电网领域，国家电网公司以东部非洲和南部非洲为投资重点区域，初步形成一定市场规模。国家电网建设的埃塞俄比亚复兴大坝水电500千伏送出工程是目前东部非洲输电线路最长、容量最大、技术最先进的输变电工程。该项目建成后将实现解埃塞俄比亚配网系统的升级换代，加快该国"村村通电"向"户户通电"计划的进程，能缓解当地供电紧缺的问题。国

---

[1] 国家电网公司，壮丽70年奋斗新时代："数说"国家电网发展成就［EB/OL］．搜狐，https：//www.sohu.com/a/342045046_120207595，2019-09-19．

[2] 张锐，中国对非电力投资："一带一路"倡议下的机遇与挑战［J］．国际经济合作，2019（2）：91-100．

家电网在非洲的项目用工本地化率高达90%，为当地创造了上千个就业岗位，累计为埃塞俄比亚创造税收达5000万元人民币，项目建设期间现场物资采购大大提升了当地服务水平和经济活力。

三、"储"：能源存储增强非洲电力供应的稳定性

能源存储的主要目的在于提升电力系统的稳定性和可靠性。通过储能平衡电力需求差异，应对电力需求波动和供应中断的问题，以确保向用电端持续稳定地供电。同时能源存储技术支持可再生能源大规模集成，弥补风能和太阳能等可再生能源的波动性和间歇性，促进清洁能源高效利用。

（一）能源存储技术的概述

能源存储技术是一种将电能或其他形式的能量存储起来，并在需要时释放的技术。新型储能技术主要包括储电、储氢、储热三大类技术路径，[1] 如图5所示。

储电是最主要的储能方式，按照存储原理不同又被分为电化学储能、机械储能和电磁储能三大类。电化学储能包括铅蓄电池、锂离子电池和钠硫电池等。电化学储能几乎不需要维护、操作简单、具有较高的能量密度且效率高达70%~80%，已进入商业化阶段。[2] 机械储能是将电能转换为不同形式的机械能存储起来，以便在需要时重新转换为电能的技术，主要技术包括抽水蓄能、压缩空气储能和飞轮储能等。因成本低、寿命长、技术成熟，机械储能，尤其是抽水蓄能被广泛应用，但受地理环境制约、投资高、建设周期

---

[1] 刘荣峰，张敏，储毅，等. 新型储能技术路线分析及展望 [J]. 新能源科技，2023，4（3）：44–51.

[2] Nadeem F, Hussain S M S, Tiwari P K, et al. Comparative Review of Energy Storage Systems, Their Roles, and Impacts on Future Power Systems [J]. Ieee Access, 2019（7）: 4555–4585.

长等影响发展渐缓。① 电磁储能是将电能存储在电厂或磁场中，具有高效率、持续放电的特点，包括超级电容器、超导储能等。电磁储能目前技术成熟度低，处于研发阶段。

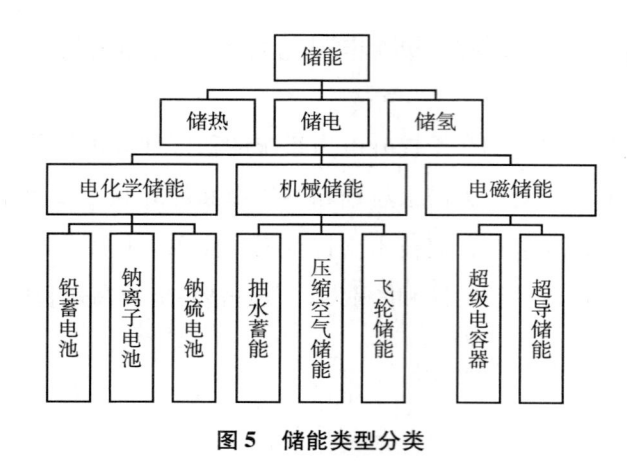

图 5　储能类型分类

资料来源：笔者自制。

氢储能能量密度高、运行维护成本低、可长时间存储且无污染，是少有的能存储百吉瓦时以上且同时适用于极短或极长时间供电的能量储备技术方式，是极具潜力的大规模新型储能技术。② 储热技术是以储热材料为媒介，将太阳能光热、地热、工业余热、低品位废热等热能存储起来，解决由于时间、空间上的热能供给与需求间不匹配所带来的问题。③ 储热技术不仅从技术上和经济上可以实现规模化，同时也具有能量密度高、寿命长、利用方式多样、利用效率高的优点。

---

① 何可欣，马速良，马壮，等. 储能技术发展态势及政策环境分析［J］. 分布式能源，2021，6（6）：2096－2185.

② 荆平，徐桂芝，赵波，等. 面向全球能源互联网的大容量储能技术［J］. 智能电网，2015（6）：486－492.

③ 李拴魁，林原，潘锋. 热能存储及转化技术进展与展望［J］. 储能科学与技术，2022，11（5）：1551－1562.

（二）非洲能源存储市场潜力大

首先，非洲人口和经济的快速增长导致能源需求急剧上升，但许多国家的电网基础设施落后，电力供应不稳定，频繁停电现象严重。储能技术可以平衡电力供需，提供稳定的电力供应，尤其是在电网不稳定或无电网覆盖的地区。其次，非洲拥有丰富的太阳能和风能资源，例如，年平均太阳辐照量为 2119 千瓦时/平方米，北部、西部和南部大多数国家的年平均辐照量超过 2119 千瓦时/平方米。根据国际能源署估计非洲大陆的太阳能光伏潜力为 7900×10^3 吉瓦、未来风力发电的潜力为 461×10^4 吉瓦，[1] 但是这些可再生能源具有间歇性和不稳定性，导致电力供应的波动性增加。而储能技术可以有效解决这些问题。储能是电网高效接纳新能源的重要环节，可以显著提高电网对风能、光伏等新能源电力的消耗，保障电网系统安全可靠运行。[2] 总的来说，能源存储技术不仅能提升电力资源利用的灵活性和安全性，而且还能实现储能和发电的双向流动，提高可再生能源的利用效率和电力供应的可靠性。

但是储能系统的建设和部署需要大量资金，尽管近年来储能技术成本有所下降，但初期投资仍然较高。非洲许多国家财政状况不佳，难以独立承担如此庞大的投资。同时，现代储能技术（如锂电池、液流电池等）的复杂性和维护需求对技术人员的专业水平提出了更高要求。然而，非洲地区普遍缺乏足够的专业技术人员和系统化的技术培训，这限制了先进储能技术的推广和实施。近年来，非洲多个国家政府不断加大对新能源领域的政策、资金和技术投入。在以上因素的共同作用下，非洲储能市场发展空间巨大。

（三）中非合作推动非洲储能行业的发展，促进可再生能源利用

首先，中国拥有强大的科研实力和丰富的产业经验，特别是在电池技术、

---

[1] IEA. Africa Energy Outlook 2019 [EB/OL]. IEA, https://www.iea.org/reports/africa-energy-outlook-2019, 2019 - 11.

[2] Shi B, Yuan Y N, Managi S. Improved Renewable Energy Storage, Clean Electrification and Carbon Mitigation in China: Based on a CGE Analysis [J]. Journal of Cleaner Production, 2023, 418: 138222.

储能系统和智能电网方面，这些技术的发展不仅能够帮助非洲国家解决能源供应不稳定的问题，还能提升能源利用效率，推动可再生能源的普及和应用。其次，中国与非洲国家在能源合作方面有着长期稳定的合作基础，通过共建"一带一路"倡议和双边合作项目，中国已经在非洲建设了大量的电力基础设施和能源项目，为技术转移和人才培训提供了平台和支持。最后，中国政府和企业在推动能源存储技术发展方面具有积极的政策支持和市场推动力量，通过技术输出和合作项目，可以加速非洲国家在能源存储领域的发展步伐，促进经济可持续发展和能源安全保障。此外，清洁电气化也是减少碳排放的重要战略。电气化的发展会导致电力需求增加，如果能源存储的成本无法短期内降低，就需要产生更多的火电来满足电力需求，这进一步增加了二氧化碳排放，所以可再生能源和能源存储技术的发展要与电气化发展相一致。[①] 而中国在能源存储技术领域为非洲提供了重要的合作机会和发展路径。

四、"荷"：中非合作促进非洲电力应用端绿色低碳转型

（一）在清洁能源革命中变道超车

随着电力系统和工业系统的完善，消耗的能源也将成倍地增加。传统的化石能源为中国和欧美国家的工业化提供了基本的能源供应，如火力发电、工业生产、交通运输等方面，支撑了国家工业的快速发展。然而化石能源的广泛使用带来了严重的环境问题，使得这些国家不得不花费高昂的费用治理环境。随着清洁能源技术的进步和规模化生产，太阳能和风能等可再生能源的价格已低于化石能源价格，这对非洲来说是一个很好的选择。低成本的清

---

① Fang Y, Fan R X, Liu Z H. A Study on the Energy Storage Scenarios Design and the Business Model Analysis for a Zero-carbon Big Data Industrial Park from the Perspective of Source-grid-load-storage Collaboration [J]. Energy Reports, 2023（9）：2054–2068.

洁能源不仅能够提供稳定和经济的电力供应，减少对成本高且波动较大的进口化石燃料的依赖，还可以推动本地经济增长、创造就业机会和改善环境质量，为非洲实现可持续发展奠定坚实基础。在这样的背景下，中非能源产业合作前途广阔。

（二）中企助力非洲汽车电动化转型

非洲的汽车市场正在快速扩大，预计到 2029 年将达到 189 万辆。[①] 非洲的燃油汽车主要依赖于进口或在本地组装。由于燃油汽车成本低、维护便捷及地形适应性强的特点，在非洲汽车销量占据着绝对优势。非洲多数国家依赖进口石油产品，因此对国际油价波动和供应不稳定性较为敏感。燃油价格的波动又可能导致汽车使用成本的不确定性，从而对个人和企业的经济活动产生负面影响。运输业占全球温室气体排放量的近 1/4，是大多数城市空气污染的罪魁祸首之一。非洲的国家和城市也不例外，非洲在过去十几年内与运输业相关的排放增加了 84%。[②] 减少运输部门排放的措施正在迅速推进，例如，即将禁止销售内燃机、从内燃机向电动汽车过渡。近年来，电动汽车销量大幅增长，续航里程更长、车型可用性更广、性能也更高。在供应方面，尽管丰田、大众等汽车巨头长期存在于非洲，但电动汽车制造商数量有限，主要依赖进口新能源汽车。然而，最近出现了显著的转变，我国的比亚迪、日本的丰田和德国的大众汽车集团等大型汽车公司正在加大力度进入非洲的电动汽车市场。与全球其他地区相比，非洲地区才刚刚开始经历电动汽车革命（见图 6）。

[①] Mordor Intelligence. Analysis of the Size and Share of the African Auto Market-Growth Trends and Projections [EB/OL]. Mordor Intelligence, https：//www.mordorintelligence.com/zh-CN/industry-reports/africa-automotive-industry-outlook，2022.

[②] Birhanu B G, Lemma T T, Jaebeom L. The Electric Vehicle Revolution in Sub-Saharan Africa：Trends, Challenges, and Opportunities [J]. Energy Strategy Reviews, 2024, 53：101384.

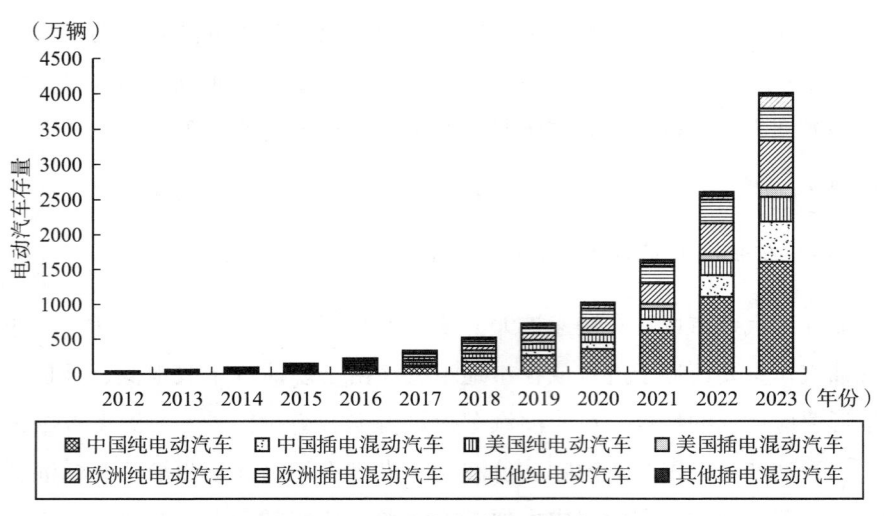

图 6　2012～2023 年全球电动汽车存量

资料来源：IEA. Global EV Outlook 2023 [EB/OL]. https：//www.iea.org/reports/global-ev-outlook-2023，2023。

非洲在发展新能源汽车方面具有显著的优势。一方面，非洲拥有丰富的太阳能和风能资源，为电动车辆的充电提供了理想条件，有助于降低能源成本和减少对进口石油的依赖；另一方面，全球气候变化加剧和城市化进程加速，使得非洲国家日益重视环保和减少排放。新能源汽车作为清洁能源车辆能够显著改善空气质量和减少碳排放，符合当地和全球环境的标准。此外，非洲多个国家政府出台政策来鼓励电动汽车行业的发展，具体如表1所示。

表 1　非洲关于电动汽车的政策措施

国家	措施
卢旺达	·免除电动汽车、零部件、电池和充电站设备的增值税、进口税和消费税 ·充电站电价不超过工业电价
埃及	·对进口和双动力乘用车给予10%的折扣
肯尼亚	·将全电动汽车的进口税从20%降到10%，而燃油汽车的进口税为25%

续表

国家	措施
南非	·从 2026 年起，对电动和氢动力车辆提供新投资津贴，允许生产商在第一年申请 150% 的合格投资支出

资料来源：笔者根据 How We Made It in Africa 网站中发布的信息整理而成。

中非合作助力非洲国家在交通领域实现能源结构转型。我国新能源汽车技术和产业历经国家四个五年计划的支持和大力推广，在市场、技术、产业链、基础设施建设等方面取得了举世瞩目的成就。[①] 随着中国研发制造的电动汽车在非洲各国开始普及，中国已经成为非洲汽车产业重要的推动力量。数据显示，2023 年中国新能源汽车对非洲出口同比增长 291%。[②] 同时，中国车企选择在非洲投资建厂，扩大与当地企业在电动汽车领域的合作，积极推动非洲交通领域的电动化转型。

比亚迪于 2004 年就进入非洲市场，经过多年经营，业务范围涵盖非洲北部、西部、南部等地区。初期，比亚迪在非洲市场推广电动汽车和电池技术，通过在南非部署电动公交车和出租车来测试市场反应和技术适用性。随着试点项目的成果，比亚迪逐步扩大了产品线，包括乘用电动车、商用电动货车和电动公交车，并与非洲多国政府和企业建立合作伙伴关系，进一步推动电动汽车在非洲的应用。之后，比亚迪开始加强技术和服务本地化，通过设立服务中心以更好地满足当地市场需求，并开展本地化的售后服务和培训，确保电动汽车的维护和运营顺畅。2020 年以后，比亚迪持续推进技术创新，不断提升电池技术和电动车性能，通过持续的市场推广和品牌建设，巩固比亚迪在非洲市场的地位，进一步扩大市场份额。

[①] 王震坡，黎小慧，孙逢春. 产业融合背景下的新能源汽车技术发展趋势 [J]. 北京理工大学学报，2020，40（1）：1-10.

[②] 黄培昭. 非洲多国积极发展电动汽车产业 [N]. 人民日报，2024-06-20（17）.

五、经验启示

第一，市场拓展与收入增加。中国企业通过与非洲在能源领域的合作，获得了重要的市场拓展机会和收入增长空间。非洲作为一个快速发展的大陆，能源需求持续增长，尤其是对于电力和清洁能源的需求。中国企业通过投资建设电力基础设施，例如，水电站、光伏电站和风电项目，不仅帮助非洲国家提升能源供应的可靠性和覆盖范围，还打开了新的市场通路。这些项目既为中国企业带来了稳定的收入来源，又促进了本地区经济的多元化和增长，提升了企业在全球市场上的竞争力。

第二，技术应用与品牌提升。通过与非洲的合作，中国企业得以在先进的电力建设技术、能源存储以及可再生能源应用等方面展示其专业能力，这些技术的引入不仅可以提升中非合作项目的效率和可靠性，还有效改善非洲传统的能源生产和传输成本，使得中国企业在全球范围内建立了良好的品牌形象，也为中国在技术创新和可持续发展方面树立了良好的行业标杆。

第三，国际化经营经验。中国企业通过在非洲的能源合作项目中积累了宝贵的国际化经营经验。这些经验包括了解和适应不同国家的政策环境、法律法规和文化背景，以及管理复杂的跨国项目所需的技能和能力。这些经验不仅有助于企业在其他新兴市场的扩展，还提升了其在全球竞争中的敏捷性和应变能力。通过与非洲的合作，中国企业在全球范围内建立了广泛的合作网络和可靠的供应链，为未来的国际业务扩展奠定了坚实基础。

第四，能源供应的增加和稳定性提升。通过中国企业的投资和技术支持，非洲国家对自然资源的开发利用水平大大提升。这些资源的有效利用不仅满足了日益增长的能源需求，还减少了对传统能源的依赖，促进了能源供应的多样化和稳定性。在电网建设方面，中国企业帮助非洲国家建设了现代化的电力基础设施和智能电网系统。这些系统提升了非洲电网的运行效率和可靠性，有效解决了能源输送和分配中的技术难题，减少了能源供应的波动性和不确定性。

第五，经济增长和就业机会。随着大型能源项目的实施，例如，水电站、太阳能电站和电网建设等，中国企业在非洲的投资额度和市场份额不断扩大。这些项目为非洲直接创造了大量的就业岗位，包括建设、运营和维护等多个领域，还间接带动了相关产业链的发展，例如，建筑、工程服务、设备制造等。中国企业的技术输出和管理经验分享，有助于提升非洲国家在能源领域的技术水平和自主能力。通过技术转移和人才培训，非洲国家能够逐步实现能源项目的本土化运营和管理。

第六，社会和环境影响的改善。推广清洁能源技术和提升能源效率能有效减少环境污染和温室气体排放。中国企业在项目实施过程中遵循环境保护和可持续发展的原则，采用先进的环保技术和管理措施，改善了当地社区的环境质量，促进了社会的健康和福祉；能源存储技术的应用和电能应用技术（如新能源汽车）的推广，提升了能源资源的利用效率和能源系统的整体效能。这不仅有助于确保能源供应的稳定性，还为非洲国家提供了更智能、更高效和更环保的能源解决方案，推动了当地社会的可持续发展和绿色经济的转型。

六、结语

当谈论中国和非洲的能源合作时，我们看到了一个充满潜力和挑战的领域。非洲作为全球能源资源的重要储备地，拥有丰富的可再生能源和传统能源，为可持续发展和经济增长提供了宝贵机遇。然而，电力供应不均、能源存储技术障碍以及能源利用效率低下仍然是需要解决的关键问题。中国在技术转让、基础设施建设和可再生能源投资方面的积极角色，为非洲能源领域的发展注入了新活力和新动力。随着中非合作的不断深化和创新的推动，中国和非洲将共同迈向更加繁荣、清洁、可持续的能源未来。

浙非清洁能源合作：构建"风－光－水－工－贸"五位一体联动发展格局

林雅静　黄玉沛[*]

摘　要：在"一带一路"倡议推动下，新时代中非产能合作向着高质量发展迈进。在浙非产能合作中，清洁能源发展成为双方产能合作的重要方向。非洲电力供应不足、工业化发展的强烈需求为清洁能源发展提供了巨大的机遇。非洲自身拥有的风能、太阳能、水能资源为非洲清洁能源发展奠定了基础。本文简要分析了中国浙江省与非洲国家合作构建的"风－光－水－工－贸"五位一体联动发展模式，其中，"风""光""水"分别指利用开发风能、光能、水能资源，推动清洁能源发电；"工"指工业制造与产业链建设；"贸"指建立完备的国际贸易体系。基于非洲五大区域不同的清洁能源优势，本文系统分析了浙非双方在清洁能源合作的模式，并从经济效益、社会效益与环境效益等方面系统总结了双方清洁能源合作的经验与启示。

---

[*] 作者简介：林雅静，浙江师范大学《中非产能合作发展报告（2023—2024）》编写组科研助理；黄玉沛，浙江师范大学经济与管理学院（中非国际商学院）副教授，中非经贸研究中心主任，南非斯坦陵布什大学访问学者。

关键词：浙江；非洲；能源合作；清洁能源

一、引言

在环境气候、地缘政治格局、能源安全等多种因素的影响下，全球能源格局正面临转型升级。有学者认为，"全球能源结构正处在从化石能源向清洁能源转变的能源变革之中"。①《世界能源展望》报告显示，全球能源未来呈现四大趋势：油气作用下降、清洁能源快速扩张、电气化程度提高、低碳氢使用增多。② 基于以上分析，全球能源格局正向绿色低碳可持续方向转型发展，对清洁能源的开发利用成为全球能源发展的重要趋势。

全球能源转型促使中非能源合作由早期的油气资源的开发和利用向更加多元化、可持续的清洁能源合作模式转变。首先，中非能源合作将更加关注清洁能源领域。非洲具有大力发展清洁能源的资源条件，其中太阳能、风能和水能储量分别占全球的40%、32%和12%③，中非能源合作将更加注重清洁能源领域的合作。其次，中国有先进的技术和丰富的经验，有能力与非洲国家进行清洁能源项目合作。中国政府鼓励和支持企业进行清洁能源技术的创新和研发，积极参与国际合作。中国清洁能源发展在全球的领先优势相对稳固，已成为世界清洁能源发展的主要力量④，可以帮助非洲发展清洁能源，减少对传统能源的依赖。最后，投资融资合作助推中非能源合作转型升级。中国作为非洲最大的投资方之一，通过提供资金、贷款和投资，支持非洲国家发展清洁能源项目，更加关注技术转移和能力建设，促进非洲国家清洁能

---

① 李坤泽. 全球能源变革与能源安全新特征 [J]. 国际石油经济, 2023 (1): 42-48.
② BP Amoco. BP World Energy Outlook [EB/OL]. https://www.bp.com/en/global/corporate/energy-economics/energy-outlook.html, 2023.
③ International Renewable Energy Agency. Renewable Energy Market Analysis: Africa and Its Regions [EB/OL]. https://www.irena.org/publications/2022/Jan/Renewable-Energy-Market-Analysis-Africa, 2022-01.
④ 国家能源局组织召开2024年1月份全国清洁能源开发建设形势分析会 [EB/OL]. 国家能源局, www.nea.gov.cn/2024-02/07/c_1310763838.htm, 2024-02-07.

源可持续发展。

二、浙非清洁能源合作：机遇与基础

随着"一带一路"建设的推进，国际产能合作成为企业实施"走出去"战略的主要方向。中国浙江省与非洲国家在资金、技术、资源和市场等方面高度互补，有巨大合作潜力。浙江省高质量发展清洁能源也为企业"走出去"提供了良好的契机，大量民营企业成为非洲产能发展进程中的重要伙伴。

（一）非洲清洁能源的开发机遇

1. 非洲传统能源发电供应不足，对清洁能源电力需求动力强劲

截至2023年，非洲大陆的发电量为256吉瓦（GW），在全球发电中仅占4%~5%。[1] 非洲能源电力供应不足成为制约其经济社会可持续发展的关键掣肘。据分析，每年撒哈拉以南非洲因传统能源短缺造成的损失约占其国内生产总值（GDP）的2%~4%，严重制约了经济和社会发展。[2] 截至2023年，非洲地区有6亿人（占非洲人口的40%以上）无法有效获得电力，其中大部分在撒哈拉以南非洲[3]，特别是在边远的农村地区，约有4.76亿农村居民无法获得电力。[4] 图1展示了撒哈拉以南的非洲地区无法获得清洁烹饪的人口。截至2023年，撒哈拉以南的非洲仍有10.40亿人不能获得烹饪所需的清洁能源，并且数据逐年增高。据国际能源署（IEA）预测，非洲国家电力

---

[1] IRENA. Renewable Capacity Statistics 2024 [EB/OL]. IRENA, https://www.irena.org/Publications/2024/Mar/Renewable-capacity-statistics-2024, 2024-03.

[2] Jia Q, Wang Y, Xu Z, et al. Electricity outages delay SDGs in Sub-Saharan Africa [J]. Nature, 2023, 618 (7963): 30.

[3] IEA. Electricity 2024: Analysis and Forecast to 2026 [EB/OL]. IEA, https://www.iea.org/reports/electricity-2024, 2024-01-26.

[4] Javier P, Florina P, Divyanshi W. Access to Universal and Sustainable Electricity: Meeting the Challenge [EB/OL]. World Bank, https://blogs.worldbank.org/en/opendata/access-universal-and-sustainable-electricity-meeting-challenge, 2023-08-30.

总需求增长的 2/3 将通过扩大清洁能源来满足,其余部分主要由天然气覆盖来满足。

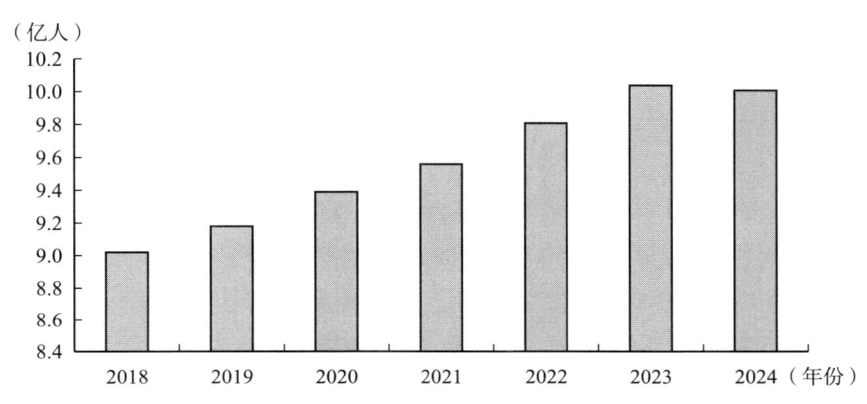

图 1　2018～2024 年撒哈拉以南的非洲地区无法获得清洁烹饪的人口

资料来源:IEA. A Vision for Clean Cooking Access for All [EB/OL]. IEA, https://www.iea.org/reports/a-vision-for-clean-cooking-access-for-all, 2023 – 07。

2. 非洲地区正处于向工业化和一体化迈进的关键时期

当前,非洲国家积极推进工业化进程,正在迈入以工业化和区域一体化为特征的新阶段,对于可持续、经济高效的清洁能源需求急剧增加。工业化进程的加快将带来生产力的提升和就业机会的增加,一体化强调区域间的经济合作与整合,以促进跨国贸易、投资和资源共享,增强非洲在全球经济中的地位和影响力。工业化一体化进程需要大量的、稳定的电力来驱动工厂机器、生产线以及数据和通信技术等,清洁能源如风能和太阳能等因其易获得、可再生和环境友好的特性,成为满足非洲工业化进程发展的理想选择。

3. 非洲拥有丰富的太阳能、风能和水能资源

非洲大规模未开发的能源储备为相关国家发展清洁能源提供巨大潜力,主要分为以下方面。

(1) 非洲蕴藏着全球最大的太阳能发电潜力。非洲得益于其得天独厚的地理和气候条件,大部分地区年平均日照时数高,太阳辐射强度大,为太阳

能发电提供了理想的自然条件。如图2所示，非洲是世界上平均长期实际潜在太阳能产出最高的地区，达到了4.51千瓦时/天。根据国际能源署（IEA）的数据，非洲拥有世界上60%的最佳太阳能资源，但太阳能发电能力只占全球的1%。综合考虑资源禀赋，排除制约开发的主要限制性因素，非洲光伏技术可开发量为1374.8太瓦（TW），年可发电量为2670.2拍瓦时（PWh），是全非洲年用电量的5000余倍。据预测，如果持续加大利用太阳能资源，到2030年，非洲清洁能源将贡献超过80%的发电能力。①

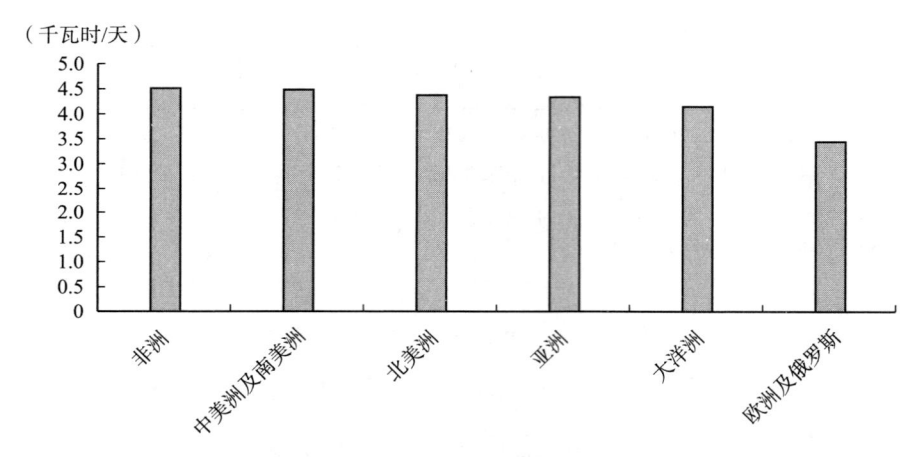

图2 世界各地区平均长期实际潜在太阳能产出

资料来源：The World Bank. The Global Atlas of Solar Energy［EB/OL］. https：//globalsolaratlas. info/map?s=20.715015, 31.816406&m=site, 2024-01。

（2）非洲水能资源居世界前列，拥有世界上绝大多数未开发的水电资源。根据相关研究，非洲和亚洲拥有世界85%未经利用的、可获利的水力资源，其中非洲未利用的水利潜能位列世界第二。② 非洲大陆地势起伏较大，

---

① IEA. World Energy Outlook 2023［EB/OL］. IEA, https：//origin.iea.org/reports/world-energy-outlook-2023, 2023-10.

② Xu R, Zeng Z, Pan M, et al. A Global-Scale Framework for Hydropower Development Incorporating Strict Environmental Constraints［J］. Nat Water, 2023, 1：113-122.

拥有发达的河系，水力发电是非洲电力供应的支柱，为撒哈拉以南地区提供了40%的电力。[1] 非洲地区拥有世界第一长河尼罗河及世界第二大水系刚果河，这些河流水量充沛，河网密度大，流域广阔，为水能资源的开发提供了便利条件。如图3所示，在非洲国家清洁能源开发中，水电依旧占据着主要位置，并且占比逐年增高，大概占每年的3/5，具有较大的发展空间。

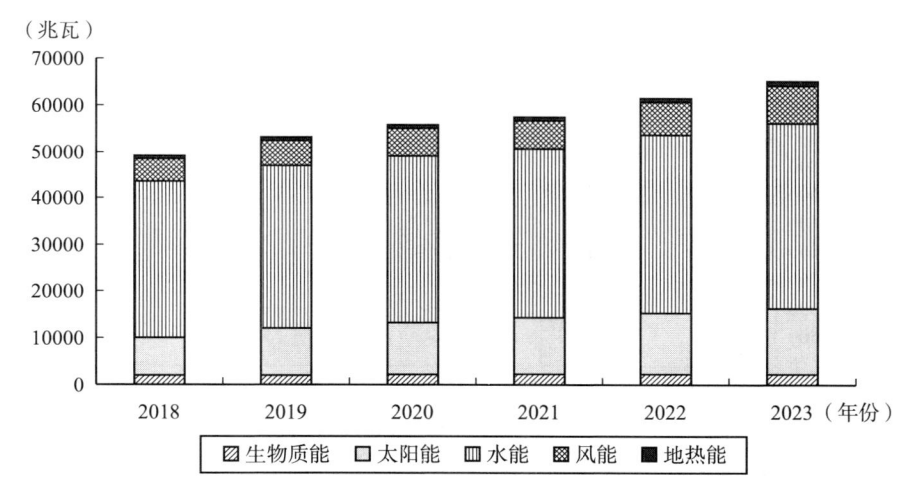

图3 2018~2023年非洲清洁能源装机容量

资料来源：International Renewable Energy Agency. The Energy Transition in Africa: Opportunities for International Collaboration with a Focus on the G7 [EB/OL]. IEA, https://www.irena.org/Publications/2024/Apr/The-energy-transition-in-Africa-Opportunities-for-international-collaboration-with-a-focus-on-the-G7，2024-04。

（3）非洲的风能资源仍未得到充分开发。据全球风能委员会（GWEC）估计，非洲大陆风力发电总容量为33642吉瓦[2]，其中东部非洲、南部非洲、北部非洲的潜力最大。目前非洲总共有83个已安装的风电场，总计9吉瓦，

---

[1] International Hydropower Association. Regional Overview and Outlook in Africa [EB/OL]. International Hydropower Association, https://www.hydropower.org/region-profiles/africa, 2023.
[2] Global Wind Energy Council. The Status of Wind In Africa [EB/OL]. Global Wind Energy Council, https://gwec.net/the-status-of-wind-in-africa-report/，2023-10。

仅占非洲大陆风力发电全部容量的0.2%。风能项目的建设和运营成本较高，通常需要大量的初期投资和专业的技术支持，非洲许多地区缺乏必要的基础设施和技术支持，从图4可知，风能资源在非洲仍未得到充分开发，非洲西部、中部开发较小，非洲南部和非洲北部开发较为充分，非洲东部尚有较大开发空间，总体发展不均衡、不充分。尽管非洲的风能潜力巨大，但仍需克服诸多挑战才能实现对风能资源的充分利用。

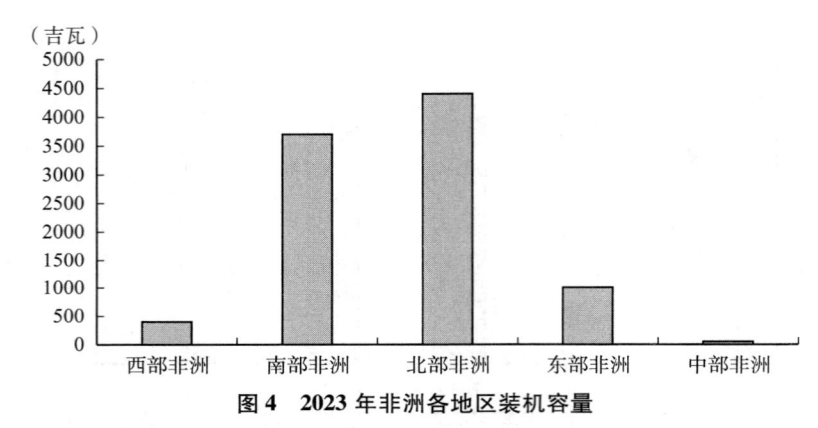

图4　2023年非洲各地区装机容量

资料来源：Global Wind Energy Council. The Status of Wind in Africa［EB/OL］. Global Wind Energy Council，https：//gwec.net/the-status-of-wind-in-africa-report/，2023-10。

总之，通过发展清洁能源来缓解非洲电力供应不足，符合非洲发展的现实需要。非洲部分国家清洁能源开发进展向好，但是，工业发展"缺电力"、电力开发"缺市场"、能源开发"缺资金"、项目融资"缺信用"等问题依然突出，严重制约了非洲的可持续发展。非洲未来应该加快清洁能源的开发，加快清洁能源优化替代化石能源发电。

（二）浙江省在中非清洁能源合作中的地位

中国浙江省与全球经济技术合作密切，拥有较为优越的发展清洁能源产业的综合配套条件，具备发展清洁能源产业的科研基础和创新优势。经过多年发展，浙江省与非洲在清洁能源合作方面具有诸多优势。

第一，浙江省政府大力推动非洲国家开展清洁能源合作。浙江省高度重视国家对非合作的战略部署，为服务中非合作提供了政策、智库、安全与机制平台等方面的保障。浙江省发布的《浙江省清洁能源发展"十四五"规划》指出，"支持扩大国际能源合作，鼓励高质量'走出去'，鼓励省内企业参与国际能源加工生产、能源装备制造、能源服务等能源合作，强化国际能源技术交流。"[1] 同时，浙江省持续出台了一系列推动对非合作的政策，如推出《浙江省加快推进对非经贸合作行动计划》《浙江省深入推进浙非合作三年行动计划（2022—2024年）》等，深化对非贸易合作、畅通投资贸易渠道、拓宽对非投融资渠道，推动浙江省对非清洁能源合作不断迈上新台阶。

第二，浙江省清洁能源产业集聚与设备制造。近年来，浙江省积极谋划布局新能源电力等相关产业的发展，重点关注风光水发电等清洁能源产业的发展。《浙江省电力条例》《浙江省清洁能源开发利用促进条例》等通过，标志着浙江省全社会共同推动发展清洁能源和新能源电力建设。浙江省依托沿海的自然地理优势，在风电设备制造、风电场开发与运行等方面形成集群，同时浙江省是中国光伏设备生产的重要基地，拥有从光伏组件的生产、研发到配套设备的制造这一完整的产业链。通过新能源产业的集聚，企业间相互合作、资源共享，浙江省清洁能源领域形成了较为完整的产业链，具有较强的技术优势。

第三，浙江省是清洁能源设备和服务出口的重要省份。浙江省在光伏、风能、水电项目发展位于全国前列，持续保持高速增长。截至2024年1月，浙江省光伏装机容量达到3491.34万千瓦，其中在分布式光伏达到了2689.6万千瓦，位于全国第三。水电装机突破1387.7万千瓦，风电装机容量也达到584.83万千瓦[2]，在清洁能源研究和关键设备制造水平上都处于全国领先地

---

[1] 浙江省发展和改革委员会，浙江省能源局.浙江省清洁能源发展"十四五"规划［EB/OL］. https：//www.zj.gov.cn/art/2021/6/23/art_1229203592_2305636.html，2021-05-07.

[2] 国家能源局发布2023年光伏发电建设情况［EB/OL］.中国能源网，www.cnenergynews.cn/news/2024/02/29/detail_20240229149239.html，2024-02-29.

位。浙江省是中国光伏设备出口的重要基地，生产的太阳能电池板、逆变器等相关设备品质高、成本低，在非洲等市场具有较强的竞争力。在风电产业方面，浙江的制造商出口风力发电机、叶片、变桨系统等关键设备。部分企业还提供风电场设计、建设和运维等综合服务。在水电方面，许多企业在水力发电技术、水泵技术、水处理技术等方面具有强大的竞争力。大量浙江省企业通过建立全球供应链网络，将清洁能源设备和服务出口至非洲多个国家，推动当地清洁能源产业的发展。

三、浙非清洁能源合作模式——"风－光－水－工－贸"五位一体联动发展

"风－光－水－工－贸"五位一体联动发展模式是一个全方位、多层次的合作策略，旨在通过综合利用风能、太阳能、水能等清洁能源资源，结合工业制造与国际贸易，形成联动发展的格局（见图5）。这种模式不仅注重清洁能源的多元化和可持续性，还强调产业链的协同效应和国际化发展，特别是在浙江省与非洲国家之间的清洁能源合作中表现出极大的潜力和效益。

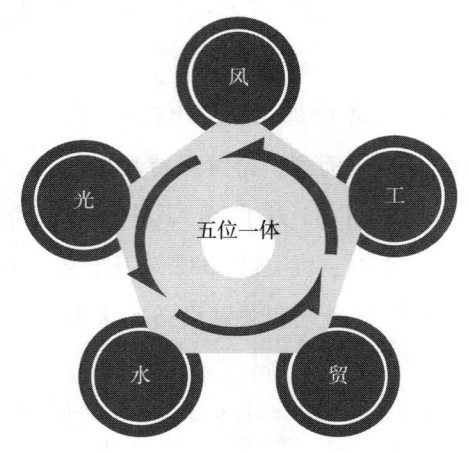

图5 "风－光－水－工－贸"五位一体联动发展模式

资料来源：笔者自制。

(一)"风-光-水-工-贸"的内涵

第一,"风"指利用开发风能资源,推动风能发电。浙江省拥有成熟的风电技术和设备制造基地,可以提供高效的风力发电机组及其配套设施,向非洲出口风电设备和技术。在非洲,特别是在东非和北非的一些国家,风力资源丰富,浙江省利用非洲丰富的风能资源,通过沿海及内陆风场开发,挖掘风力发电的潜力。浙非双方通过项目合作、投资融资等方式推动非洲风电产业的规模化和可持续发展。

第二,"光"指利用开发太阳能资源,推动光伏发电。浙江省在太阳能光伏板的生产和研发方面具有国际竞争力,浙江省颇具规模的光伏产业链有助于向非洲国家出口光伏组件和技术,以及参与当地的太阳能项目建设和运营,充分发挥非洲太阳能发电潜力和优势,帮助非洲大陆利用太阳能资源,实现发电规模化。

第三,"水"指利用开发水能资源,推动水能发电。水能作为非洲传统的清洁能源资源,尤其是在中部和南部非洲,拥有巨大的开发潜力。浙非清洁能源合作充分利用非洲丰富的水能资源,通过帮助非洲国家建设和运营水电站,提供组件、技术支持、工程管理服务和资金等,助力非洲提升水能利用效率和电力产能。

第四,"工"指工业制造,产业链建设。一方面,浙非清洁能源合作将先进的制造技术和管理经验带到非洲,帮助当地建立清洁能源设备的生产和维护基地,推动当地风电、光伏和水电设备的生产制造。另一方面,清洁能源发电也为非洲工业化发展提供充足的能源电力供应,加快实现生产要素与产业部门集聚,为在非洲建立产业园区、形成现代工业体系提供重要基础。

第五,"贸"指建立完备的国际贸易体系。贸易是联动发展模式的重要一环,浙江省和非洲可以通过建立更加开放和便利的贸易机制,促进清洁能源产品和技术的流通。非洲国家通过国际贸易进一步进口相关组件、技术、服务等,引入投资与融资,为非洲国家的清洁能源项目提供技术和金融支持。

"风-光-水-工-贸"五位一体联动发展模式链接浙非合作，依托非洲巨大的清洁能源资源，创新浙非之间的投资融资模式、发展援助模式，整合多种清洁能源产业链上下游的各个环节，包括资源开发、设备制造、工程建设、国际贸易等，实现非洲产业链的协同发展和优化配置。总体而言，"风-光-水-工-贸"五位一体联动发展模式将各个清洁能源领域与工业制造、国际贸易有机结合，在互为补充的基础上，形成综合性、全球化的产业链。这种模式不仅推动了清洁能源的利用和工业制造的升级，还通过国际贸易增强了全球竞争力，对于实现经济和环境的协调发展具有重要意义

（二）"风-光-水-工-贸"五位一体联动发展模式在非洲五大区域的实践

非洲大陆拥有丰富的清洁能源资源，基于非洲西部、北部、中部、南部、东部五大区域的不同特点和优势（见表1），"风-光-水-工-贸"五位一体联动发展模式因地制宜发挥作用，通过区域合作和整合资源，实现更高效的能源开发和利用，为当地创造就业机会，促进经济增长，减少对进口能源的依赖，提高能源安全性。

表1　　　　　　　　非洲五大区域的优势清洁能源

地区	优势清洁能源
西部非洲	太阳能、生物质能
北部非洲	太阳能、风能
中部非洲	水能、生物质能
东部非洲	太阳能、风能、水能
南部非洲	太阳能、风能

资料来源：笔者自制。

1. 西部非洲

西部非洲的清洁能源相比化石能源更容易利用。西部非洲矿产资源丰富，

在过去发展以化石能源为主,包括油、气、煤等,但是该地区能源安全程度低、能源分布不均匀、燃料价格不稳定、电力系统不可靠。与化石燃料相比,西部非洲的清洁能源资源的分布要均匀得多,西部非洲所有国家都有机会开发利用。为了有效缓解能源短缺问题,并带动深加工产业的发展,西部非洲国家、不同国际组织和机构发起众多倡议,鼓励西部非洲清洁能源的发展,从而促进西部非洲地区清洁化、工业化、电气化和区域一体化发展。[①]

西部非洲的光伏资源较为优越,清洁能源的发展重点侧重于光伏。到2050年的几十年中,西部非洲国家将在不断脱碳的过程中,使西部非洲光伏成为未来能源系统的"主要来源"。浙江省在光伏领域与西部非洲国家有众多合作,例如,表2展示了浙江省天赐新能源公司先后七次与塞内加尔的合作,从2016年的27千瓦太阳能滴灌项目到2023年9月份的20.7千瓦太阳能水泵项目连接水塔。除此之外,西部非洲的水电资源也相对丰富,大型、中型、小型水电都有较大的开发潜力,例如,几内亚在所有水电规模上均具有较好的潜力,随着水电的逐步开发,几内亚将成为一个水电大国。

表2　　　　　　　　　浙江天赐新能源公司与塞内加尔的合作

名称	规模(千瓦)	年份
太阳能滴灌项目	27	2016
太阳能滴灌项目	22.5	2017
太阳能水泵站项目	18	2017
太阳能水泵系统项目	22.5	2017
太阳能水泵系统	45	2017
塞内加尔水务局太阳能水泵项目	19.44	2023
太阳能水泵项目连接水塔	20.7	2023

资料来源:笔者根据浙江天赐新能源公司:国外项目[EB/OL].http://www.tciecos.com/cn/list/?122.html,2024-05-24整理。

[①] 罗魁.西非清洁能源发展现状及并网技术分析[J].全球能源互联网,2020,3(5):526-536.

在"风－光－水－工－贸"五位一体联动发展模式下，浙江省和西部非洲国家互惠互利，依托西部非洲地区的资源优势、区位优势，通过浙江省在当地承包工程、绿地投资、出口商品，分享技术等方式，不仅为西部非洲清洁能源并网规划和运行提供借鉴，更促进西部非洲国家加快形成现代化体系，迅速迈入工业化轨道。

2. 北部非洲

北部非洲地区是非洲大陆上最大的能源市场。北部非洲在清洁能源领域拥有巨大的潜力，有能够满足大型公用事业需求的太阳能和风能设施项目以及较高的水电开发能力，该地区在未来将成为非洲大陆最具活力的清洁能源市场之一。北部非洲地区的区位优势明显，市场辐射广，北部非洲是陆上连接亚欧非三洲的重要中转站，地理位置、气候条件优越。北部非洲的工业基础也较为完善，有一定的技术基础、人力资源和配套环境，在具体实施浙非"风－光－水－工－贸"联动发展模式时拥有一定优势。

北部非洲地区与浙江省合作，领先开展新的大型风能和太阳能发电项目。在风电领域，北部非洲地区拥有非洲近一半的风能发电装机容量。浙江恒石纤维基业有限公司（恒石公司）在埃及投资建设的绿色风电产业链有效地带动了当地的劳动力就业和经济发展，填补了埃及当地风电产业链的空白。恒石公司通过在埃及苏伊士经贸合作区泰达工业园内投资建设风电生产基地，不仅有利于埃及风电建设，而且推动埃及工业化发展，通过发展工业化充分发挥区域资源优势，形成经济良性循环发展。在光伏领域，埃及、摩洛哥和阿尔及利亚是该地区太阳能发电容量扩大的主要贡献者。埃及和阿尔及利亚近年来在光伏电厂方面进行了大量投资，其中大部分位于埃及，2020年，埃及的光伏电厂占北部非洲地区总装机容量的84%（见表3）。[①] 在浙非合作中，浙江正泰新能源集团在埃及承建的本班（Benban）光伏项目取得了良好

[①] IRENA. North Africa: Policies and Finance for Renewable Energy [EB/OL]. IRENA, https://www.irena.org/Publications/2023/Dec/North-Africa-policies-and-finance-for-renewable-energy, 2023－12.

的结果,通过工程总承包(EPC)模式,完成项目融资关闭,提供技术支持及方案,顺利建成世界上最大的光伏产业园之一。通过大力开发发展清洁能源,建设大型清洁能源基地,加强电网建设,为非洲可持续发展提供充足可靠的能源电力供应,从而推动地区工业化建设、贸易开展。

表3　　　　　　　　　恒石埃及生产基地项目开发建设过程

阶段	建设过程
前期准备	·2014年,恒石公司在欧洲、东南亚、埃及等多个国家和地区进行选址市场调研,最终选定落户埃及
工程建设	·2014年,恒石埃及生产基地项目进入建设期 ·2015年,一期项目建设完成 ·2016~2018年,项目进一步扩产

资料来源:笔者自制。

3. 中部非洲

中部非洲是整个撒哈拉以南非洲地区最具有水电开发潜力的地区。中部非洲处在拥有世界第二大流量的刚果河流域,刚果河干流全长2900公里,多年平均流量超过40000立方米/秒,仅次于亚马孙河,位列世界第二,是世界上流量最稳定的河流。中部非洲国家陆续推出工业和经济振兴计划,积极利用清洁能源。刚果河流域中已规划的大英加水电项目装机容量高达4400万千瓦,年利用小时数在7000小时以上,发电规模有望满足非洲70%的用电需求,是该流域水电开发的重点项目。[①]

浙江省与中部非洲的合作也立足在其得天独厚的水能资源优势,利用刚果河流域的资源辐射周围,形成"刚果河经济圈"。这一区域被视为非洲中部经济潜力最大的地区之一,浙江省与刚果河流域国家合作开展水电站、水

[①] Patrick M. Grand Inga Hydroelectric Power Project Updates, Democratic Republic of Congo [EB/OL]. Construction Review Online, https://constructionreviewonline.com/biggest-projects/grand-inga-hydroelectric-power-project-updates-democratic-republic-of-congo/, 2022-07-08.

库和水利工程等水能资源开发项目。浙江省向非洲国家提供水电站建设所需的技术、设备和资金支持，加快在刚果河流域的清洁能源基地开发和跨区域电网建设。双方积极贯彻发电、输电、用电一体化发展思路，通过清洁能源发电实现供电稳定，便于在区域内开展现代农林业、机械制造业、现代物流业等，完善工业体系。

4. 南部非洲

南部非洲清洁能源优势主要是风能和太阳能。南部非洲的年平均风速可高达 7 米/每秒，纳米比亚等地区太阳能年总水平辐射量大于 2000 千瓦时/平方米[①]，开发潜力巨大。但受限于清洁能源开发较高的技术要求，如果没有可靠的购销商，许多项目难以推动。同时，过去许多非洲地区存在"信用差、低保障"的情况，许多开发商不愿信任信用较差的商业生态系统，所以在这种情况下清洁能源发电难以大规模开发。

浙江企业为南部非洲发展提供了有力支持。在浙非"风-光-水-工-贸"五位一体联动发展模式下，浙江企业在南部非洲通过贸易、项目投资等方式大力开发能源，以能源为突破口，建设工业园区，形成生产要素和产业部门的集聚，加速工业化建设。浙江钧能科技有限公司在南部非洲设立海外仓库，并建立首家海外分公司，深耕南部非洲市场，为南部非洲提供更优越的光储充一体化的解决方案。[②] 正泰新能源为赞比亚伊亭皮光伏电站提供光伏组件发货，其提供的组件具备优越的发电性能与极高的可靠性，能很好适应非洲炎热干燥的自然环境，为众多非洲光伏项目提供有力支持。[③] 浙江省水利水电勘测设计院成功签订了赞比亚卡夫拉夫塔供水系统项目管理监理服务分包合同，承担该工程的项目管理和项目监理工作。以上种种浙非合作项

---

① IRENA. Renewable Energy Market Analysis：Africa and its regions [EB/OL]. IRENA，https：//www.irena.org/publications/2022/Jan/Renewable-Energy-Market-Analysis-Africa，2022 – 01.

② 钧能（宁波）电源科技有限公司：企业动态 [EB/OL]. https：//www.gs-ess.com/，2024 – 03 – 25.

③ 助力"一带一路"建设　正泰新能完成赞比亚伊亭皮光伏电站供货 [EB/OL]. 正泰新能科技股份有限公司，https：//www.astronergy.com.cn/about/detail/id/10237.html，2023 – 09 – 12.

目都为南部非洲发展清洁能源提供了有力支持，为南部非洲发展工业提供可靠的能源电力供应（见表4）。

表4　　　　　　　　　　　南部非洲浙非合作案例

企业	事件
浙江钧能科技有限公司	在南非成立海外仓库及海外分公司
正泰新能源集团	为赞比亚伊亭皮光伏电站提供光伏组件发货
浙江省水利水电勘测设计院	承担赞比亚卡夫拉夫塔供水系统项目管理和项目监理工作

资料来源：笔者自制。

5. 东部非洲

东部非洲拥有开发清洁能源资源的良好基础。近年来，东部非洲经济增长位居非洲各区域之首[①]，地理位置优越，气候适宜，经济较为稳定，投资环境总体较好，适合中国企业中长期内进入。东部非洲风能、光伏、水能资源丰富，随着能源需求的增长，东部非洲国家对清洁能源的需求不断增加，各国开发清洁能源的意向较高。

浙非合作有力推动东非地区的发展。在东非当前电力背景下，由于缺乏相关知识和经验，清洁能源的发展和接入将会给现有电力系统带来一系列技术问题。这些技术问题在浙江省清洁能源发展的不同阶段也曾面临，具有相似之处。通过"风－光－水－工－贸"联动发展模式，浙江省与东部非洲可以建立起长期稳定的合作关系，这种合作不仅能够满足东部非洲国家的能源需求，还可以促进当地工业进步和经济发展。一方面，浙江省利用自己技术和制造优势，向东部非洲出口光伏、水能和风能设备、技术和服务，满足其清洁能源使用需求。另一方面，浙江省企业与东部非洲国家合作开展光伏、

---

① African Development Bank Group. East Africa Economic Outlook 2023 [EB/OL]. African Development Bank Group, https://www.afdb.org/en/documents/east-africa-economic-outlook-2023, 2023 – 07 – 28.

水能和风能项目，共同投资建设清洁能源发电站和基础设施，实现可持续、大规模发电。

四、浙非清洁能源合作：经验与启示

浙非清洁能源合作互补性强，发展前景广阔，构建浙非"风-光-水-工-贸"五位一体联动发展模式，全面发挥了非洲自然资源优势和浙江技术经验优势，解决了非洲"融资难、资金缺"的难题，进一步推动非洲构建现代工业体系，经济、社会、环境综合效益显著。

（一）经济效益

浙非清洁能源合作带来的经济效益广泛而深远，涵盖了直接和间接的经济收益，促进了技术交流、贸易交流，提高了当地的产业水平，同时也促进了经济多元化发展，增加了外部投资和资金流入。

1. 增加外部投资和资金流入

非洲国家难以凭借自身资金供应满足开发需求，非洲国家清洁能源项目开发的成本比发达经济体至少高出2~3倍，[1]阻碍了相关项目的立项和建设。"风-光-水-工-贸"联动发展模式发挥产业链优势，整合各方资源，提高项目信用度，不仅吸引了来自浙江企业的直接投资，还通过技术转移和项目合作，吸引了更多国际资金和投资者的关注。以产业链核心企业为信用依托，以能源和工业项目良好收益预期为基础，以长期合约的方式，形成风险共担、收益共享的利益分配机制，使非洲充分吸引多元化投资，利用外来资金。

2. 促进非洲经济多元化

非洲多数经济体依赖单一的出口商品，如石油、金属等，清洁能源合作

---

[1] IEA. Financing Clean Energy in Africa [EB/OL]. IEA, https：//www.iea.org/reports/financing-clean-energy-in-africa, 2023–09.

有助于经济结构的多元化。首先，清洁能源项目的引入和发展，不仅为非洲提供了新的经济增长点，还减少了对传统化石燃料的依赖。其次，清洁能源合作带来了技术转移和创新，帮助非洲国家培养清洁能源领域的专业人才，提升了非洲在清洁能源技术领域的能力。总体而言，浙江省与非洲的清洁能源合作通过引入新的经济活动和技术创新，将资源优势转化为经济优势，为非洲经济的多元化提供了有力支持，有助于提升其在全球经济中的竞争力和可持续发展的能力。

3. 提升当地产业水平

非洲国家对于清洁能源技术和管理经验的引入，促进了当地产业的技术升级、技能提升、供应链发展。"风－光－水－工－贸"五位一体联动发展模式本质是抓住新一轮国际产业调整和能源转型机遇，通过利用清洁能源实现可持续的稳定发电，进而推动工业整体联动发展，再以贸易为连接，发挥区域内外两个市场的潜力。非洲国家不断与浙江省扩大贸易规模，通过进口相关光伏组件、风电机组等贸易手段优化配置，以贸易促进工业化进程，以工业化拓展贸易规模，提高出口创汇能力，实现经济快速发展，提升产业发展水平。

（二）社会效益

浙非清洁能源合作不仅带来显著的经济效益，也产生了深远的社会效益。体现在提供可靠的电力供应，创造本土就业机会，进一步改善当地人民生活质量等多个方面。

1. 提高电力供应可及性

浙非清洁能源合作进一步降低能源供应成本，加快解决无电问题。非洲是应对气候变化最为脆弱的地区之一，非洲许多地区，尤其是偏远和农村地区，常常面临电力供应不足的问题，发展清洁能源是非洲实现可持续发展的必然选择。[①] 随着清洁能源的快速发展，扩大清洁能源的优化配置范围，非

---

① 曹凯，汪平．综述：中非清洁能源合作助推非洲绿色发展［EB/OL］．新华社，www.news.cn/silkroad/2022-04/15/c_1128564295.htm，2022－04－15．

洲电力普及率将大大提高，电价也将大幅度下降，从根本上解决非洲社会电力供应贫困的问题。

2. 创造本土就业机会

浙非清洁能源合作提供大量就业岗位。浙非清洁能源合作利用非洲的劳动力成本较低，资本与技术发展较弱的特点，发展资源密集型产业。根据国际清洁能源机构测算，清洁能源对于非洲创造的就业机会是化石燃料的 2~5 倍。[1] 浙非清洁能源合作所涉及许多重大项目合作都为当地提供了大量就业岗位，进行技能培训，例如，正泰新能源集团在埃及承建的本班（Benban）光伏项目大量使用埃及当地管理人员和劳动力，提升劳动力素质，助力解决当地就业问题和技能培训需求。

3. 改善当地人民生活质量

浙非清洁能源合作改善非洲人民的生活质量。一方面，清洁能源的普及提供了可靠的电力供应，改善了照明、烹饪和通信设施：利用发光二极管（LED）灯或太阳能灯，采用清洁安全的烹饪方式，增加通信设备充电设施，大大提高了家庭的舒适度；另一方面，化石燃料和生物质的开采和燃烧会产生大量空气污染物，开发和利用清洁能源有助于减少空气污染，改善空气质量，还可以保护水资源，大量减少因污染引发的疾病和死亡人数。

（三）环境效益

浙非清洁能源合作减少当地因化石能源开采和使用所产生的空气污染和温室气体排放，一定程度上保护了水资源和生态系统，提高土地利用价值，促进了地区的可持续发展。

1. 缓解环境污染问题

浙非清洁能源合作最直接的环境效益就是减少大气污染，减少温室气体排放。非洲工业化正在稳步发展，大力开发利用清洁能源能使二氧化碳的排

---

[1] IRENA. Renewable Energy Market Analysis：Africa and its regions ［EB/OL］. IRENA，https：//www.irena.org/publications/2022/Jan/Renewable-Energy-Market-Analysis-Africa，2022-01.

放大大减少，从源头上控制温室气体的排放。同时，清洁能源的开发能减少对化石燃料的需求和开发规模，降低在开采、加工、运输、存储、燃烧过程中带来的地下水污染、地质破坏和海洋生态环境破坏，对保护生态环境、实现经济社会可持续发展具有重要意义。

2. 提高土地资源利用价值

浙非清洁能源合作能够提高非洲土地资源利用价值。清洁能源项目的建设为土地带来新的经济价值，通过在荒漠化等人类难以利用的土地上统筹开发清洁能源，实现土地的高效利用，节约高价值土地的占用。同时，清洁能源设施可以与农业、畜牧业、林业等其他土地利用方式相结合，实现土地的多功能利用。清洁能源的开发和利用有助于实现土地经济效益和环境保护的有效结合，将生态环境劣势转换成资源开发优势。

3. 促进生物多样性保护

清洁能源项目相对于传统能源项目，对生态系统的破坏较小。例如，优先发展太阳能、风能和水能等对土地干预较少的清洁能源项目，避免或最小化对森林、湿地和其他敏感生态系统的影响，保护非洲丰富的生物多样性，减少对野生动植物栖息地的影响。因此，浙非清洁能源合作对非洲自然环境和生物栖息地的破坏较小，有助于实现可持续发展。

五、结语

当前，非洲国家积极推进可持续发展进程，但由于经济基础薄弱、能力建设不足等现实问题制约，面临一系列发展挑战。在全球能源转型、非洲可持续发展的背景下，浙非能源合作将更注重清洁能源的开发和利用，浙非清洁能源合作已经成为一项综合性、复杂性、长期性的重要工作。本文重点介绍了浙非清洁能源合作模式——"风－光－水－工－贸"五位一体联动发展模式，此模式强调不同能源形式——风能、太阳能、水能的互补性，以及产业链的垂直整合，从技术研发到产品制造，再到项目实施和相关贸易。本文从非洲大陆的西部、北部、东部、中部、南部出发，分析在非洲不同地区浙非清洁能源合作的具体实施，进一步总结浙非清洁能源合作的经验与启示。

浙非清洁能源合作是一个长期而复杂的进程，需要政府的支持、企业的参与和社会各界的共同努力。在全球绿色低碳转型的背景下，浙江省和非洲应该深化现有合作领域，进一步加强平台建设、推动技术合作与交流。通过加强官方的政策交流和沟通，推动项目合理有序开发，探索在非洲当地设立清洁能源研发、生产和运输基地，促进清洁能源技术发展。同时，浙江省和非洲的能源合作还需要探索新的合作机遇与模式，多形式推动人才培养工作。浙非推进高质量绿色能源合作应该要因地制宜实施投资规模调整策略，更要打破国别、双边的界限，寻求更多利益攸关方，从而实现多方共赢。

|附录|
中非能源合作大事记
（2010—2023 年）

2010 年

2010 年 5 月，东方电气集团国际合作有限公司与埃塞俄比亚签约建设吉布三期（GIBE Ⅲ）水电站项目。该项目不仅大幅提升了埃塞俄比亚的电力供应能力，满足了埃塞俄比亚不断增长的电力需求，还促进了埃塞俄比亚的经济发展。

2010 年 5 月，中国长江三峡集团公司、中国水利电力对外公司与苏丹签约上阿特巴拉河水利枢纽（Upper Atbara Dams）项目。该项目不仅为苏丹带来了显著的经济和社会利益，还极大地提升了苏丹的水利建设和管理水平。

2011 年

2011 年 1 月，中国水利水电建设集团与刚果（金）合作签约宗果水电站二期（ZONGO Ⅱ）项目。该项目不仅缓解了刚果电力供应紧缺的局面，促进就业增长和改善民生水平，还有助于增强中刚双方在能源领域的合作关系，进一步深化中非友好合作。

2011年6月，中国水电建设集团与埃塞俄比亚合作的阿达玛一期（Adama Ⅰ）风力发电站正式开工，总装机容量120兆瓦。该项目不仅促进了埃塞俄比亚的可再生能源发展，还增强了埃塞俄比亚的能源安全和经济独立性。

2011年10月，中国水电建设集团国际工程有限公司与赤道几内亚合作的吉布洛（Jibulo）水电站项目竣工，总装机容量120兆瓦。该项目不仅为赤道几内亚大陆地区带来了充足而洁净的电能资源，还为赤道几内亚的社会经济发展发挥了重要作用。

2012年

2012年4月，中国水利电力对外有限公司与几内亚合作的凯乐塔（Kaleta）水电站正式开工，工程包括24万千瓦的水电站，并搭设225千伏配套输变电线路。该电站着力改善几内亚电力供应状况，并辅以防洪灌溉、改善交通、促进经济的功能，造福当地民众。

2012年7月23日，《中非合作论坛第五届部长级会议——北京行动计划（2013年至2015年）》中提及，"中非在能源资源领域具有较强的互补性和较大的合作潜力。中非双方将根据互利互惠和可持续发展原则，积极推进清洁能源和可再生资源项目合作。"①

2012年10月，中国电力建设集团与埃塞俄比亚签约合作阿达玛二期（Adama Ⅱ）风电站项目。该项目有效弥补埃塞俄比亚的电力缺口，优化其电源结构，提升埃塞俄比亚开发风能资源的技术实力，并支持埃塞俄比亚的经济转型与增长计划。

---

① 中非合作论坛第五届部长级会议——北京行动计划（2013年至2015年）[EB/OL]. http：//www.focac.org.cn/zywx/zywj/201207/t20120723_8044406.htm，2012-07-23.

2013 年

2013 年 5 月，中国电力建设集团与尼日利亚合作的宗盖鲁（ZUNGERU）水电站举行开工仪式，总装机容量 70 万千瓦。宗盖鲁水电站在改善尼日利亚电力供应、为当地民众提供就业机会，以及振兴尼日利亚社会经济方面发挥了重要作用。

2013 年 8 月，中国水利水电建设集团公司与乌干达电力公司签约合作建设卡鲁玛（Karuma）水电站项目，装机容量 600 兆瓦。该项目不仅提升了乌干达的能源自给能力和区域竞争力，还助力乌干达的工业化和可持续化发展。

2013 年 9 月，中国长江三峡集团有限公司与乌干达签署了伊辛巴（Isimba）水电站项目总承包合同，总装机容量为 183 兆瓦。该项目对缓解乌干达电力短缺、满足当地经济发展和民众生活日益增长的能源需求发挥积极的作用。

2013 年 9 月，中国水利水电第五工程局有限公司与科特迪瓦合作苏布雷（Soubre）水电站项目，电站总装机容量 27.5 万千瓦，年发电量 1038 吉瓦时。该项目改善了科特迪瓦以火电为主的电力能源结构，为科特迪瓦提供了更多的清洁能源，推动了其经济发展。

2013 年 9 月，中国电力建设集团与尼日利亚签订达丁卡瓦（Dadin Kowa）水电站机电续建总承包合同，电站装设 2 台 20 兆瓦立式混流式机组。该项目不仅为尼日利亚当地提供稳定的电力供应，还提供大量的就业机会，推动尼日利亚区域经济增长和社会进步。

2014 年

2014 年 1 月，中国技术进出口集团有限公司与英利绿色能源控股有限公司组成的联营体成功签约阿尔及利亚总量 25 兆瓦光伏电站项目。该项目不仅改善了阿尔及利亚的能源结构,增加了当地的就业机会,还进一步加深了中阿两国的合作交流。

2014年8月,中国机械工业集团有限公司与莫桑比克电力公司签约莫桑比克(卡亚)西姆阿拉-那米亚洛-纳卡拉(Chimuara-Namialo-Nacala, Mozambique)400千伏输电项目。该项目是莫桑比克国家重点工程,对改善莫桑比克经济布局意义重大。

2014年9月,中国电力建设集团国际工程有限公司与津巴布韦合作的卡里巴南岸(Kariba South)水电站扩机项目正式启动。该项目不仅提升了津巴布韦的能源安全和经济独立性,还推动津巴布韦区域可持续发展。

2014年10月,中国水利水电建设集团国际工程有限公司与津巴布韦电力公司签约旺吉(Wangi)电站扩机项目。该项目缓解了津巴布韦严峻的用电短缺局面,提高了当地居民的生活水平,助力津巴布韦的社会经济发展。

2014年11月,中国电力建设集团国际工程有限公司与加纳合作布维(Bui)水电站项目建设完成,水电站总装机容量404兆瓦,年发电量可达10亿度。该项目在一定程度上缓解了加纳电力市场供需紧张的局面,为加纳国家经济发展和社会稳定作出了重要贡献。

2015年

2015年2月,中国电力建设集团与尼日利亚合作的奥贡联合循环电站(Ogun Combined Cycle Power Station)二期工程项目实现并网发电。该项目不仅缓解了尼日利亚电力供应紧张的局面,还促进了尼日利亚发展节能减排与低碳经济。

2015年5月,中国电力建设集团与摩洛哥签约努奥二期和三期光热电站项目(NOORo II and NOORo III Power Plants)。该项目为摩洛哥提供了关键的基础设施和就业机会,促进了摩洛哥的经济发展。

2015年6月,中国电力建设集团与安哥拉签约卡古路·卡巴萨(Caculo

Cabaça）水电站项目，总装机容量 2172 兆瓦。该项目不仅满足安哥拉国内超半数电力需求，缓解电力紧张，还为安哥拉当地提供大量就业机会，促进经济发展。

2015 年 11 月，中国电力建设集团与赞比亚签约下凯富峡水电站（Kafue Gorge Lower Hydropower Station）项目。该项目不仅提高了赞比亚的电力自给能力，促进经济增长。还展现了"一带一路"倡议在促进基础设施建设和经济发展方面的实际成效。

2015 年 12 月 4 日，第二份《中国对非洲政策文件》中指出，"深化资源能源合作，本着合作共赢、绿色、低碳和可持续发展的原则，扩大和深化中非资源能源领域互利合作，创新中非资源能源合作模式，扩大能矿领域全产业链合作。支持非洲国家和区域电网建设，推进风能、太阳能、水电等可再生能源和低碳绿色能源开发合作，促进非洲可再生能源合理开发利用，服务非洲工业化。"[①]

2015 年 12 月 25 日，《中非合作论坛——约翰内斯堡行动计划（2016—2018 年）》中提及，"中非在能源、自然资源领域具有很强的互补性和合作潜力，支持双方共同开发和合理利用能源和自然资源，包括惠及资源当地。鼓励能源资源合作，支持中非企业和金融机构开展互利合作，尤其鼓励企业通过技术转移和能力建设帮助非洲从中受益，帮助非洲国家将能源和自然资源潜能转化为实实在在的经济社会发展。鼓励在中非合作论坛框架内建立中非能源和自然资源论坛。"[②]

2016 年

2016 年 1 月，中国长江三峡集团与几内亚政府签约建设苏阿皮蒂（Soua-

---

① 中国对非洲政策文件（全文）[EB/OL]. http：//www. focac. org. cn/zywx/zywj/201512/t20151205_8044408. htm，2015 - 12 - 05.

② 中非合作论坛——约翰内斯堡行动计划 [EB/OL]. http：//www. focac. org. cn/zywx/zywj/201512/t20151224_8044410. htm，2015 - 12 - 24.

piti）水电站项目，装机容量450000千瓦。该项目不仅有助于解决几内亚国内电力短缺问题，为周边邻国提供电力支持，还推动了几内亚的基础设施和能源开发。

2016年8月，中国能源建设集团有限公司与科特迪瓦签约合作松贡（SONGON）372兆瓦联合循环燃气电站项目。该项目不仅大幅提高科特迪瓦电力生产能力，向项目所在地周围地区提供稳定的电力，还促进科特迪瓦当地建设水平，带动地区经济发展。

2016年10月，中国水电建设集团国际工程有限公司与马里合作的古伊那（Gouina）水电站项目正式动工，总装机容量140兆瓦。该项目不仅有效缓解马里电力能源紧缺的局面，还助力马里及周边国家经济的发展。

2016年12月，中国化学工程第十三建设有限公司与尼日利亚签订丹格特（Dangote）2000吨炼油厂项目合同。该项目不仅从根本上解决尼日利亚的"油荒"问题，还提供大量就业岗位，刺激尼日利亚当地相关产业和经济的发展。

2017年

2017年3月，共创实业集团有限公司与马达加斯加签约100兆瓦光伏电站项目。该项目是中国政府实施"一带一路"倡议的重要援非项目之一。该项目缓解了马达加斯加电力供需紧张，改善了当地居民生活水平，有助于马达加斯加的经济发展。

2017年8月，中国电力建设集团与摩洛哥签约努尔·塔菲拉特（NOOR TAFILALT）太阳能光伏电站项目。该项目是中国在"一带一路"倡议下与非洲国家合作的典范，它不仅丰富了摩洛哥的能源结构，还推动摩洛哥的经济发展。

2017年11月，中国国电龙源电力集团股份有限公司在南非开发的德阿（De Aar）风电项目竣工投产。该项目是中国与南非合作的典范，它不仅满足了南非用电需求，还提供了大量的就业机会，促进了南非的社会和经济发展。

2017年11月，中国能源建设集团有限公司与尼日利亚签订蒙贝拉（Mambilla）水电站项目合同，项目总装机305万千瓦。该项目不仅缓解尼日利亚国内电力严重紧缺的现状，还将尼日利亚水力资源优势切实转化为能源优势和经济发展动力。

2018年

2018年4月，中国电力建设集团与肯尼亚签订罗扬加拉尼-苏斯瓦（Loiyangalani-Suswa）400千伏输电线路工程项目，线路长度433.96千米，电压等级400千伏。该项目不仅提高肯尼亚地区居民生活水平，还促进了肯尼亚经济发展。

2018年4月，浙江正泰新能源开发有限公司与埃及合作的本班（Benban）光伏电站光伏区项目举行奠基仪式，项目投资建设3个光伏电站，总计165.5兆瓦。该项目不仅改善了埃及的能源结构，为当地提供了大量的就业机会，还加强了中埃国际合作关系。

2018年5月，中国东方电气股份有限公司与埃塞俄比亚合作的阿伊萨（Ayisha）风电项目正式开工，总装机容量120兆瓦。该项目不仅缓解了埃塞俄比亚的用电紧张，还同时向亚吉铁路提供稳定电源。

2018年8月，新疆金风科技股份有限公司与南非合作的金色山谷（Golden Valley）和昂科塞尔（Excelsior）两个风电项目开始动工建设。该项目有效缓解了南非电力供应紧张的现状，促进了南非本地风电相关产业的发展，为非洲可再生能源发展作出积极贡献。

2018年8月，中国电力工程有限公司在埃塞俄比亚建设的莱比（Reppie）垃圾发电厂正式完工，该发电厂城市垃圾日处理量可达1400吨，年发电量185吉瓦时。该项目不仅缓解了非洲国家电力短缺的局面，还提高了埃塞俄比亚的整体经济效益。

2018年9月5日,《中非合作论坛——北京行动计划（2019—2021年）》宣布,"中非将加强能源、资源领域政策对话和技术交流,对接能源、资源发展战略,开展联合研究,共同制定因地制宜、操作性强的能源发展规划。双方愿共同努力推动在非洲设立中非能源合作中心,进一步促进中非能源交流与合作。中方支持非洲能源领域能力建设,中方愿在尊重非洲国家意愿的基础上探讨与第三方开展对非洲能源领域合作,发挥各自优势,为非洲能源发展提供政策建议。"[1]

2018年10月,中国三峡国际能源投资集团有限公司与刚果（金）政府签约大英加水电站第三期（Barrage hydroélectrique Inga Ⅲ）项目,设计装机容量1100万千瓦。该项目有效推进刚果（金）地区清洁电力的跨越式发展,提高非洲地区经济社会发展速度。

2018年12月,中国电力建设集团与几内亚签约福米水利枢纽项目（Fumi Hydro-Junction Project）,电站装机90兆瓦。该项目不仅为下游灌区建设提供优越的水源条件,提高农业发展水平和农作物产量,还推动尼日尔河流域水电开发,拉动几内亚经济增长。

2019年

2019年3月,中国电力建设集团与几内亚政府签约合作库库塘巴（Koukoutamba）水电站项目。该项目不仅优化几内亚的能源结构,降低能源成本,保障能源安全,还带动和调整几内亚的产业发展和经济可持续发展。

2019年5月,湖南星灿科技发展有限公司与乌干达合作开展可循环沼气试点案例。星灿科技将50套可循环沼气池设备及配件运往乌干达,在选定的21个乡村进行了试点示范。该试点不仅改善了乌干达的能源结构,还有助于当地的环境保护和可持续化发展。

---

[1] 中非合作论坛——北京行动计划（2019—2021年）[EB/OL]. http://www.focac.org.cn/zy-wx/zywj/201809/t20180905_7875851.htm, 2018-09-05.

2019年6月，第一届中国-非洲经贸博览会在湖南长沙拉开帷幕，博览会以"合作共赢，务实推进中非经贸关系"为主题，聚焦贸易促进、投资推介、农业技术、能源电力、合作园区、基础设施以及融资合作等重点领域，举办形式多样、内容丰富的各项活动。

2019年7月，中国电力建设集团与肯尼亚合作的图尔卡纳湖（Lake Turkana）风电场项目正式运营，装机容量达到310兆瓦。该项目降低了肯尼亚的电力成本和化石燃料依赖性，推动肯尼亚绿色能源发展。

2019年11月，全球能源互联网暨中国-非洲能源电力大会召开，会议旨在促进中非合作，推动能源互联互通，为非洲可持续发展和中非合作开辟新机遇。大会主题涵盖全球能源互联网和非洲能源互联网，将举办多场主题平行论坛，涵盖清洁能源开发、经济社会发展、电气化与工业化发展、电力互联互通等议题。[①]

2019年12月，中国江西国际经济技术合作有限公司与肯尼亚合作建设的加里萨（Garissa）50兆瓦光伏发电站正式投运。该项目不仅缓解了肯尼亚电力供应紧张的局面，还有助于提升该地区的经济发展和环境质量。

2020年

2020年6月，中国东方电气集团有限公司与坦桑尼亚签约朱利叶斯·尼雷尔（Julius Nyerere）水电站项目，装机总容量为2115兆瓦。该项目不仅有效提升了坦桑尼亚的能源供应能力，还推动了坦桑尼亚的经济发展。

2020年9月，中国能源建设集团有限公司与尼日尔签约阿加德兹（Agadez）柴光互补储能电站项目。该项目不仅改善了尼日尔当地居民生活质量，还提高了清洁能源利用率，让尼日尔在能源多元化和可持续发展道路上迈出了重要步伐。

[①] 2019全球能源互联网暨中-非能源电力大会隆重开幕［EB/OL］．https：//www.geidco.org.cn/2019/1106/1695.shtml，2019-11-06．

2020 年 9 月，中国广州南粤基金集团有限公司与湖南星灿科技发展有限公司与加纳政府共同合作开展可循环沼气试点案例。该试点不仅有效解决了非洲农村畜禽粪污等有机垃圾污染问题，也为非洲广大农村居民提供了高效清洁的可再生能源。

2021 年

2012 年 9 月，第二届中非经贸博览会——2021 中非新能源合作论坛以"双碳目标下中非新能源合作趋势与展望"为主题，聚焦于推动中非之间在新能源领域合作的重要活动。中非双方将共同开发非洲新能源和输变电市场，促进非洲清洁能源转型。

2021 年 10 月，中国电力建设集团与莫桑比克签约马坦博（Matambo）变电站升级及扩建项目。该项目提高了莫桑比克电网性能和可靠性，增强了莫桑比克的能源安全，促进区域经济发展。

2021 年 11 月 30 日，《中非合作论坛第八届部长级会议达喀尔宣言》提出，"（中非）双方支持大力发展绿色经济，倡导绿色、低碳、循环、可持续的发展方式，积极构建环境友好型社会，充分发挥中非环境合作中心作用，推进双方环保领域政策对话与交流合作。欢迎中国－非盟能源伙伴关系发挥积极作用，增加清洁能源比重，推动双方实现能源可持续发展。"[1]

2021 年 11 月 30 日，《中非合作论坛——达喀尔行动计划（2022—2024 年）》的能源资源合作方面中提及，"中方将同非方在中国－非盟能源伙伴关系框架下加强能源领域务实合作，共同提高非洲电气化水平，增加清洁能源比重，推动双方实现能源可持续发展。中方将大力支持包括非洲在内的发展中国家能源绿色低碳发展，鼓励中国企业在清洁能源、可再生能源领域与非洲国家开展合作。积极开展能源领域能力建设合作，开展包括绿色氢能在内

---

[1] 中非合作论坛第八届部长级会议达喀尔宣言（全文）[EB/OL]. http://www.focac.org.cn/zywx/zywj/202112/t20211202_10461230.htm, 2021 - 12 - 02.

的能源资源项目投资、建设和运营，探索绿色、可持续的合作方式。中方将支持非方完善能源资源产业链布局，加强水利领域合作，加强光伏产业合作，共同促进光伏产业发展的绿色能源应用。"①

2021年11月30日，《中非应对气候变化合作宣言》宣布，"（双方）愿进一步加强中非应对气候变化南南合作，拓宽合作领域，在清洁能源等领域开展务实合作项目。中方是非洲可持续发展的坚定支持者，支持非洲国家更好利用太阳能、水电、风能、沼气等可再生能源。中方将进一步扩大在光伏、风能等可再生能源，节能技术，高新技术产业，绿色低碳产业等低排放项目的对非投资规模，助力非洲国家优化能源结构。"②

2021年12月8日，《中非合作2035年愿景》中提及，"中非能源合作向清洁、低碳转型。中国支持非洲提高水能、核能等清洁能源利用比例，基于各国发展水平和能源需求，积极开发太阳能、风能、地热、沼气、潮流、波浪等可再生能源，通过分布式供电技术为非洲偏远地区提供稳定、可负担电力供应，支持光伏产业发展。"③

2021年12月，中国电力建设集团与尼日利亚签约凯恩吉（Cairnji）水电站3号、4号机续建及9号机修复项目合同。该项目推动了尼日利亚能源绿色低碳发展，是中非能源合作伙伴框架下加强能源领域务实合作的典型。

2022年

2022年3月，中国电力建设集团与埃塞俄比亚签约图鲁莫耶（Tulu Moye）一期地热电站项目，总装机容量50兆瓦。该项目优化了埃塞俄比亚

---

① 中非合作论坛——达喀尔行动计划（2022—2024）[EB/OL]. http://www.focac.org.cn/zy-wx/zywj/202112/t20211202_10461216.htm, 2021-12-02.

② 《中非应对气候变化合作宣言》（全文）[EB/OL]. http://www.focac.org.cn/zywx/zywj/202112/t20211202_10461235.htm, 2021-12-02.

③ 《中非合作2035年愿景》[EB/OL]. http://www.focac.org.cn/zywx/zywj/202112/t20211208_10464357.htm, 2021-12-08.

的电力供应格局，促进电力供应的稳定性和可靠性，为推动埃塞俄比亚当地持续发展贡献力量。

2022年5月，中国水利水电建设集团公司与卢旺达合作的那巴龙格河二号（Nyabarongo Ⅱ）水电站项目开工，电站装机43.5兆瓦。该项目极大缓解了卢旺达电力短缺问题，减少了卢旺达对不可再生能源发电的依赖。

2022年6月，中国铁建国际集团有限公司承建的安哥拉卡宾达（Cabinda）供水项目竣工投产。该项目缓解了安哥拉当地居民生活用水的紧张，有效改善了当地居民的生活状况，也为安哥拉创造了经济和社会发展的条件。

2022年6月，中国能源建设集团天津电力建设有限公司与中非共和国合作的萨卡伊（Sakai）光伏电站并网发电，装机容量为15兆瓦。该项目缓解了班吉用电紧张的局面，促进了班吉当地的社会经济发展。

2022年7月，中国化学工程第三建设有限公司与安哥拉政府合作的罗安达（Luanda）炼油厂扩建项目投产。该项目通过增加炼油厂的产能，减少了安哥拉对进口石油产品的依赖，提高了安哥拉的能源自给能力，支持其经济稳定和增长。

2022年9月举办的中非智库能源论坛有效加强了中非在能源领域的伙伴关系。会议重点讨论了利用中国的资金和技术支持非洲建设能源基础设施，推广可再生能源。该论坛推动了中非双方在能源治理和环境保护上的深入合作。①

2022年10月，中国电力建设集团与莫桑比克签订资东多（Zidong Duo）30兆瓦光伏项目。该项目有助于莫桑比克马普托地区的农业、工业和社会经济发展，显著提升了当地居民生活水平，为莫桑比克地区发展提供了清洁能源保障，构建其绿色低碳发展之路。

2022年10月，中国电力建设集团贵州工程有限公司签约几内亚卡卡拉（Kakara）光伏116兆瓦+水电80兆瓦项目。该项目是几内亚首个水光互补

---

① 中国石油集团国家高端智库与肯尼亚非洲政策研究所联合举办2022中非智库能源论坛［EB/OL］. http：//www.nopss.gov.cn/n1/2022/0921/c405352-32530814.html，2022-09-21.

项目，不仅提高了几内亚人民的生活质量，还推动了其经济发展。

2022年11月，中国电力建设集团与坦桑尼亚签订基敦达（KIDUNDA）大坝项目。该项目极大程度缓解了达累斯萨拉姆市主要水源——鲁伏河旱季缺水的问题，增强了流域上游调蓄能力，减轻了下游的防洪压力，基本解决了达累斯萨拉姆市的用水问题。

2022年12月，中国能源建设股份有限公司与埃及签订孔翁波（Kom Ombo）500兆瓦光伏电站项目。该项目有效提高了埃及新能源发电占比，优化了电力供应结构，降低了对燃气能源的依赖，促进了埃及当地社会经济低碳、绿色、可持续发展。

2023年

2023年4月，中国与马达加斯加签署哈努马法纳（Ranomafana）水电站项目优惠贷款框架协议。该项目提高了马达加斯加的电力供应，并降低碳排放，为应对气候变化做出积极贡献。中马双方以该项目为合作新起点，不断加强中马两国在可再生能源领域的合作。

2023年5月，中国电力工程顾问集团国际工程有限公司与塞拉利昂签约马班达莱（Mabandare）100兆瓦光伏电站项目。该项目为塞拉利昂当地居民提供了大量的就业机会，提升了居民生活水平，促进了非洲地区的发展。

2023年6月，在第三届中非经贸博览会期间举行的中非基础设施合作论坛以"共建绿色基础设施：新基建、新技术、新能源"为主题，举行了中非基础设施合作项目的签约仪式，涉及多个非洲国家的交通、能源、通信、水利、工业及农业等领域的基础设施合作。①

2023年6月，中国-非洲新能源合作论坛在长沙国际会展中心成功举行，该论坛旨在促进中非在新能源与可再生能源领域的合作。中非双方合作

---

① 绿色，中非基础设施合作亮丽底色［EB/OL］. https：//baijiahao. baidu. com/s?id = 1770095478395100880&wfr = spider&for = pc，2023 - 06 - 30.

优势互补，通过建立产能合作机制和建设新能源工业园区等，为南南合作和发展转型探索新的解决方案。①

2023年7月，中国电力建设集团以中国水电品牌与爱尔兰开发商主流可再生能源集团（Mainstream Renewable Power）签署南非达姆拉格特（Damlaagte）123兆瓦光伏项目合同。该项目每年为南非国家电网提供约3亿千瓦时的清洁电力，为解决南非电力危机与促进当地经济社会发展提供重要支持。

2023年8月，中国机械设备工程股份有限公司与尼日利亚合作的瓜瓜拉达（Gualaceo）电站项目一期开工，装机容量约为350兆瓦。该项目保障了尼日利亚首都及周边地区的电力供应，是中国在非洲树立的能源和产业合作样板。

2023年10月，中国化学国际工程公司与安哥拉国家石油公司炼化公司签约洛比托炼油厂（Lobito Refinery）项目，标志着安哥拉最大炼化项目正式启动。该项目对于保障安哥拉能源安全、加快工业化发展步伐、促进经济社会发展具有重大意义。

2023年10月，在第三届"一带一路"国际合作高峰论坛上，中国商务部与南非总统府电力部签署了关于推动新能源电力投资合作的框架协议；中非双方共同启动实施"一带一路"生态环保人才互通计划和"非洲光带"项目。②

---

① "非中合作为非洲发展带来诸多新机遇"——来自第三届中国-非洲经贸博览会的声音［EB/OL］. https://www.gov.cn/yaowen/liebiao/202307/content_6889468.htm，2023-07-01.

② 习近平主席对南非国事访问成果清单［EB/OL］. https://www.mfa.gov.cn/zyxw/202308/t20230823_11130470.shtml，2023-08-23.